CLV

Ken Anderson

NIEMALS ALLEIN – SAMUEL LAMB

VERFOLGUNG UND ERWECKUNG IM LAND DES ROTEN DRACHEN

CLV

Christliche
Literatur-Verbreitung e.V.
Postfach 11 01 35 · 33661 Bielefeld

1. Auflage 2008

Originaltitel: Bold as a Lamb: Pastor Samuel Lamb and
the Underground Church of China

Postfach 11 01 35 · 33661 Bielefeld
CLV im Internet: www.clv.de

Übersetzung: Hans-Jörg Eckhardt
Satz: CLV
Umschlag: OTTENDESIGN.de, Gummersbach
Druck und Bindung: CPI – Ebner & Spiegel, Ulm

ISBN 978-3-89397-690-4

Wie oft hatte er das schon mitgemacht! Wie oft musste er morgens um sieben Uhr auf der Polizeiwache vorstellig werden, wo ihn ein Beamter in einer erniedrigenden Weise in ein Verhörzimmer dirigierte, als wäre er ein Junge, der sich in der Schule nicht zu benehmen wusste.

So oft schon hatte Samuel Lamb diesen Raum von innen gesehen. Die Wände waren grau und bis auf ein paar Aushänge kahl und leer. Hinter einem mit Papieren bedeckten Schreibtisch saß ein Polizeibeamter.

»Guten Morgen«, sagte er fast freundlich.

»Guten Morgen«, antwortete Samuel.

Ein Diener brachte ein Tablett mit einer Kanne dampfenden Tees und zwei Tassen herein. Sie waren ein Grundgebot chinesischer Höflichkeit. Der Diener goss eine Tasse voll und reichte sie dem Beamten. Dann warf er einen flüchtigen Blick auf Samuel.

Mit einigen unfreundlichen Worten wurde der Diener weggeschickt, der beim Hinausgehen einen Blickkontakt mit dem berühmten Pastor suchte. War dieser Diener womöglich auch einmal in seiner Hauskirche in Guangzhou mit der Adresse Da Ma Zhan 35 gewesen?

Der Beamte fuhr in seiner freundlichen Art fort. Samuel wusste, wie er dieses Verhalten einschätzen sollte: Der Gebieter ließ sich wohlwollend zu seinen Untergebenen herab.

»Wie heißen Sie?«, fragte er.

Samuel seufzte. Der Mann hatte ihm dieselbe Frage in demselben Raum schon so oft gestellt!

»Lam Hin Go«, sagte Samuel.

»Aber haben Sie nicht noch einen anderen Namen?«

»Lin Xiangao. Das steht alles in Ihren Unterlagen.«

Der Beamte nahm eine Akte zur Hand und öffnete sie.

»Ach ja, hier steht es.«

Er blätterte die Unterlagen durch und sagte:

»Sie sind ein Mann mit vielen Namen.«

»Sie wissen selbst, dass sich Namen von Dialekt zu Dialekt unterscheiden.«

»Ja, natürlich. Da haben Sie recht.«

Da er schon wusste, was der Beamte als Nächstes fragen würde, sagte der Pastor:

»Und wie Sie auch wissen, nennen meine engsten Freunde mich ›Samuel Lamb‹. Zumindest haben Sie sich das früher schon einmal aufgeschrieben.«

Der Beamte fuhr fort, in den Papieren auf seinem Schreibtisch zu suchen. Dann murmelte er nachdenklich: »Ja, so wird es wohl sein. Samuel Lamb.« Er sah auf. Alles Freundliche in seinen Blicken war verschwunden. Er bemühte sich noch nicht einmal, sich freundlich zu stellen. Streng blickte er ihn mit seinen feurigen Augen an.

»Nur Imperialisten verwenden solche Namen. Samuel Lamb. Was ist das? Europäisch oder amerikanisch?«

»Wie ich Ihnen früher schon einmal sagte …«

»Antworten Sie mir!«, unterbrach ihn der Beamte.

»Samuel Lamb ist mein christlicher Name.«

»Ach so, christlicher Name.«

»Es gibt viele Menschen auf der Welt, die zur Familie Gottes gehören – und die auch so einen Namen wählen würden.«

»Der Name ist eine Schande für China!«

Samuel entgegnete nichts darauf.

»Sie sind schon als Imperialist und nicht als echter Chinese geboren worden!«

Auch diesen Vorwurf hatte Samuel schon in früheren Gesprächen wiederholt gehört. Aber er antwortete mit ruhiger Stimme:

»Sie haben sich früher schon einmal aufgeschrieben, dass ich am 4. Oktober 1924 in Macau geboren bin. Meine Eltern waren beide Christen und hatten die chinesische Staatsbürgerschaft. Mein Großvater mütterlicherseits arbeitete als Apotheker in Zhao Qing. Er ...«

»Ihr Vater und Ihr Großvater väterlicherseits sind nach Amerika ausgewandert. Ihr Großvater hat in Detroit eine Wäscherei betrieben und dadurch dafür gesorgt, dass unser Volk in den imperialistischen Ländern einen schlechten Ruf hat.«

»Mein Vater kehrte gegen den Wunsch seines Vaters nach China zurück und schrieb sich zur Vorbereitung auf den christlichen Dienst am theologischen Seminar ein. Als ich geboren wurde, war er Baptistenpastor in Macau.«

All das stand schon in der Akte, die der Beamte vor sich liegen hatte, und war alles schon wiederholt vorgetragen worden.

»Als die Japaner China überfielen, saßen Sie hier in der Falle. Sonst wären Sie doch jetzt ein reicher Wäschereibesitzer. Oder etwa nicht?« Mit einem trockenen Lachen versuchte der Beamte seiner Behauptung Nachdruck zu verleihen.

»Bei unserer letzten Begegnung und auch schon wiederholt vorher sagte ich Ihnen, dass ich das Angebot bekam, an einer Schule in Hongkong zu unterrichten. Aber ich entschied mich dafür, in China zu bleiben.«

»Aber um in imperialistischem Auftrag tätig zu sein!«, entgegnete der Beamte schroff.

»Nein, das war nicht mein Auftrag.«

»Ach, hören Sie doch auf!«, sagte der Beamte und zündete sich an der Glut seiner soeben fertig gerauchten Zigarette eine neue an. »China wurde geradezu überschwemmt von einer Armee von Imperialisten. Man nannte sie Missionare. Das stimmt doch, oder? Aber diese angeblichen Missionare waren in Wirklichkeit Agenten ihrer jeweiligen Regierungen – in Amerika, England, Deutschland. Die ganze Welt lechzt doch nach dem Blut meines Volkes. Und auch Sie und Ihre Familie standen als Agenten im Dienst dieser Leute!«

Während Samuel diesem Verhör unterzogen wurde, hatten sich ein paar Freunde mit den Mitarbeitern von Da Ma Zhan 35 zusammengefunden, um gemeinsam zu beten. Einer sagte: »Herr, bitte mach Pastor Lamb ganz tapfer.«

Ein anderer betete: »Hilf ihm zu verstehen, dass nicht er vor Gericht steht, sondern der Herr Jesus – so wie damals vor Pilatus.«

Mit einem leisen »Amen« drückten die Gläubigen auf ihren Knien ihre Zustimmung aus.

Nicht nur diese Gläubigen beteten für Samuel. In der Nudelfabrik blickte ein Mann von seiner Maschine auf und legte Fürbitte für den Pastor ein. Eine Mutter, die ihr Neugeborenes soeben versorgt hatte, warf einen Blick auf ihre Bibel und beanspruchte für ihren Pastor die Verheißungen, die sie gerade gelesen hatte. In einer der besseren Wohngegenden der Haiphong Street zog eine Hausfrau sich einen Stuhl vom Esstisch heran, um daran niederzuknien, wie sie es am Vorabend in der Gebetszeit in der Gemeinde getan hatte. Mit lauter Stimme wandte sie sich zu Gott: »Pastor Lamb hat uns gesagt, dass du den Teufel ein für alle Mal besiegt hast, als Jesus am Kreuz gestorben ist.«

Und die kleine Gruppe, die in der Gemeinde zusammensaß, sang diese Zeilen:

Leiden heißt, dem Herrn zu dienen.
Unser Weinen wird wie seins erhört.
Weil wir durch sein Wort geboren,
wird uns keine Gnad verwehrt.

Samuel Lamb war sich dieser Gebetsunterstützung bewusst. Sein Puls schlug regelmäßig. Seine Hände zitterten nicht. Durch sein Vertrauen zum Herrn war er fest in seinem Geist.

»Warum hören Sie nicht auf, Ihrer Regierung den Gehorsam zu verweigern?«, bohrte der Beamte weiter. »In den zwanzig Jahren, in denen die Lehrer unserer Revolution mit Hingabe versucht haben, Ihr Denken zu korrigieren, scheinen Sie nicht gelernt zu haben, wie wichtig Gehorsam ist.«

»Ich bin der Regierung nie ungehorsam gewesen«, entgegnete Samuel. Er zögerte einen Augenblick und fügte hinzu: »Und meinem Herrn auch nicht.«

Der Vernehmungsbeamte richtete sich auf und stand Auge in Auge mit dem Pastor.

»Die Revolutions-Regierung Chinas verlangt überhaupt nicht, dass Sie Ihren Gehorsam Gott gegenüber aufgeben sollen.« Bei dem Wort »Gott« zuckte er selbst zusammen. »Wir verlangen nur, dass Sie sich der Drei-Selbst-Bewegung anschließen und sich mit den patriotischen Kirchen vereinigen, die überall in unserem Land aufblühen.«

»In der Drei-Selbst-Bewegung gibt es viele gute Pastoren«, antwortete Pastor Lamb. Auch diese Aussage hatte er schon früher gemacht. »Aber bedauerlicherweise habe ich Führer dieser Bewegung kennengelernt, in deren Theologie die Genauigkeit der Bibel geleugnet wird sowie die völlige und uneingeschränkte Gottheit meines Herrn. Aus Gewissensgründen kann ich als Pastor deshalb nicht dazugehören.«

»Euch Christen kann man doch gar nicht ernst nehmen!«, antwortete er spöttisch. »Ihr benehmt und zankt euch wie Kinder. Keiner will sein Spielzeug hergeben. Aber die glorreiche Revolution hat diese einzelnen Gruppierungen abgeschafft. Wie hießen sie noch? Methodisten, Lutheraner, Presbyterianer? Mit diesen Unterscheidungen ist es jetzt vorbei. Sie sind alle in der Drei-Selbst-Kirche zu einer Einheit geworden. Und Sie stellen sich quer!«

Samuel antwortete nicht. Er wünschte keine Kontroversen unter den Gläubigen, sondern Einheit.

»Ihre illegale Kirche ist schon einmal geschlossen worden«, drohte der Beamte. »Und Sie wollen uns offensichtlich zwingen, es noch einmal zu tun.«

»Dieses schlichte Gebäude ist nicht die Kirche«, entgegnete Pastor Lamb. »Es ist nur der Ort, an dem die Leute sich zusammenfinden, die zur wahren Kirche gehören, um dort Gemeinschaft miteinander zu haben und Gott anzubeten. Als das Gebäude geschlossen wurde, haben sich die Gläubigen zu Hause getroffen, und wer interessiert war, kam auch weiterhin zu Jesus.«

Noch einmal warf der Beamte einen langen Blick auf die Akte.

Dann schloss er sie und verließ den Raum. Pastor Lamb blieb noch einen Augenblick sitzen. Dann ging auch er. Er kehrte zurück nach Da Ma Zhan 35, wo er gerade noch rechtzeitig ankam, um die Gebetszeit mit seinem eigenen Dankgebet abzuschließen.

Samuel Lamb ist ein Mann mit einem in einzigartiger Weise erfüllten Leben. Kennzeichnend für ihn sind eine Haltung der Zuversicht und ein gutes Urteilsvermögen. Das macht ihn zu einem überzeugenden Beweis dafür, dass der, der den Menschen erschuf, das Leben des Christen so gedacht hat, dass es auch unter den schwierigsten Umständen blühen und gedeihen kann.

Samuel glaubt, dass ein Gläubiger eine ganz enge Beziehung zu Gott erwarten kann, und unterstreicht das gern mit einem Zitat aus Jesaja 49: »Hört auf mich, ihr Inseln, und hört zu, ihr Völkerschaften in der Ferne! Der Herr hat mich berufen von Mutterleib an, hat von meiner Mutter Schoß an meinen Namen erwähnt« (Vers 1).

Er glaubt außerdem an den Segen des Leides: »Ein Christ, der nicht durch Leid gegangen ist, gleicht einem Kind ohne Erziehung«, sagt er. »Dieser Christ kann weder die Fülle des göttlichen Segens verstehen noch sie empfangen. Für ihn ist der Herr nicht mehr als ein Bekannter, und er kennt Gott nicht als seinen himmlischen Vater, zu dem er ein Vertrauensverhältnis haben kann.«

Sicher wird nicht jeder Christ unbedingt körperlich leiden müssen. Wenn aber ein Kind Gottes wirklich den Wunsch hat, in Hingabe zu leben, statt das Vergnügen und den Reichtum der Welt zu suchen, dann wird, wie Samuel glaubt, ein solcher Christ auch die Bedeutung der Bibelstelle erfahren, die sagt, dass wir an seinen

Leiden teilhaben müssen, um auch an seiner Herrlichkeit teilhaben zu können (Römer 8,17).

Von seiner Geburt im Jahr 1924 an war Samuel Lamb für den geistlichen Dienst bestimmt. Der Familienname war Lam, und bei seiner Geburt wurde der kleine Sohn *Lin Xiangao* genannt. *Xian* bedeutet »anbieten«, »opfern«, und *gao* bedeutet »Lamm Gottes«. Eine andere Aussprachemöglichkeit lautet *Lam Hin Go.* Im Jahr 1938 gab ihm sein Vater, Paul Lam, außerdem den Namen Samuel. Somit war Samuel sowohl von seinem Familiennamen als auch von seinem Vornamen her ein »Lamm«.

Samuels Eltern waren gottesfürchtige Menschen und boten ihm ein behütetes und glückliches Zuhause, auch wenn sein Vater als Pastor einer kleinen Baptistengemeinde hoch in den Bergen über Macau nur ein geringes Einkommen hatte. Seine Eltern waren das lebendige Beispiel für Gottvertrauen und Gehorsam. In sehr jungen Jahren, bevor er etwas von der Theologie der Errettung verstand, beschloss Samuel, dem Beispiel seiner Eltern zu folgen. Im Gegensatz zu anderen Jungen seines Alters, die Pilot oder Glücksritter spielten, tat Samuel oft so, als wäre er Prediger wie sein Vater.

Samuel war schmächtig, von kurzem Wuchs und mager. Schnell fing er sich wegen der Höhe, auf der sie lebten, wegen des Windes vom Südchinesischen Meer und wegen des subtropischen Wetters in Macau alle Arten von Atemwegsinfektionen ein. Als er fünf Jahre alt war, wurde er krank. Es sah aus, als handele es sich um eine gewöhnliche Erkältung. Aber die Heilmittel seiner Mutter schlugen nicht an. Sein Zustand verschlechterte sich und bald atmete er so schwer, als würde man ihm langsam die Luft abdrücken.

»Was wir medizinisch machen konnten, haben wir getan«, sagte Paul Lam zu seiner Frau. »Jetzt müssen wir unseren Sohn dem Großen Arzt übergeben.« Der gottesfürchtige Mann richtete ein schlichtes und klar formuliertes Gebet an Gott. Er und seine Frau waren beide der festen Überzeugung, dass ihr Junge bald wieder gesund sein würde.

»Wir haben ihn dem Herrn gegeben«, setzte seine Frau mit Nachdruck hinzu, so als hätte Hanna im Alten Testament gesprochen. »Der Herr kann es nicht zulassen, dass er stirbt.«

Aber der Junge erholte sich nicht. Sein Zustand verschlimmerte sich besorgniserregend, und sein Vater ließ einen gläubigen Arzt in Macau benachrichtigen. Der Arzt war nur kurz bei dem Kind gewesen, als er den Eltern schon mitteilte: »Ich befürchte, dass Ihr Sohn Diphtherie hat. Statt mich zu rufen, hätten Sie ihn lieber ins Krankenhaus bringen sollen.«

Die Familie war bestürzt. Ein Lastwagen wurde gemietet und man machte sich auf den Weg hinab nach Macau zum Krankenhaus der Baptisten. Ihr ständiger Begleiter während der Fahrt war die Angst, und ihre Gedanken drehten sich nur darum, ob ihr Sohn die Reise überleben würde.

»Unsere Untersuchungen bestätigen die Diagnose: Es ist Diphtherie«, erfuhren die Eltern dann von den Ärzten des Krankenhauses. »Sein Zustand ist ausgesprochen kritisch.«

»Wird er es schaffen?«, fragte der Vater.

»Seine Chancen sind fünf bis höchstens zehn Prozent.«

»Kann man denn überhaupt nichts machen?«

»Vielleicht einen Luftröhrenschnitt. Aber auch damit ... Als Ihr Arzt und Ihr Bruder in Christus muss ich Ihnen sagen, dass für Ihren Sohn fast keine Überlebenschance besteht.«

Die Mutter fing an, leise zu weinen.

»Wenn unser Sohn sterben muss«, fragte Paul Lam seine Frau, »wäre es nicht besser, wir würden ihn mit uns nach Hause nehmen, wo er so viel Liebe erfahren hat und wo er so glücklich war?« Sie nickte. Nur ungern stimmte der Arzt zu.

So nahmen sie ihren Sohn wieder mit hinauf in die Berge, wo Nachbarn und Gemeindeglieder sie schon an ihrem Haus erwarteten, weil sie wissen wollten, wie es um Samuel stand. Ein Ältester der Gemeinde fragte:

»Seid ihr sicher, dass er sterben muss? Wir werden nicht zulassen, dass es an unserem Mangel an Glauben liegen soll!«

Der Ruf ging aus, dass man herbeikommen und mitbeten solle. Väter ließen ihre Arbeit im Stich. Mütter brachten ihre Kinder mit und liefen zum Haus des Pastors. Ältere Gläubige, die schon oft die Macht Gottes in ihrem Leben erfahren hatten, keuchten die steilen Bergpfade hinauf, um an der Fürbitte teilzunehmen.

Die ganze Nacht hindurch und bis in den frühen Morgen hinein beteten diese Christen. Als im Tal der Tag anbrach, machte sich der Arzt nach einer in Unruhe verbrachten Nacht auf den Weg in die Berge. Er wollte dort wenigstens geistliche Unterstützung geben, wo er medizinisch schon nicht hatte helfen können.

»Danke, dass Sie gekommen sind!«, rief ihm der Vater zu.

»Ist er …?«

»Sehen Sie doch mit Ihren eigenen Augen, was der Herr getan hat.«

Als der Arzt das Zimmer betrat, sah er Samuel beim Frühstück.

»Das ist ein Wunder! Lobt den Herrn!«, rief er laut.

Wenn Samuel damals auch noch sehr jung war, so verstand er doch schon aus dem, was passiert war, dass Gott selbst in sein Leben eingegriffen hatte.

»Gott hat dich angerührt, weil er dich gebrauchen möchte«, sagte seine Mutter zu ihm. Mit den Worten aus Jesaja 49 sagte sie: »Bevor du geboren wurdest, hat der Herr dich gerufen; von deiner Geburt an hat er dich bei deinem Namen genannt.«[1] Nun wuchs Samuels Überzeugung noch mehr, dass er Gott so wirkungsvoll und treu dienen sollte wie seine Eltern.

Dann zog die Familie um nach Guangzhou – damals besser bekannt unter dem Namen Kanton – und Samuel wurde in einem Internat angemeldet. Der Aufenthalt auf dem Festland sollte allerdings nur von kurzer Dauer sein. Sein Vater erhielt nämlich den Ruf von einer Kirche auf Cheung Chou, einer Insel, die zu Hongkong gehört. Samuel blieb aber, um die Grundschule abzuschließen.

Weil die Familie früher schon ihre Ferien auf Cheung Chou verbracht hatte, verband Samuel diese Insel mit vielen schönen Erinnerungen: vorbeiziehende Schiffe, Wanderungen mit seinen Schwestern am Wasser entlang oder Abenteuer mit den einheimischen Jungen im Inneren der Insel.

Während der nächsten Jahre blieb Samuel jedoch als Internatsschüler in Kanton und kam nur in den Schulferien zu seinen Eltern

---

1 Jesaja 49,1

und Schwestern nach Hause. Er hatte viele Freunde unter den Chinesen dort, und da zu dieser Zeit Hongkong eine umtriebige britische Kolonie war, lernte Samuel auch Englisch so natürlich sprechen, als wäre es seine Muttersprache.

In dem Jahr, als Samuel die Grundschule abschloss, bekam er einen Vorgeschmack davon, welche Leiden ein Krieg für unschuldige Menschen mit sich bringt. Wie jeder Junge seines Alters fand er Gefallen an dem Anblick der Flugzeuge am Himmel. Aber aus Spaß wurde blankes Entsetzen, als eines Morgens japanische Kampfflugzeuge am Horizont auftauchten und ihre Bomben über Kanton abwarfen. Südchina hatte seit Jahrhunderten unter den Streitigkeiten der Mandarine gelitten, und die Opiumkriege hatten das Land ausgeblutet. Aber was hier geschah, war etwas ganz anderes.

Dem Jungen gelang es, in das angeblich sichere Hongkong zu kommen. Als dann infolge dieser verheerenden Luftangriffe auch japanische Bodentruppen durch Südchina zogen, war eine Rückkehr nach Kanton unmöglich geworden.

In Cheung Chou besuchte Samuel dann eine Schule, in der er als Hauptfach statt klassischem Chinesisch Englisch belegte. Drei Jahre später wechselte er zum Queen's College in Hongkong. Das luxuriöse Leben dort weckte allerdings einige Begierden in Samuel.

Er machte ausgedehnte Wanderungen auf dem bekannten Peak Trail, von wo man einen der überwältigendsten Ausblicke hat, die es auf der Erde gibt: die City von Hongkong und das märchenhafte Kowloon. Er konnte zusehen, wie die »Star Ferry« im Dreiminutentakt zwischen den Werften von Kowloon und Hongkong hin- und herstampfte. Schiffe und Frachter mit den unterschiedlichsten Flaggen waren der Schmuck der Bucht. Riesige Ozeandampfer hatten am *Ocean Terminal* festgemacht, wo die Passagiere eben schnell an Land gehen und sich in den vielen Läden dort allerlei Krimskrams kaufen konnten, den man dann stolz zu Hause zeigen konnte.

Wenn Samuel damals auch bezeugt hätte, dass sein Leben dem Herrn gehörte, so war seine Hingabe doch nur halbherzig; er bemerkte nicht einmal, wie sehr ihn das Leben des Wohlstands im Griff hatte.

Manchmal ging er auch hinunter in die Geschäftsviertel mit ihren hoch aufragenden Gebäuden. Hatte er einmal zehn Cent übrig, was damals mehr als genug war für eine Rundfahrt, dann fuhr er mit der »Star Ferry« hinüber auf die andere Seite. Und zu ganz besonderen Anlässen mietete er sich eine Rikscha für eine Tour durch das Viertel Tsim Sha Tsui.

Samuel kam in der Schule gut zurecht, auch weil er durch seine guten Englischkenntnisse den Jungen aus britischen Familien gleichgestellt war. Manchmal fragte er sich, was ihn eigentlich davon abhielt, Teil dieser wohlhabenden Welt oder sogar einer der Industriebosse Hongkongs zu werden, die er in ihren schnittigen Limousinen oder in ihren privaten Rikschas herumfahren sah.

Am *Queen's College* fand Samuel neue Freunde, von denen einige auch Christen waren. Der Großteil seiner Freunde jedoch kam aus reichen Familien und wurde auf ihren zukünftigen Erfolg in der Geschäftswelt vorbereitet. Sie nahmen ihn mit ins Theater und boten ihm Zigaretten und Alkohol an, was er beides ablehnte, bemühte er sich doch irgendwie, die bei den Baptisten gelernte strenge Absonderung aufrechtzuerhalten. So verschmähte er einerseits die Welt, betrachtete aber gleichzeitig das weltliche Leben als eine Option für die Zukunft und fand auch Interesse daran.

Aus einer Laune heraus fing er an, Haare zu schneiden, zuerst bei einigen seiner besten Freunde, die zunächst Zweifel bezüglich seiner Fähigkeiten hegten. Aber obwohl Samuel nie eine entsprechende Ausbildung bekommen hatte, gelang es ihm schließlich so gut, dass viele seiner Schulkameraden seine Friseurdienste in Anspruch nahmen. Diese Erlebnisse waren für Samuel nicht nur eine willkommene Abwechslung, sondern sorgten auch dafür, dass sein Ansehen auf dem Campus stieg. Er hatte nicht die geringste Ahnung davon, dass der souveräne Hirte ihn als Vorbereitung auf die Zukunft Haare schneiden ließ.

Während dieser Zeit nahm Paul Lam einen Lehrstuhl in einem Bibelseminar in Singapur an, weil er glaubte, das sei Gottes Weg für diesen Lebensabschnitt, und weil er wusste, dass er damit seine

Familie besser würde ernähren können. Wie üblich in der chinesischen Kultur blieb die Mutter zurück, um sich um Haus und Kinder zu kümmern.

Samuels Vater schrieb ihm regelmäßig und drängte ihn, sich in einer der Bibelschulen von Hongkong anzumelden. In dieser reichen Stadt würde er nämlich unmittelbar erfahren, wie oberflächlich das Leben für jene wird, die Reichtum und Annehmlichkeiten statt Hingabe in Glauben und Dienst suchen. Samuel nahm die Worte seines Vaters zwar zur Kenntnis, war aber überzeugt, er könne in der diesseitigen, auf den Materialismus ausgerichteten Welt erfolgreich sein und gleichzeitig seine Rolle im Weinberg Gottes ausfüllen. Er war noch zu jung, um zu wissen, dass man immer den Kürzeren zieht, wenn man meint, mit Gott verhandeln zu können.

Während der Abwesenheit seines Vaters übte seine Mutter den größten Einfluss auf sein Leben aus. Jedes Wochenende verbrachte er mit seiner Familie und kam dadurch auch seinen Schwestern Ai Ling und Ai Jun näher. Zusammen besuchten sie den Gottesdienst, und abends scharte ihre Mutter sie um sich, um geistliche Lieder mit ihnen zu singen.

Sie war ihm sowohl Mutter als auch Freundin, konnte Rat geben und Mut machen, aber genauso gut auch ihrer Aufsichts- und Erziehungspflicht nachkommen. Sie fand heraus, dass zu Samuels ursprünglicher Erfahrung im Glauben jetzt eine gewisse Kälte gekommen war. Jedoch schimpfte sie nie mit ihm, hielt ihm keine Predigten oder Vorträge. Stattdessen betete sie für ihn, weil sie glaubte, dass Gott Großes mit Samuels Leben vorhatte. Diese Überzeugung hatte sie schon seit den Tagen, als er noch an ihrer Brust lag.

Einmal stand er, als er auf dem Weg zurück zur Schule war, am Bug des Schiffes und beobachtete, wie es sich einen Weg durch das Wasser schnitt. Er erkannte darin ein Bild seines Lebens. Die Welt winkte ihm zu, und sein Fleisch war schwach, aber Gott hatte einen Kurs für sein Leben vorgesehen, und davon wollte er nicht abweichen.

Und dann kam der 7. Dezember 1941 mit der Bombardierung

von Pearl Harbor. Samuel hatte das Wochenende mit seiner Mutter und seinen Schwestern verbracht und war gerade auf der Fähre, die ihn zurück nach Hongkong bringen sollte. Plötzlich stellte der Kapitän den Motor ab. Die Passagiere vermuteten zuerst einen Motorschaden, bald aber mussten sie den dumpfen Einschlag der Bomben hören, die über dem Hongkonger Flughafen Kai Tak und anderen Zielen auf der Seite von Kowloon abgeworfen wurden. Der Kapitän der Fähre musste sich entscheiden. Sollte er in die vermeintliche Sicherheit von Cheung Chou zurückkehren oder weiterfahren nach Hongkong? Die Passagiere an Bord überredeten den Kapitän, dass er nach Hongkong weiterfahren solle. Angst ergriff Samuel, als er hinter sich sein Zuhause verschwinden sah.

Innerhalb weniger Tage hatten japanische Truppen den Strand von Repulse Bay gestürmt und arbeiteten sich meterweise vor in Richtung Hongkong. Viele Menschen fielen ihnen auf ihrem Zug zum Opfer. Auch Luftangriffe wurden weiter geflogen und richteten dort ihren Schaden an, wo die zahlenmäßig unterlegenen Briten und ihre chinesischen Freunde noch die Stellung behielten.

Weil wegen der Kämpfe der Fährbetrieb eingestellt worden war, befand Samuel sich jetzt in Hongkong in der Falle.

Abends oder am Wochenende, wenn er sich so sehr nach seiner Mutter und seinen Schwestern sehnte, wandte er viel Zeit für Bibelstudium und Gebet auf. Sein Glaube wurde stärker. Nun kam er wirklich zu seinem eigenen Bethel und richtete einen Altar der Erneuerung in seinem Herzen auf. Durch die Rückkehr zu dem Wort Gottes und zum Gebet wurde er auch wieder zuversichtlicher.

Eines Morgens beschossen japanische Bomber ein Gebiet, das an Samuels Schule grenzte. Die Sirene ertönte und die Schüler suchten hastig einen Schutzraum auf. Samuel blieb in den Unterrichtsräumen zurück. Er stand am Fenster und beobachtete die angsteinflößende Vorstellung. Er wollte keinesfalls verwegen sein. Er hatte nur vollkommenes Vertrauen in die Souveränität Gottes über sein Leben gewonnen, und er wusste von dieser Zeit an, dass der gefährlichste Ort auf der Erde sicher ist, solange man im Willen Gottes steht – und dass der sicherste Platz auf der Erde gefährlich ist, wenn man außerhalb des Willens Gottes lebt.

Ein anderes Mal war die Bombardierung so stark, dass Samuel beschloss, Zuflucht in der Baptistengemeinde zu suchen, in die er gewöhnlich zum Gottesdienst ging. Normalerweise hätte er den gleichen Weg gewählt wie jeden Sonntagmorgen, einen Weg, auf dem es nicht zu sehr auf und ab ging. Aber an diesem Morgen verspürte er die klare Führung Gottes, dass er einen anderen, etwas anstrengenderen Weg nehmen sollte.

Gerade als er sich auf den Weg gemacht hatte, fing das Bombardement an. Er begann zu laufen. Das Geräusch seiner eigenen Schritte ging in dem pausenlosen Lärm der Bomben unter. Dann schlug eine Bombe ganz in seiner Nähe ein. Beim Weglaufen schaute Samuel sich noch einmal um und bemerkte, dass es genau dort war, wo er vorbeigekommen wäre, wenn er seine gewöhnliche Route gewählt hätte. Freude erfüllte sein Herz, und er lobte seinen Gott mit lauter Stimme. Gott war dabei, ihm Vertrauen beizubringen – das unabhängig von der jeweiligen Situation war, in der er sich gerade befand.

Um die Weihnachtszeit war ganz Hongkong in der Hand der Eroberer. Die Fähren nahmen ihren Verkehr wieder auf. Samuel kehrte nach Cheung Chou zurück, wo er ein fröhliches Wiedersehen mit seiner Mutter und seinen Schwestern feiern konnte.

»Wir haben die ganze Zeit für dich gebetet«, sagte seine Mutter. »Wir wussten, dass die Engel sich um dich kümmern würden.«

Da die Japaner jetzt das Sagen hatten und ein normales Leben unmöglich geworden war, beschloss Samuels Mutter die Rückkehr nach China. In Zhao Qing betrieb sein Onkel eine Arztpraxis.

Und wieder durfte Samuels Familie Zeuge der Macht des Glaubens werden. Mit vier Schiffen fuhren sie in die Bucht und dann in den Pearl River hinein. In der zweiten Nacht wurden sie von Flusspiraten angegriffen. Diese enterten drei Schiffe und plünderten sie aus, aber das Schiff, mit dem Samuels Familie unterwegs war, konnte ohne Schaden weiterfahren.

Samuel Lamb wurde für eine Zukunft vorbereitet, die das volle Glaubensmaß eines Mannes verlangte sowie das feste Vertrauen auf das, was Gott versprochen hat.

Man schrieb das Jahr 1942. Während sich die Gläubigen zum Morgengottesdienst in der Baptistengemeinde von Wuzhou zusammenfanden, saß der achtzehnjährige Samuel Lamb am Klavier und spielte mit flinken Fingern und einem Herzen voller Musik einen Auszug aus der »Ode an die Freude« aus Beethovens 9. Sinfonie. Auf der Bühne schlug der Missionarspastor den Takt mit dem Fuß, während er seine Predigtnotizen durchblätterte. Die Frau des Missionars saß in einer der ersten Reihen und wischte sich mit einem kleinen Taschentuch die Augen. Der Pastor und seine Frau sowie auch ihre anderen Kollegen spürten etwas von dem Potenzial, das in diesem jungen Mann steckte. Für die Zeit seines Studiums am *Alliance Bible Institute* in ihrer Stadt hatte Samuel sich für ihre Gemeinde entschieden, um dort die Gottesdienste zu besuchen. Obwohl er noch keine zwanzig war, wurde er bald eines der kreativsten und wertvollsten Glieder dieser Gemeinde.

Während Samuel in Wuzhou war, durfte er in verschiedener Hinsicht wachsen. Sein Klavierspiel konnte er im Haus des Mannes praktizieren, der dem Missionskrankenhaus vorstand. Mit dem Pastor zusammen lernte er auch weiter Englisch und dolmetschte für ihn, wenn er zu den Studenten der nahe gelegenen Universität sprach. Diese Erfahrungen halfen Samuel, seinen Wortschatz, besonders den fürs Predigen, auszubauen.

Um den vielen Menschen helfen zu können, die durch den Krieg heimatlos geworden waren, bauten die Baptisten-Missionare eine Flüchtlingssiedlung in einer Ecke ihres Geländes auf. Eine dieser Hütten boten sie Samuel und seiner Mutter an. Sie wurde Verkäuferin im Krankenhaus und beteiligte sich auch aktiv in der Gemeinde.

Wenn ihre Unterkunft auch schlichter war als das, was sie von Hongkong her kannten, so machten Samuel und seine Mutter doch das Beste daraus. Sie wussten, dass der Gute Hirte sich um seine Schafe kümmern würde und dass er ihnen zeigen würde, wie sie in allen Lebensumständen zuversichtlich zu ihm aufsehen könnten. Später stießen seine beiden Schwestern noch zu ihnen, während sein Vater weiter seinen Lehrverpflichtungen in Singapur nachging.

Während seiner Studentenzeit lernte Samuel große Teile der Bibel auswendig, darunter die Briefe von Römer bis Hebräer, dazu viele Psalmen und Abschnitte aus dem Johannesevangelium. Seiner Mutter entging das neu aufgeflammte Interesse nicht, und sie sprach ihm Mut zu. »Noch nie hast du dir so viel Mühe beim Auswendiglernen der Bibel gemacht. Gott segne dich, mein Sohn!«

»Es wird mir bestimmt nützlich sein, wenn ich endlich auch einmal meine eigenen Predigten halten darf«, sagte Samuel zu seiner Mutter. Dann fügte er nachdenklich hinzu: »Wenn ich andere so auf der Kanzel sehe und versuche, mir vorzustellen, dass ich selbst da stehe, dann frage ich mich, was für einen Prediger ich wohl einmal abgebe.«

»Du wirst einfach predigen, Samuel, und dem guten Beispiel deines Vaters folgen. Halte dein Herz warm und deinen Geist demütig. Gute Prediger sind wie Schwämme: Sie haben das Wort Gottes in sich aufgesogen!«

Wenn er auch als Bibelschüler im ersten Jahr noch jung und unerfahren war, so bekam er doch viel früher als erwartet die Gelegenheit, auf der Kanzel zu stehen. Eines Sonntagnachmittags saß er unbeschwert im Haus des Missionsarztes am Klavier und machte sich mit Beethovens Sonaten vertraut. Der Arzt und seine Frau waren zu einer Arbeitsbesprechung gegangen und hatten Samuel erlaubt, sich während ihrer Abwesenheit in ihrem Wohnzimmer aufzuhalten.

Ein Klopfen an der Tür ließ ihn aufhorchen. Er öffnete und sah einen der Ältesten der Gemeinde vor sich stehen. »Deine Mutter sagte, du wärst hier«, begann er. »Ein Rikschajunge hat uns eine Nachricht von Bruder Tao überbracht. Er ist krank und kann heute Abend den Gottesdienst nicht übernehmen. Wir haben mit dem Direktor des *Alliance*-Instituts gesprochen und er hat uns berichtet, dass du am Bibelinstitut schon Kurzpredigten gehalten hast. Deshalb, und weil du ja die Gottesdienste unserer Gemeinde ohnehin besuchst, haben die Ältesten dich für die Abendpredigt ausgesucht.«

Samuels Zunge klebte an seinem Gaumen. Sprachlos sah er ihn an. Als er diese Ehrfurcht gebietende Aufgabe mit seiner Mutter besprach, erinnerte er sie daran, dass er noch nie vor einer versammelten Gemeinde gepredigt hatte.

»Irgendwann musst du anfangen«, sagte sie mit sanfter Stimme. »Der Herr hat beschlossen, dass du heute Abend anfängst.«

Als Predigttext wählte Samuel die ersten Verse von Johannes 13, da er gerade damit beschäftigt war, diesen Abschnitt auswendig zu lernen. Mit dem, was er in der Anfängerklasse für Predigtlehre gelernt hatte, erstellte er eine Gliederung. Er schrie zum Herrn und bat ihn um Führung, weil er selbst voller Angst und mutlos war.

Als er an diesem Abend auf der Bühne in der Gemeinde saß, musste er an die Straßen von Hongkong denken, wo ihn damals eine innere Stimme wegen seiner Gedanken getadelt hatte, dem Reichtum dieser Welt nachzujagen. War es jetzt dieselbe Stimme, die ihn verhöhnte wegen seiner Anmaßung, eines Tages in die Fußstapfen seines Vaters treten zu wollen?

Er sah flüchtig zum Klavier hinüber. Er war nach Wuzhou gekommen, um sich für den geistlichen Dienst vorzubereiten. Ob es vielleicht eher ein Dienst in der Kirchenmusik sein sollte?

Sein Herz schlug laut, als endlich der Augenblick der Predigt kam. Die Gedanken drehten sich in seinem Kopf im Kreis, und seine Lungen arbeiteten so heftig, dass er atmete wie jemand, der eine weite Strecke gelaufen war und nun sprechen sollte. Als er auf der Kanzel stand und die gesamte Zuhörerschaft vor sich sah, war sein Kopf plötzlich wie leer, und seine Zunge war wie gelähmt.

Die Gemeinde starrte ihn an. Einige schienen es lustig zu finden, andere warfen ihm verächtliche Blicke zu. Dann sah er seine Mutter, wie sie – die Ruhe selbst – in ihrer Bank saß. Sie neigte ihren Kopf.

Samuel atmete tief durch. Er öffnete seine Bibel und suchte in seinen Notizen, die er mitgebracht hatte. Noch einmal sah er zu seiner Mutter hinüber. Sie hatte aufgehört zu beten, blickte auf, richtete ihre Augen auf ihren Sohn und lächelte.

»In Johannes 13«, so fing er an, »wäscht Jesus die Füße seiner Jünger. Wir finden in Vers 5, dass er Wasser eingoss, ihre Füße wusch und sie dann abtrocknete. Das bedeutet, dass er das ganze Werk der Reinigung tat.« Samuel sah wieder auf seine Notizen. Sie verwirrten ihn aber nur. Hatte er in diesen einleitenden Worten nicht schon seine ganze Predigt gehalten? Was sollte er denn sonst noch sagen?

Er kämpfte, wiederholte sich, versuchte, sich an seinen Notizen zu orientieren, und schaffte so seine kurze Predigt. Sie hatte nicht länger als fünfzehn Minuten gedauert.

Als Samuel und seine Mutter bei ihrem Häuschen ankamen, sagte er traurig: »Ich werde nie predigen können.«

»Heute Abend hast du gepredigt«, entgegnete sie. »Du hast das Wort gepredigt. Dein Vater hat in seiner ersten Predigt gelernt, dass Gott keine Vorstellung sucht, sondern eine treue Verkündigung.«

Ihre Stimme wurde sanfter. »Ehrlich gesagt fehlte heute Abend noch die Redegewandtheit, mein lieber Sohn. Aber das kommt. Während du sprachst – auch wenn es dir schwerfiel – verspürte ich eine Salbung auf dir. Nur der Heilige Geist kann uns das geben. Denke immer daran. Nur der Heilige Geist gibt Salbung. Und heute Abend war deine Mutter Zeuge davon, dass Gott ihren Sohn angerührt hat. Merke es dir, Samuel. In meinem Herzen weiß ich, dass das, was ich sage, wahr ist.«

Zu Beginn seines zweiten Jahres in Wuzhou erfuhren die Bibelschüler von Samuels Fertigkeiten mit Kamm und Schere. Viele von ihnen ließen sich von ihm die Haare schneiden. Er setzte seine musikalischen Studien fort und erhielt die eine oder andere Gelegenheit zum Predigen.

»Du bist noch keine zwanzig und machst schöne Fortschritte«, ermutigte ihn seine Mutter.

Wäre das Erlernen der Predigtkunst abhängig gewesen von akademischer Schulung, hätte Samuel Lamb allerdings nie Erfolg gehabt. Denn als die Weihnachtsferien kamen, machte sich die Kunde von einem schweren japanischen Einfall im Süden breit.

Eines Tages bat ihn der Missionar des Ortes in sein Haus. Während der Abwesenheit seines Vaters waren der Arzt und der Pastor ihm wie Verwandte geworden. »Unsere Botschaft hat die Empfehlung ausgesprochen, dass wir von hier wegsollen«, sagte der Missionar. Chiang Kai-shek und Mao Tse-tung versuchen eine Art von Koalition, aber Löwen und Tiger benutzen nie dieselbe Höhle. Die Japaner scheinen diese Gelegenheit zu nutzen, um ganz China zu erobern. Wenn die Missionare bleiben, wird es unseren chinesischen Geschwistern sicher mehr schaden als helfen.«

»Sie wollen zurück?«, fragte der Student. Zu dieser Zeit waren in Samuels Leben die Gemeinde und die Anwesenheit der Missionare untrennbar miteinander verbunden.

»Wenn Chiang Kai-shek und Mao Tse-tung sich gegenseitig an die Kehle gehen, wie es von vielen vorhergesagt wird, dann ...« Der Missionar wandte sich ab.

Als die beiden an der Tür voneinander Abschied nahmen, drückte der Missionar Samuel einen Umschlag in die Hand. Am Morgen noch hatte die Mutter während der Andacht mit ihrem Sohn und ihren Töchtern besonders daran erinnert, dass sie Gottes Verheißungen auch in Anspruch nehmen müssten. »Wir haben kaum genug zu essen, sollten wir wirklich fliehen müssen«, hatte sie gesagt. »Und auch nicht genug Geld, um uns Fahrkarten zu kaufen.« Der Umschlag, den Samuel mit nach Hause brachte, enthielt achthundert Dollar!

»Die Missionare sind sich nicht sicher, ob sie wiederkommen

werden«, sagte Samuel während des Abendessens zu seiner Familie. »Sie haben sich uns gegenüber sehr großzügig gezeigt.«

»Sie sind unsere Geschwister«, sagte Samuels Mutter. »Und Geschwister teilen untereinander. Aber es ist Gott, der um unsere Bedürfnisse weiß und sich darum kümmert. Dabei benutzt er unterschiedliche Mittel und spricht zu unterschiedlichen Herzen.«

Die Lage verschlechterte sich. Es hieß, dass die japanische Armee innerhalb weniger Tage in Wuzhou sein würde, wenn es den zerstrittenen Regierungstruppen nicht gelingen würde, sich zu vereinigen und sie zurückzuhalten. Samuels Familie suchte rasch ihre Habseligkeiten zusammen, und man begab sich an Bord eines Schiffes, um in einem Dorf in ein paar Stunden Entfernung Zuflucht zu finden. Dieses Dorf würde kaum von irgendeiner strategischen Bedeutung für die japanischen Truppen sein.

Samuels Mutter und seine Schwestern errichteten dort einen Stand auf der Straße, in dem sie Frauen- und Kinderkleider zum Verkauf anboten, die sie selbst nachts herstellten oder von Flüchtlingsfrauen gekauft hatten. Sie gaben die Hoffnung nicht auf, dass diese kritische Lage bald vorüber sein würde und sie nach Wuzhou zurückkehren könnten. Die Japaner jedoch eroberten nicht nur Wuzhou aus der Hand der Regierungstruppen, sondern sie machten die Stadt sogar zur Ausgangsbasis für ihre weiteren militärischen Vorstöße.

Und wieder blieb der Familie keine andere Wahl als weiterzuziehen. Man landete schließlich in dem Dorf Panghua, das nun wirklich außerhalb der japanischen Stoßrichtung liegen musste. Noch einmal wurde Samuel Friseur, und seine Mutter und seine Schwester improvisierten einen Stand für den Verkauf von Kleidern. Panghua war nicht nur ein Zufluchtsort für Heimatlose, sondern stellte sich leider auch als Versteck für Banditen heraus.

Oft mussten sie weiterziehen, wenn sie außer Reichweite der Japaner bleiben wollten. Einmal gelangte die Familie in eine Stadt, die am Tag zuvor von Bomben und Artillerie fast zerstört worden war. Wieder hatte der Herr ihre Schritte sicher geleitet.

1945 war Frieden mit Japan eingekehrt. Die Familie kehrte nach Guangzhou zurück, wo sie im Haus von Samuels Großvater wohnen konnten. Erneut empfand Samuel die Führung Gottes, denn dieser Mann, der schon vor längerer Zeit von seinem früheren Wohnort Detroit zurückgekehrt war, war in großer geistlicher Not.

Obwohl Samuels Großvater ein treu ergebener Kirchenmann und bekennender Christ war, fehlte ihm Heilsgewissheit. Samuel setzte sich über die chinesische Tradition hinweg, nach der jüngere Leute Älteren keinen Rat erteilen dürfen, und führte seinen Großvater wie ein Hirte zum festen Glauben an den Erretter.

Samuel besuchte auch seinen Vater, der von Singapur zurückgekehrt war, um Pastor einer Baptistengemeinde in Hongkong zu werden. Er sprach ihm viel Mut für den geistlichen Dienst zu, aber in Guangzhou kam Samuels musikalisches Talent wieder zum Vorschein. Er gab Konzerte und profilierte sich mit den Werken von Beethoven, Händel, Schubert, Mozart und anderen Komponisten. Das führte dazu, dass Samuel gebeten wurde, Unterricht für Schüler der Sekundarstufe anzubieten. Er fragte sich, ob der Herr ihn nicht doch in Richtung Musik führen wollte.

Zu dieser Zeit wurde eine Stelle in der großen Zion Church von Guangzhou frei, die damals noch eine Methodistengemeinde war. Der Pastor war ein feiner evangelikaler Christ, und Samuel durfte viel von ihm lernen. Während er seinen Predigten zuhörte, wuchs Samuels Überzeugung, dass Gott ihn eines Tages, trotz seines Gefühls der Unzulänglichkeit, einmal im geistlichen Dienst haben wollte.

Die *Zion Methodist Church* sollte im Leben von Samuel Lamb, dem Baptisten, eine Rolle spielen, die er nicht für denkbar gehalten hätte. Vom Bischof wurde ein neuer Pastor eingesetzt, der ein erklärter Liberaler war. Der neue Pastor und Samuel standen von Anfang an im Widerspruch zueinander.

Seiner Mutter sagte er: »Mir bleibt keine andere Wahl. Ich muss diese Gemeinde verlassen.«

»Wenn du mit dieser Entscheidung dem Herrn gehorchst«, antwortete seine Mutter, »dann hast du keine andere Wahl.«

Samuel gab weiterhin Klavierstunden. Er unterrichtete eine Hausklasse in englischer Konversation. Er half in einer Baptistengemeinde mit und veröffentlichte ein Gesangbuch in geringer Auflage.

»Immer häufiger höre ich, dass die Rede davon ist, die Gemeinden würden in ihren Freiheiten eingeschränkt«, berichtete er eines Tages seiner Mutter. »Im Norden finden sich einige Christen in Häusern zusammen, um Gottesdienst zu feiern.« Bei diesen Worten sah sich seine Mutter in ihren eigenen vier Wänden um, die im Vergleich mit vielen anderen Wohnungen geräumig waren. Im späten Frühjahr 1950 begann Samuel Lamb mit seiner eigenen Gemeinde – einer Hauskirche mit anfänglich dreißig Mitgliedern.

Während eines Besuches in Hongkong wurde er zu einem Interview in eine bekannte evangelikale Bibelschule eingeladen. Der Dekan dort sagte zu ihm: »Einige von uns hier wissen um Ihre Erfahrungen und um Ihr Können, was die Kirchenmusik betrifft.« Die Schule bot Samuel eine Stelle an, wo er dreimal so viel verdient hätte wie in der *Zion Church*. Was sollte dann aber aus der wachsenden Gemeinde werden, die sich regelmäßig in seiner Wohnung traf? Sollte er die Gelegenheit ergreifen, um seinen Dienst als Kirchenmusiker zu tun, oder sollte er weitermachen als Prediger in einer kleinen Hauskirche? Schließlich lehnte Samuel das Angebot der Bibelschule ab und ließ sich auch nicht umstimmen. Die Entscheidung, bei der Hauskirche zu bleiben, sollte weitreichende Folgen für Samuel haben.

Zurück in Guangzhou wurde Samuel eingeladen, in einer Gemeinde in der Stadt Fushan zu sprechen, die zwei Stunden Zugfahrt von Guangzhou entfernt lag. Dort war Sing Yin anwesend, eine staatlich geprüfte Krankenschwester, die achte Tochter eines bekannten Arztes in der Stadt. Man stellte sie dem Gastprediger Samuel Lamb vor. Als Samuel sie sah, wusste er, dass sie Gottes Wahl für ihn war. Sie empfand die gleiche Führung für ihr Leben.

Am 4. Juli 1951 wurden sie Mann und Frau.

Der chinesischen Tradition folgend nahm Samuel seine Braut mit ins Haus seiner Familie. Von Anfang an wollte sie zur Verwandtschaft gehören. Ihre neuen Schwägerinnen liebten sie, und deren Mutter fand trotz ihrer matriarchalischen Art die Fremde gerade passend, was Temperament und geistliche Qualitäten anging. Zärtlich nannte Samuel seine Ehefrau Sui Ling.

Sui Ling sollte von großer Bedeutung werden für den Dienst in der Hauskirche und ermutigte Samuel vor allem in seinem Predigtdienst. Oft sagte sie: »Ich bin durch deine Predigt sehr gesegnet worden.«

Ihre Liebe wuchs wie ein Weinstock, den der Herr selbst gepflanzt hatte, und war für sich allein schon ein Dienst für andere Menschen. Wenn er sie wegen ihrer Selbstlosigkeit und Hilfsbereitschaft ihm gegenüber tadelte, zitierte sie eins der alten Sprichwörter: »Der König nennt seine Frau ›meine königliche Dame‹, während die Königin sich selbst ›die Dienerin des Königs‹ nennt.«

Etliche Monate nach ihrer Hochzeit kam der junge Prediger eines Tages, nachdem er einige Besuche gemacht hatte, erst spät am Nachmittag nach Hause. Seine Frau ergriff ihn bei der Hand und zog ihn in eine ruhige Ecke ihrer Wohnung. »Wir bekommen ein Kind«, sagte sie ganz einfach.

Diese Ankündigung war für Samuels Herz wie ein geballtes

Crescendo aus Melodien von Beethoven, Mozart und Händel zusammen.

»Bist du ganz sicher?«, fragte er.

»Ja, auf jeden Fall«, antwortete sie fröhlich, »und der Arzt ist sich auch sicher.«

»Sui Ling!«, flüsterte er. »Meine Sui Ling!«

Sie war ihm wie ein Barren von härtestem Stahl, eingewickelt in die weichste Wolle – eine Festung und eine Zuflucht für seinen Verstand und für seine Gefühle – die Gehilfin, die Gott ihm gegeben hatte. Und jetzt sollte sie die Mutter des wunderbaren Wesens werden, das sich in der Wiege ihres Herzens eingenistet hatte.

Wenn Samuel während der darauffolgenden Monate Bachs »Jesus bleibet meine Freude« oder ein Adagio von Grieg auf dem Klavier spielte, versuchte er sich das Kind vorzustellen, das zu ihnen unterwegs war, Fleisch von seinem Fleisch und Frucht der Liebe, die er für die Frau hegte, die er mit ganzer Zuneigung verwöhnte.

»Mach dir nicht so viele Gedanken«, tadelte Sui Ling ihn. »Sonst bist du es, der schließlich noch einen Arzt braucht.«

Endlich kam das Kind. Es war ein Sohn. Aber er lebte nur kurze dreiunddreißig Stunden.

»Oh Gott!«, schrie es aus Samuel heraus. »Warum?« Später würde er lernen, ohne diesen Zweifel an der Weisheit Gottes zu leben. Der über allem erhabene Gott hat das volle Recht, zu geben oder zu nehmen. Wer seine Wege in Frage stellt, der hegt Zweifel an seinen Worten. »Sollte der Richter der ganzen Erde nicht Recht üben?«[2]

»Ein chinesischer Vater wünscht sich, dass sein Erstgeborener ein Sohn ist«, tröstete ihn Sui Ling. »Aber vergiss nicht, wie wunderbar es ist zu wissen, dass wir ihn auf jeden Fall im Himmel wiedersehen werden!«

Im März des darauffolgenden Jahres brachte Sui Ling eine Tochter zur Welt, die sie Hannah nannten. Und 1954 wurde am Tag nach Weihnachten Enoch geboren.

Noch vor Enochs Geburt war Samuel nach Peking gereist, um

---

2 1. Mose 18,25

dort seine erste Begegnung mit Chinas berühmtem Kirchenmann Wang Ming-tao zu haben. Als er den Dienst von Pastor Wang beobachtete und ihn vor seiner großen Gemeinde predigen sah, wurde sein Herz in wunderbarer Weise berührt. Würde der Herr ihm auch einmal solch einen Dienst anvertrauen?

»Wir gehen Zeiten schwerer Erprobung entgegen«, waren Wang Ming-taos warnende Worte. »Unser Glaube und unsere Treue werden noch bis aufs Äußerste auf die Probe gestellt.« Zu jener Zeit ahnte keiner der beiden Männer, wie genau sich diese Vorhersage einmal erfüllen würde.

Durch den Besuch in Peking wurde das Leiden der Christen in den nördlichen Provinzen Chinas noch stärker in Samuels Bewusstsein gerückt. Er hörte von einem jungen Pastor, der sich einem Predigtverbot eines machthungrigen Kommunisten widersetzt hatte und daraufhin auf dem Marktplatz des Dorfes gekreuzigt worden war. Bei Tagesanbruch war der Vater des Pastors in seinem tiefen Schmerz zu dem Fuß des Kreuzes gelaufen und hatte auf Knien und unter Tränen einen der wachhabenden Soldaten gebeten, sich über seinen Sohn zu erbarmen. Der Soldat hatte den alten Mann auf der Stelle erschossen.

Samuel hörte von einer verwitweten Lehrerin, die sich standhaft geweigert hatte, sich den Forderungen zu beugen, sie solle das Bibellesen und den christlichen Unterricht im Klassenzimmer aufgeben. Mit ihren langen schwarzen Haaren band man sie an einen Jeep und schleifte sie vor der Schule hinter dem Auto hin und her. Dann schütteten ihre Peiniger Benzin über ihren gemarterten Körper und warfen ein brennendes Streichholz auf sie. Sie starb als eine lebendige Fackel. Der zwölfjährige Sohn dieser mutigen Lehrerin, den man gezwungen hatte, dieses brutale Geschehen mitanzusehen, beteuerte trotzdem tapfer seinen eigenen persönlichen Glauben.

Samuel hörte von wohlhabenden Christen, die sich geweigert hatten, vor der totalen Machtübernahme der Kommunisten in das sichere Hongkong zu fliehen. Ein reicher Exporteur bestand darauf, in China bleiben zu wollen, und wurde von seinen Geschäftsfreunden verspottet. Einem amerikanischen Reporter sagte er: »Ich verlasse China nicht. Wenn ich meiner Belegschaft von zweihundert Leuten meinen Glauben bezeuge, glauben sie, dass ich auch fliehen werde, kurz bevor die Nationalisten besiegt werden. Aber ich bleibe. Und wenn die kommunistische Besetzung beginnt, werde ich vielleicht eine kurze Zeit lang die beste Gelegenheit haben, meine Leute zu Christus zu führen.«

Dieser Exporteur starb später an den Misshandlungen, die man ihm in einem Arbeitslager zugefügt hatte. Seine Frau, eine freudige Christin, überlebte als einfache Putzfrau. Ihre Villa, ihre Firma, all ihr Besitz wurde konfisziert.

Andere Christen wurden lebendig beerdigt, ertränkt, von Anhängern der Armee verschleppt und erst gegen Lösegeld freigelassen. Unter diesen Gefangenen war ein Bibellehrer, der vier Monate in einer Dachstube verbrachte, die mit einem Fenster versehen war, das zu klein war, als dass er dadurch hätte entkommen können. Aber es war groß genug, damit er Zeuge eines Wunders werden konnte. Er hatte keine Bibel, er wusste nichts von seiner Familie und hatte keine Ahnung, was ihn erwartete. So bat er Gott, ihm doch irgendein Zeichen zu geben, das ihm versichern würde, dass er nicht vergessen war. Kaum hatte er das gebetet, da setzte sich ein Spatz auf das Fensterbrett, sah ihm in die Augen und fing an, mit großer Lautstärke zu singen. Er wollte sichergehen, dass der Vogel wirklich gesandt war, um ihm in seiner Not einen Dienst zu erweisen. Also schritt er in dem Raum auf und ab; und der Vogel wandte seinen Kopf nach links und nach rechts, um den Bewegungen des Mannes zu folgen. Als dann der Bibellehrer aus Dankbarkeit auf seine Knie fiel, beendete der Spatz sein Lied und flog davon. Wenige Tage später wurde der Mann freigelassen – ohne ein Wort der Erklärung.

Alle religiösen Gruppen – Buddhisten, Moslems und Christen – wurden Zielscheibe der Unterdrückung. In ihrer Verzweiflung sagten viele ihrem Glauben ab, darunter auch einige Christen, die zu viel Angst hatten, sich mit anderen Christen zu identifizieren.

Dunkle Gewitterwolken zogen herauf. Ein landesweiter Holocaust zeichnete sich ab!

Man muss wissen, dass China (außer seinen vielen Minderheiten) eigentlich aus zwei Völkern besteht, dem »Norden« und dem »Süden«. Der »Norden« ist geeint durch eine Sprache, ein abgewandeltes Mandarin. Der Süden dagegen ist eine Ansammlung von Volksgruppen, wovon jede ihren eigenen Dialekt hat. Von den Häfen in Hongkong und Macau ging ein starker fremdländischer Einfluss auf den Süden aus, während der Norden seiner chinesischen Prägung treu blieb, zusammengehalten durch eine über fünftausendjährige Tradition.

Kurz vor dem Sturz von Chiang Kai-shek in der Mitte des 20. Jahrhunderts war eine Inflation über das Land gefegt. Obwohl der Süden keineswegs wirtschaftlich stabil war, gab es doch einen gewissen Wohlstand. Opportunisten machten ihre Geschäfte, indem sie nach Shanghai oder Peking flogen und in ihrem Handgepäck Kisten mit US-Währung und chinesischen Silbermünzen bei sich führten. Diese tauschten sie zum doppelten und mehrfachen Inflationskurs gegen die lokale Papierwährung ein und kehrten dann wieder in den Süden zurück, um auf dem Schwarzmarkt große Gewinne zu machen.

Die neue Führungsriege stieß in städtischen Zentren wir Guangzhou auf eine gewisse Verachtung. Viele Parteigenossen kamen nämlich aus der Hunan-Provinz, die für ihre einfachen Manieren und ihren von anderen gerne belächelten Akzent bekannt waren.

Die neue Revolutionsregierung lehnte die Intelligenz ab und beschloss, China zu einem Arbeiterparadies mit nur wenig Bildung zu machen. Lehrer wurden in bedeutungslose Dörfer gesteckt, und das Land blieb mit einhundertfünfzig Millionen Analphabeten zurück.

Während dieser Umwälzungen tauchte die neue, offizielle Kirchenorganisation auf, die als die Patriotische Drei-Selbst-Bewegung (Selbst-Verwaltung – Selbst-Finanzierung – Selbst-Propaganda) bekannt werden sollte. Das heißt: keine personelle Hilfe aus dem Ausland, keine finanzielle Hilfe aus dem Ausland, keine Verkündigung außerhalb der vom Staat genehmigten Gebäude. Seltsamerweise verdankte die Drei-Selbst-Bewegung, die unverhohlen fremden- und missionsfeindlich war, ihr ursprüngliches Konzept einem europäischen Missionar, der 1851 die Notwendigkeit erkannt hatte, die chinesischen Christen von ihrer Abhängigkeit von fremder Unterstützung und Führerschaft zu entwöhnen.

Obwohl einige Geistliche der Drei-Selbst-Bewegung evangelikal in ihrer Theologie und evangelistisch in ihrem Dienst waren, war es für die meisten schwierig, unter den Bedingungen der Drei-Selbst-Bewegung ihren Dienst auszuüben. Bischof Ding, der Mann an der Spitze dieser Bewegung, war ursprünglich anglikanischer Priester gewesen und ließ jetzt die meisten Evangelikalen seine Geringschätzung spüren.

Zwischen der Drei-Selbst-Bewegung und den atheistischen Behörden bestand eine so enge Verflechtung, dass den Geistlichen nahegelegt wurde, bestimmte Predigttexte und -themen ganz auszulassen, darunter das 1. Buch Mose, die Offenbarung und besonders den Propheten Daniel. Der Blick der Atheisten auf den Ursprung der Menschheit war evolutionistisch und ließ keinen Raum für eine Schöpfung. Zudem versprach die neue Ideologie ein zukünftiges Paradies und nicht eine – wie die Christen behaupteten – Erscheinung Gottes, in welcher der Gottessohn die Himmel zerreißen und auf die Erde kommen würde, um sein Königreich aufzurichten.

Während dieser ersten Übergangszeit voller Auseinandersetzungen gerieten Samuel Lamb und seine Gemeinde ins Visier der Drei-Selbst-Bewegung. Sie wussten, dass Samuel mit der Zion Church in Verbindung gestanden hatte, die sich ihrerseits auch der Drei-Selbst-Bewegung angeschlossen hatte. Ihnen war auch bekannt, dass Samuel die Zion Church aus Protest verlassen und eine Hauskirche gegründet hatte.

Viele Menschen blieben in der Drei-Selbst-Bewegung und versuchten, ihre persönlichen Überzeugungen nicht aufzugeben, aber Tausende anderer Christen in ganz China fingen an, sich Hauskirchen zuzuwenden, statt sich mit dem stark liberalen Einschlag der Drei-Selbst-Bewegung zu identifizieren. Als Vergeltungsmaßnahme gegen den Austritt der Drei-Selbst-Angehörigen erklärte man Hauskirchen mit mehr als fünfunddreißig Personen für illegal. Im Haus Da Ma Zhan 35, wo die Lamb-Familie wohnte, stieg die Zahl der Anwesenden bald auf über fünfunddreißig.

Im Frühling des Jahres 1955 wurde mangelnde Bereitschaft zur Zusammenarbeit mit der Drei-Selbst-Bewegung als Widerstand gegen die Regierung ausgelegt. Diese leitete eine Säuberungsbewegung ein, um das Volk von regierungsfeindlichen Abweichlern zu befreien.

»Früher oder später sind wir auch dran«, sagte Samuel zu seiner Frau. »Ich habe unsere Mitarbeiter gewarnt und ihnen gesagt, dass sie sich bereit machen sollen.«

»Bereit?«, fragte Sui Ling. In ihrer Stimme schwang einige Spannung mit, aber sie hatte keine Angst.

Samuel lächelte nur und nickte. Seine Frau hatte verstanden. Sie half ihm dabei, ein kleines Bündel mit Wäsche fertig zu machen. Im nächsten Gottesdienst ließ er seine Gemeinde mit warnenden und doch taktvollen Worten wissen, dass er sie vielleicht bald verlassen würde. Sui Ling führte den Zipfel ihres Kopftuches zu ihrem Auge, aber sie weinte nicht.

Anfang August hatte Samuel einige Gläubige seiner Hauskirche besucht. Beim Betreten seines Hauses kam ihm seine Frau mit der Abendzeitung an der Tür entgegen. Auf der Titelseite war groß zu lesen: »Führender Dissident verhaftet.« Samuel überflog den Artikel und musste feststellen, dass es sein geliebter und verehrter Freund Wang Ming-tao war, den man ins Gefängnis gesteckt hatte, wo er jetzt auf seinen Prozess wartete.

Am darauffolgenden Sonntag wählte der Pastor von Da Ma Zhan seinen Predigttext aus Hebräer 11, dem »Glaubenskapitel«, und hob besonders die letzten neun Verse hervor. Dort wird von denen berichtet, die wegen ihrer Treue leiden mussten. Einige waren verspottet, andere waren geschlagen worden; wiederum andere hatte man ins Gefängnis geworfen. Sie waren gesteinigt worden; man hatte sie entzweigesägt; sie waren durchs Schwert umgekommen. Sie waren in Schaf- und Ziegenhäuten umhergegangen, verarmt, verfolgt, misshandelt. Die Welt war ihrer nicht wert gewesen.

Im nächsten Monat wurden die Gemeindeglieder Schwester

Mei Feng Zhu und Bruder Lee Hong Sun, beide Lehrer an der Universität von Guangzhou, gleichzeitig verhaftet.

»Die Kommunisten verspüren einen besonderen Hass auf die Intellektuellen«, erinnerte Samuel seine Frau, als er eines Nachmittags nach Hause kam. »Und wer das Evangelium predigt, der zählt eben auch zu den Intellektuellen.«

Die Situation war zu angespannt, um das auf die leichte Schulter zu nehmen. Er seufzte daher und fügte hinzu: »Eigentlich sollte ich mich geehrt fühlen, dass sie meinen, ich einfacher Evangelist sei ein Intellektueller.«

Sui Ling lächelte, obwohl ihr Mann ernst geblieben war. »Gerade heute früh«, sagte sie, »habe ich in Jesaja gelesen: ›Fürchte dich nicht, denn ich habe dich erlöst; ich habe dich bei deinem Namen gerufen, du bist mein.‹« Sie nahm ihrem Mann den Mantel ab.

»›Wenn du durchs Wasser gehst, ich bin bei dir ... Denn ich bin der Herr, dein Gott, der Heilige Israels, dein Erretter.‹«[3]

Es war der Abend des 14. September 1955, ein Mittwoch. Die Da-Ma-Zhan-Gemeinde würde sich wieder zum Bibelstudium und zum Gebet zusammenfinden. Sui Ling geleitete ihren geliebten Mann zum Tisch, eilte in die Küche und brachte das Essen, das sie für ihn warm gehalten hatte. »Viele Pastoren sind schon verhaftet worden«, sagte Samuel. Es war mehr als eine allgemeine Aussage gedacht und sollte nicht ausdrücken, dass er seine eigene Verhaftung schon ahnte. »Känguru-Prozesse veranstalten sie. Ich habe mir sagen lassen, dass Christen gegeneinander aussagen, um ihren eigenen Kragen zu retten.« Samuel stocherte mit seinen Stäbchen im Essen herum. Er nahm einen Bissen auf, führte ihn aber nicht zum Mund.

»Hab keine Angst, Samuel.«

Er antwortete nicht sofort. Stattdessen schaute er Sui Ling in die Augen und sah dort ihre Unsicherheit. Schließlich fing er an zu essen.

»Manchmal weiß ich nicht so recht ...«, gab er zu. Wieder machte er eine Pause und griff nach der Hand seiner Frau.

---

3 Jesaja 43,1-3

»Ich bin bereit. Egal was kommt«, sagte Sui Ling.

»Einige Pastoren sind gefoltert und sogar umgebracht worden.«

»Aber nur im Norden?«, fragte Sui Ling. Sie blieb gefasst.

»Ich weiß es nicht«, antwortet Samuel mit ruhiger Stimme. Er wollte das Thema wechseln und fügte hinzu: »Die Hauskirchen werden überall größer. Wir hier in Da Ma Zhan sind Teil einer großen Menge, die der Herr sich erweckt, um seinen Namen hier in China groß zu machen.« Er zögerte, überlegte und fügte hinzu: »Vielleicht wird so evangelisiert und geerntet wie noch nie zuvor in China.«

Auf dem Bibelstudium und der Gebetszeit, die eine Stunde später stattfanden, lag ein besonderer Glanz.

Die Festnahme von Mei Feng Zhu und Lee Hong Sun hatten die Gläubigen nicht davon abgehalten zu kommen. Im Gegenteil, sie waren neu angespornt worden.

»Die Leute auf der Straße sehen uns so seltsam an, wenn wir hier zu unseren Versammlungen kommen«, sagte ein Bruder. »Und ich hatte den Eindruck, als wären es heute Abend noch mehr gewesen.«

»Ich habe aber nicht den Eindruck«, sagte ein anderer, »dass sie etwas gegen uns haben.«

»Im Gegenteil!«, ließ sich ein weiterer hören. »Ich habe in ihren Augen manchmal so etwas wie Neid ausgemacht. Wir müssen die Freude, die wir in Christus haben, immer sehen lassen, auch in der Öffentlichkeit.«

Ihr Pastor erinnerte sie: »Paulus sagte den Korinthern, dass wir ein Wohlgeruch Christi sind.«[4] Er sagte, sie sollten sich als Briefe sehen – gekannt und gelesen von allen. Er schlug die Bibel im zweiten Korintherbrief auf und las: »Von euch ist offenbar, dass ihr ein Brief Christi seid, ... geschrieben nicht mit Tinte, sondern mit dem Geist des lebendigen Gottes, nicht auf steinerne Tafeln, sondern auf fleischerne Tafeln des Herzens.«[5]

---

4 2. Korinther 2,15

5 2. Korinther 3,3

Nach dem Bibelstudium baten Samuel und Sui Ling die Mitarbeiter, noch dazubleiben, um bei einer Tasse Tee Gemeinschaft zu pflegen. Es wurde lebhaft diskutiert, wenn auch mit gedämpfter Stimme.

»Pastor Lamb, wir können Gott nie genug für deinen Dienst danken«, sagte Wang Gao Xian. »Du bereitest uns auf die Freude vor, nicht auf das Leid.«

»Haltet es für lauter Freude, wenn ihr in mancherlei Prüfung fallt«, zitierte Samuel aus Jakobus 1[6].

Ein anderer Mitarbeiter, Zhang Yao Sheng, fügte hinzu: »Die Bewährung eures Glaubens bewirkt Ausharren.«

Sui Ling brachte den Tee herein. Bruder Wang nippte daran und sagte zu ihr: »Du weißt genau, wie lang das Wasser kochen muss, Schwester Lamb, und wann man die Blätter dazugibt.«

Vielleicht hat sie heute Abend auch noch ein paar Tränen hinzugegeben«, sagte eine Frau aus der Gruppe. Sui Ling rang sich ein mattes Lächeln ab und zog sich dann in anderes Zimmer zurück.

Um zehn Uhr betrat eine Gruppe von einigen Zivilisten und zwei Polizisten ohne anzuklopfen das Gebäude. Samuel Lamb schoss durch den Kopf: Ob sie wohl von der Drei-Selbst-Bewegung sind? Die Fremden machten sich daran, die Wohnräume zu durchsuchen, und bemerkten auch Samuels Bündel, in dem er seine Habseligkeiten zusammengepackt hatte. Sie schwatzten miteinander, bis zwei von ihnen ein Fotoalbum in die Hand bekamen, das Sui Ling zusammengestellt hatte. Beim Durchblättern entdeckten sie ein Foto, auf dem Samuel und Wang Ming-tao zu sehen waren. Sui Ling betrat den Raum und schritt beherzt auf sie zu.

»Das ist meins«, sagte sie mit ruhiger Stimme. »Das sind nur Bilder, die für unsere Familie von Interesse sind.«

»Der hier gehört aber nicht zur Familie«, spöttelte einer der Besucher. »Und das ist staatsgefährdend.« Das komplette Album wurde konfisziert und nie wieder zurückgegeben.

Der eine Zivilist, der wie ein zweiter Judas in einem späten

---

6 Jakobus 1,2.3

Gethsemane die Gruppe anführte, zeigte auf Samuel, Herrn Wang und Herrn Zhang.

Augenblicklich schnappten die Handschellen zu.

»Das war eine böse Erfahrung«, erinnert sich Samuel. »Das Schlimmste, was einem Chinesen passieren kann, ist ›sein Gesicht zu verlieren‹. Ich habe noch oft nach meiner ersten Verhaftung Handschellen angehabt, aber dieses erste Mal ist mir am deutlichsten in Erinnerung geblieben.«

Die drei Männer wurden zur Tür geschoben.

»Oh!«, keuchte Sui Ling.

Samuel drehte sich um und wollte mit ihr sprechen.

»Ruhe!«, befahl einer der Polizisten. Er drehte Samuel um in Richtung Ausgang.

»Es hat mir sehr wehgetan«, erinnert Samuel sich, »dass ich mich nicht einmal von meiner lieben Frau verabschieden konnte.«

Am nächsten Tag besorgte Sui Ling sich ein Exemplar der Tageszeitung Nan Fang. Sie las den Hauptartikel, in dem es hieß:

»Anti-revolutionäre Aktivisten, deren Kopf ein führender Dissident ist und sich als Pastor einer illegalen Hauskirche ausgibt, wurden gestern Abend von der Polizei aufgegriffen und werden für weitere Vernehmungen festgehalten.«

»Barmherziger Gott«, flüsterte Sui Ling. Sie hatte die ganze Nacht nicht geschlafen – und ihr Mann auch nicht.

Zusammen mit Herrn Wang und Herrn Zhang hatte man Samuel Lamb in eine der Strafanstalten der Regierung gebracht, wo sie die ganze Nacht hindurch verhört wurden.

»Sie sind ein anti-revolutionärer Aktivist«, wurde ihm vorgeworfen. »Sie versuchen, etwas ganz Wichtiges vor uns zu verbergen. Ihr Verbrechen wird von unserer Regierung als eine ernsthafte Bedrohung angesehen.« Seine Worte klangen wie eine Urteilsverkündigung, bevor ein Verbrecher hingerichtet werden soll.

Obwohl Samuel stark im Glauben und sich der immerwährenden Fürsorge Gottes sicher war, schlichen sich doch einige Sorgengedanken ein. Würde man die Männer erschießen? Oder hängen? Er ließ sich diese Sorgen von Bibeltexten vertreiben, die ihm versicherten, dass »sei es, dass wir leben ..., sei es, dass wir sterben« die Zukunft in Gottes Hand liegt, unabhängig von aller Macht, die ihre Unterdrücker auch haben mochten.

Endlich wurden die Männer, lange nach Tagesanbruch, in ihre Zellen gebracht. Man schloss sie nicht zusammen ein, wie sie es gewünscht hatten.

Samuels Zelle stank widerlich wegen des Toiletteneimers. Die Wände waren nackt und er kam sich wie in einem Grab vor. Die Luft stand still; sie war feucht und beißend und legte sich um ihn wie eine Schlange.

Samuel meinte, eine Gewehrsalve zu hören. Aber er beschloss, dass er es sich nur eingebildet hatte. Er hörte das Geräusch ein zweites Mal – lauter und dichter, aber Samuel nahm an, es handele sich um Fehlzündungen irgendwelcher Fahrzeuge.

Still übergab er sich dem, der gesagt hat, dass alle Dinge zum Guten mitwirken[7], und der seinen Nachfolgern zugerufen hat: »Frieden lasse ich euch, meinen Frieden gebe ich euch; nicht wie die Welt gibt, gebe ich euch. Euer Herz werde nicht bestürzt, sei auch nicht furchtsam.«[8]

»Ja, Herr Jesus«, flüsterte er. »Ja.«

Da hörte er aus der Ferne jemanden in seiner Zelle singen. Es waren die beiden Männer aus seiner Gemeinde.

Leiden heißt, dem Herrn zu dienen.
Unser Weinen wird wie seins erhört.

Samuel stimmte in seiner Zelle mit ein.

Weil wir durch sein Wort geboren,
wird uns keine Gnad verwehrt.

Noch nie hatte ein so kurzer Gesang einen so reichen Segen für Samuels Herz bedeutet.

Die Verhöre gingen weiter, Nacht um Nacht, besonders für Samuel. Meistens begannen sie kurz vor Mitternacht und dauerten die ganz Nacht hindurch. Die diensthabenden Beamten wechsel-

---

7 Römer 8,28
8 Johannes 14,27

ten sich dabei ab, was die Gefangenen als »Ermüdungsverhöre« kennenlernen sollten.

Eines Nachts erhielt Samuel in einem Anflug von Mitleid ein frisch gekochtes Ei. Durch die unzureichende Kost im Gefängnis ausgehungert, aß er den Leckerbissen auf und gab Gott den Dank dafür. Als Samuel später während dieses Verhörs so müde geworden war, dass er nicht mehr klar denken konnte, reichte man ihm ein Schriftstück mit der Aufforderung, es durchzulesen. Er warf einen Blick auf den Inhalt und sah, dass es sich um ein »Geständnis« der falschen Anschuldigungen handelte, die man gegen ihn vorgebracht hatte.

»Lies«, sagte der Vernehmungsbeamte. Samuel vertiefte sich in den Inhalt des Schriftstücks. Da stellte ihm der Mann ein Mikrofon auf den Tisch.

»Was hier steht, stimmt überhaupt nicht!«, protestierte Samuel.

»Ich weiß«, sagte der Vernehmungsbeamte. Seine Stimme klang wie die eines Freundes. »Aber meine Vorgesetzten brauchen eine Aussage über die Punkte, die in unseren Sitzungen verhandelt werden.«

Samuels Kopf war zu müde, um seinen Protest weiter in Worte kleiden zu können.

»Du bist müde«, fuhr die freundliche Stimme fort. »Aber bevor du dich ein wenig ausruhen kannst, liest du bitte diese Aussage laut vor.«

»Aber …«

»Das hier ist keine herkömmliche Vernehmung und kein legales Verfahren. Lies also einfach die Aussage vor, und dann kannst du schlafen gehen. Wenn du beantragst, dass wir die Aufnahme vertraulich behandeln sollen, dann tun wir das auch.«

Samuel konnte kaum glauben, dass es seine eigene Stimme war, die er hörte; aber er las.

Am 27. September beriefen einige Drei-Selbst-Führer eine öffentliche Anklageversammlung gegen den Pastor von Da Ma Zhan ein. Er hatte schon eine böse Vorahnung, konnte es sich dann aber doch nur sehr schwer vorstellen, wie sich ein bekennendes christliches Organ dazu herablassen konnte, einem erklärten Gläubigen gegenüber eine solche Taktik anzuwenden. Die Drei-Selbst-Bewegung sorgte dafür, dass Samuel selbst nicht bei dieser Sitzung anwesend war.

Aber es waren Glieder der Da-Ma-Zhan-Gemeinde anwesend. Die Mitchristen schwiegen, als der Vorsitzende dazu aufforderte, Anschuldigungen gegen Pastor Lamb vorzubringen. Ein Mann antwortete: »Ich bin kein Glied der Da-Ma-Zhan-Gemeinde«, sagte er. »Aber aus Neugierde bin ich oft im Gottesdienst gewesen. Samuel Lamb spricht sich offen gegen die Regierung aus und bezeichnet sie als atheistisch. Er sagt, alle Atheisten würden in einem See von Feuer und Schwefel brennen.« Der Mann war den Gemeindegliedern völlig unbekannt. Keiner konnte sich daran erinnern, ihn je in einem der Gottesdienste gesehen zu haben.

Weitere Ankläger folgten; ihre Tiraden klangen verdächtig vorformuliert und auswendig gelernt.

In seiner Zelle empfand Samuel Lamb tiefen Frieden, indem er Verstand und Geist mit Mut machenden Abschnitten aus Gottes Wort erfrischte. »Er wurde misshandelt, aber er beugte sich und tat seinen Mund nicht auf, wie ein Lamm, das zur Schlachtung geführt wird, und wie ein Schaf, das stumm ist vor seinen Scherern; und er tat seinen Mund nicht auf.«[9]

Eine ältere Frau wurde aufgefordert vorzutreten. Während die Gemeindeglieder ihr zuhörten, konnten sie sich wieder an ihr Gesicht erinnern. Sie hatte Samuel Lamb oft in Da Ma Zhan predigen gehört. Sie hatte gespannt gelauscht, gelächelt und bei den Worten des Pastors zustimmend genickt. Würde sie jetzt aus Angst gegen ihren Leiter aussagen?

Der Vorsitzende machte ihr ein Zeichen. Sie fing an zu berichten: »Ich habe viele der Predigtgottesdienste und Bibelstunden besucht. Dort habe ich viel Hilfe bekommen. Früher wusste ich nichts von der Rettergnade Christi. Aber Pastor Lamb hat mir geholfen ...« Unverzüglich wurde diese Frau, die nicht zur Mitarbeit bereit war, von den Bewachern abgeführt.

Als sie draußen war, wurde eine Bandaufnahme abgespielt. Es

---

9 Jesaja 53,7

war eine geschickt bearbeitete Version der angeblich vertraulichen und unverfänglichen Aussage, zu der man Samuel gezwungen hatte.

Währenddessen wurde Samuel in seiner Zelle deutlich, dass diese Stunden für seinen weiteren Weg und Dienst von entscheidender Bedeutung sein sollten. Der Friede in seinem Herzen aber dauerte fort.

Es geschah zu dieser Zeit, dass Samuel Lamb sich so völlig der »Gegenwart«[10] bewusst wurde. Er drehte sich um und wollte sich vergewissern. Fast erwartete er, jemanden sehen zu können. Er sah aber nichts. Doch obwohl er nichts sah, wurde er sich ihrer noch mehr bewusst. Er meinte, er würde die »Gegenwart« sagen hören: »Er wird seinen Engeln über dir befehlen, dich zu bewahren auf allen deinen Wegen.«[11]

Wenn die »Gegenwart« ihn auch erschreckt hatte, so meinte er doch, er könne sie anfassen, als wäre sie Realität. Früher schon war er sich dieser Gegenwart des Herrn bewusst gewesen, aber nie so deutlich wie jetzt.

Samuel hob leise an zu singen:

Wenn ich nur wandle, Herr, mit dir,
in deines Wortes hellem Schein,
wie herrlich leuchtet dann der Weg,
und ich bin nimmermehr allein.

Da war wirklich jemand gegenwärtig. Hallelujah!

Der Herr rief ihm zu: »Sind sie nicht alle dienstbare Geister, ausgesandt zum Dienst um derer willen, die die Errettung erben sollen?[12] Lobt den Herrn der Herren! Sein Name werde groß gemacht in Ewigkeit!« Dieses Bewusstsein würde Samuel während der spannungsgeladenen Zeit begleiten, die nun folgen sollte.

An den Sonntagen musste Samuel besonders viel an seine Ge-

---

10 Die »Gegenwart« wurde für Samuel Lamb ein Synonym für das tröstliche und ermutigende Bewusstsein der Gegenwart seines Herrn.

11 Psalm 91,11

12 Hebräer 1,14

meinde denken. Ob sie zu viel Angst hätten, um sich zu versammeln? Oder würden sie doch zusammenkommen und die Zeit nutzen für stille Fürbitte? Würden noch andere in sein Verfahren verwickelt werden?

Samuel wurde an die Worte des Paulus erinnert, die er aus der Gefängniszelle an die Philipper schrieb: »Seid um nichts besorgt, sondern in allem lasst durch Gebet und Flehen mit Danksagung eure Anliegen vor Gott kundwerden; und der Friede Gottes, der allen Verstand übersteigt, wird eure Herzen und euren Sinn bewahren in Christus Jesus.«[13]

Er kniete an seinem harten Eisenbett nieder. »Meine Frau weiß vielleicht nicht, wo ich bin«, betete er leise. »Meine Mutter weiß es vielleicht auch nicht. Meine Leute ... Aber du, mein Jesus, weißt es, und ich darf stark und zuversichtlich sein in ...«

Ein Wärter donnerte an die Gitterstäbe seiner Zelle. Samuel sah auf.

»Du«, brüllte er. »Bist du krank?«

»Nein.«

»Ich kann mich nicht um Leute kümmern, die so tun, als wären sie krank. Und dir bringt es auch überhaupt nichts, wenn du so tust.«

Der Gefangene stand auf und setzte sich auf die Bettkante. Der Wärter stolzierte weiter.

Die Enge seiner Zelle, die ihn umgebende Ungewissheit, sein völliges Getrenntsein von seinen Lieben und von den Menschen, denen er diente – alles das war seiner Glaubenswelt völlig neu. Aber von diesen ersten Stunden seiner ersten Verhaftung an hatte Samuel ein geistliches und körperliches Gefühl, das bis zum Ende seines Lebens Teil seines Wesens bleiben sollte: Frieden!

Der Gestank der Zelle und die stickige Luft mussten sich dem Luftzug der göttlichen Gewissheit unterordnen, der ihn durchwehte. Er verspürte ihn auf verschiedenen Ebenen gleichzeitig: Er durchzog seinen Geist und durchstrahlte in gleicher Weise seine Organe und sein Fleisch, seine Muskeln und sein Gebein. Sein Kör-

---

13 Philipper 4,6.7

per entspannte sich und er wurde innerlich gestärkt. In ihm hallten diese Worte wider: »Meinen Frieden gebe ich euch; nicht wie die Welt gibt, gebe ich euch[14] … Wenn wir nämlich mitleiden, damit wir auch mitverherrlicht werden.[15]«

»Herr, so sei es!«, flüsterte er. »Mach mich bereit. Zeige mir, wie ich es annehmen kann.«

Es war keine Stunde vergangen, da hörte Samuel jemanden singen. Es war eine männliche Stimme, die aus einem anderen Trakt des Gefängnisses kam. Viel weiter weg als von dort, wo er seine Gemeindeglieder Gao Xian und Yao Sheng gehört hatte. »Vorwärts, Christi Streiter …«

Samuel wollte mehr hören.

»Vorwärts, Christi Streiter …«, wiederholte der Mann.

»… auf zum heil'gen Krieg«, sang Samuel als Antwort und wartete.

»Mit dem Kreuzeszeichen …«, ging der Refrain weiter.

Und Samuel ergänzte: »… ziehen wir zum Sieg!«

»Gefangener!« Es war derselbe Wärter wie vorher. »Hier wird nicht gesungen!«

»Christus, unser König …«, klang es aus der Ferne.

Samuel wagte es nicht zu antworten.

»Christus, unser König …«, kam die Wiederholung.

Dann war alles still. Samuel sollte den Wechselgesang nie wieder hören.

Dieses Erlebnis verschlimmerte nur noch den Schmerz, den er empfand, weil er nicht an seinem Klavier sitzen durfte. Aber in seinen Gedanken spielte er Beethoven, Mozart, Schubert. Einmal stellte er sich sogar vor, er würde die gesamte Partitur des »Messias« spielen.

Während seiner Zeit im Gefängnis von Guangzhou schrieb Samuel einige seiner Lieder, die später in seiner Sammlung »Voices in the Wilderness« (dt. »Stimmen in der Wüste«) erscheinen sollten, darunter »Be Humble« (dt. »Demütige dich«), »Know Yourself«

14 Johannes 14,27
15 Römer 8,17

(dt. »Erkenne dich selbst«) und »We Need Revival« (dt. »Wir brauchen Erweckung«).

Eines der Lieder, »Dismantling Before Rebuilding« (dt. »Erst niederreißen, dann aufbauen«), drang während dieser Jahre des Kampfes und des geistlichen Wachstums tief in sein Bewusstsein ein. Die Melodie komponierte er im Sommer, und den Text schrieb er Anfang Herbst.

Mein Liebeslicht war anfangs klein
Und glimmte nur sehr sachte,
bis Christi Lieb wie Sonnenschein
den Docht zum Strahlen brachte.

Während er so seine Lieder leise vor sich hin sang, wurden aus seinen Kompositionen Melodien, die, vom Himmel gesandt, seinem Herzen zum Segen wurden. So wie der geliebte Apostel seine Gefängnisbriefe hatte, so würde der geliebte Pastor seine Gefängnislieder haben.

Drei Monate nach seiner Verhaftung wurde Samuel am 18. Dezember 1955 in eine andere Strafanstalt von Guangzhou in der Cangbian Road verlegt. Als er zusah, wie die anderen Insassen sich im Gefängnishof zusammenfanden, erblickte er seine beiden Gemeindeglieder Wang Gao Xian und Zhang Yao Sheng. Einem ersten Impuls folgend, wollte er ihnen zurufen, aber die Wärter erlaubten keine Gespräche, noch nicht einmal ein Flüstern.

Als die Gläubigen sich erkannt hatten, zeigte Samuel in Richtung Himmel. Die beiden Gemeindeglieder nickten und lächelten ihm zu. Auf ihren Gesichtern war Freude zu lesen, als sie während dieser kostbaren Momente der Stille Gemeinschaft miteinander haben durften. Es war Samuels wortlose Predigt für seine Gemeinde.

In der zweiten Strafanstalt wurde Samuel mit rund vierzig anderen Gefangenen in einen Raum gepfercht. Er musste auf dem Fußboden schlafen. Neben ihm lag ein katholischer Priester. Er sagte: »Es ist mir eine Ehre, Sie kennenzulernen. Über den Namen Samuel Lamb ist schon viel unter den Priestern unserer Diözese gesprochen worden. Wir bewundern Ihren Mut und Ihre Rechtschaffenheit.«

Wochen wurden zu Monaten in dem sich langsam hinschleppenden Winter. Es wurde Frühling, und bald nahte der Sommer. Die langen Tage der Untätigkeit und Ungewissheit lasteten schwer auf den Gefangenen.

»Ob sie uns hier verrotten lassen wollen?«, fragte einer der Männer.

»Wie in einem Massengrab?«, fügte ein anderer fragend hinzu.

Während dieser Zeit wurde Samuel sein eigener Lehrer und sein eigener Pastor. Eine der Predigten, die ihm lange durch den Kopf ging, hätte man überschreiben können mit: »Die vielen Facetten unseres Glaubens«. Zu Zeiten, die uns angenehm sind, wenn alles sicher und gewiss ist, bekommt das geistliche Leben und das Vertrauen der Kinder Gottes nur durch eiserne Disziplin mehr Tiefgang. Aber wenn die Dunkelheit herankommt, wenn die Grundfesten des Daseins durch Unglück und Gefahr erschüttert sind, dann werden sich die Kinder des Königs erst wirklich ihres Pilgerstandes bewusst. Dann lotet der Glaube die Tiefen des Wortes Gottes aus.

Samuels Vorrat an auswendig gelernten Büchern, Kapiteln und Versen lieferte ihm Verheißungen und Erkenntnisse, die ihm vorher nie in den Sinn gekommen wären. »Ich habe gelernt, worin ich bin, mich zu begnügen«[16], hatte Paulus den Philippern geschrieben. Samuel fasste diese Worte mit seinen eigenen zusammen und konnte sagen: »Ich lerne es, mich zu begnügen.«

Zum Klang seines Instruments hatte der Psalmist gesungen: »Ergötze dich an dem Herrn: So wird er dir geben die Bitten deines Herzens.«[17] Diese Verheißung des Herrn hat nicht zum Ziel, dass unsere eigenen Wünsche in Erfüllung gehen sollen. Vielmehr öffnet ein hingegebenes Herz Tür und Fenster für den über alles erhabenen Gott und lädt ihn dazu ein, dass er uns die Wünsche einpflanzt, die ihrerseits Gebete und Taten bewirken, die wieder in Übereinstimmung sind mit seinem Willen.

---

16 Philipper 4,11
17 Psalm 37,4

Während dieser qualvollen Tage war die Zeit fast stehen geblieben; aber die »Gegenwart« blieb bei ihm. Die Worte Gottes erfüllten sich an ihm und taten ihr reinigendes Werk, sodass Samuel Lamb ein Mann war, der im Frieden lebte.

Am 22. Mai 1956 wurde Samuel wieder in die erste Strafanstalt zurückverlegt. Und wieder fügte der Gute Hirte es so, dass es zu einer tröstenden und Mut machenden Begegnung kam. Samuel wurde zusammen mit Schwester Mei Feng Zhu von der Da-Ma-Zhan-Gemeinde in Handschellen gesteckt.

»Hab keine Angst«, sagte die gottesfürchtige Frau leise.

»Gott ist mit uns«, war Samuels Antwort.

Und das war ihre ganze Gemeinschaft! Bald wurden sie wieder getrennt. Es war die »Gegenwart«, die diesen Augenblick der Ermutigung gefügt hatte.

Die Zeit verging unerträglich langsam. Es gab während dieser Monate im Gefängnis kaum eine feste tägliche Routine. Da Samuel nicht verurteilt worden war, hatte er auch keine Pflichten und nur wenige Privilegien. Was man ihm gewährte, war Ungewissheit – Tag für Tag, Nacht für Nacht.

In seiner Zelle gab es drei Pritschen, sodass noch zwei weitere Gefangene zu ihm gelegt wurden. Einer von ihnen hieß Liang Shu Dong und hatte schon einmal entfernt etwas vom Evangelium gehört.

»Spielst du Schach?«, fragte ihn eines Tages der andere Gefangene.

»Früher habe ich einmal gespielt«, antwortete Samuel.

Als der Wärter das nächste Mal seine Runde machte, bat der Gefangene ihn um ein Schachbrett. Die Bitte wurde ihm gewährt, aber Samuel spielte nur einige wenige Partien mit ihm. Als er noch in Hongkong zur Schule ging, war er Vizemeister in einem Schachwettkampf geworden, der in der ganzen Kolonie ausgetragen wurde. Weil er daher jetzt jede Partie gewann, verlor der andere Gefangene die Lust und gab das Schachbrett an einen Wachhabenden zurück, der gerade vorbeikam.

Samuel verbrachte viele Stunden damit, Bibelverse zu überdenken, die er auswendig gelernt hatte. Abschnitte, die er vergessen geglaubt hatte, kamen ihm wieder ins Gedächtnis, als hätte er sie erst kürzlich gelernt.

Die »Gegenwart« blieb, und in Samuels Herzen wuchs ein alles umfassender Frieden. Er hielt fest an der Verheißung: »Alles vermag ich in Christus, der mich kräftigt.«[18]

Samuel empfand eine immer schwerer wiegende Last für Shu Dong, den Zellengenossen, der etwas empfänglicher war. Samuel wusste, dass er dem Mann seinen Glauben nicht offen bezeugen durfte, weil solch »aggressives« Zeugnisgeben in China, und besonders, wenn man schon hinter Gittern saß, schwerwiegende Folgen haben konnte. Stattdessen betete Samuel dafür, dass Shu Dong die Tür selbst aufstoßen würde.

Eines Morgens, als der andere Zellengenosse zum Verhör abgeführt wurde, geschah es.

»Ich beobachte dich die ganze Zeit«, sagte Shu Dong. »Du siehst nie traurig aus.«

»Das liegt daran, dass ich die Freude von Jesus Christus in meinem Herzen habe«, erklärte Samuel.

»Bist du deswegen religiös, weil du befürchten musst, dass du erschossen wirst?«

»Erstens bin ich nicht religiös. Das Leben in Christus ist etwas ganz anderes als nur Religion. Zweitens gehe ich nicht davon aus, dass ich sterben werde. Aber ich fürchte mich auch nicht davor. Die Bibel lehrt, dass das Leben Christus ist, und Sterben Gewinn.«[19]

An diesem Morgen wurde eine graue, enge Zelle im Gefängnis von Guangzhou zum Heiligtum, als Liang Shu Dongs Name ins Buch des Lebens eingetragen wurde.

Wie es ganz typisch für die Bekehrten in China ist, entwickelte der frisch zum Glauben gekommene Mann einen unersättlichen Hunger nach mehr. Immer wieder setzten er und Samuel sich eine Stunde lang in eine ruhige Ecke der Zelle: Shu Dong stellte seine Fragen, und der Pastor antwortete. Sie unterhielten sich mit gedämpfter Stimme, um nicht entdeckt zu werden und auch, um ih-

18 Philipper 4,13
19 Philipper 1,21

ren Zellengenossen nicht zu verärgern. Dieser wurde auch neugierig und hörte den anderen beiden zuweilen lange zu.

»Hast du eigentlich die ganze Bibel im Kopf?«, fragte er eines Abends, als sie sich auf ihre Pritschen gelegt hatten. »Oder machst du dir diese Zitate zurecht und meinst, du könntest uns erzählen, dass sie Gottes Wort sind, wie du immer behauptest?«

»Ich zitiere die Bibel so genau, wie ich mich erinnern kann«, antwortete Samuel.

»Früher war ich ja auch skeptisch«, sagte Shu Dong. »Aber jetzt ist mein Herz reingewaschen durch die Wahrheit. Das kannst du auch erleben.«

Eben in diesem Augenblick schlug ein Wächter leise an die Gitterstäbe der Zelle. »Wenn das Licht aus ist, wird nicht mehr geredet!«, warnte er sie.

Es war das letzte Mal, dass der dritte Gefangene Interesse am Evangelium zeigte. Aber der Geist Liang Shu Dongs wuchs wie eine gut gepflegte Pflanze. Zusammen sangen die beiden Männer die Lieder, die Samuel geschrieben hatte, und ihr Zellengenosse protestierte nicht.

Eines Tages wurde Shu Dong ohne Vorankündigung aus der Zelle entfernt. »Er hat wohl mit dem falschen Mithäftling über Religion geschwatzt«, mutmaßte der Zellengenosse, »und hat dafür die Kugel bekommen. Ich will von deinen Ideen nichts mehr wissen. Was mich interessiert, ist nur, wie ich hier rauskomme.«

Treu, aber mit doch großer Vorsicht, bezeugte Samuel auch weiterhin den anderen Männern in der Strafanstalt seinen Glauben. Viele hörten zu, aber die Angst hielt sie davon ab, seine Botschaft anzunehmen. Samuel wandte sich nie an die Wächter. Sie schienen eine ganz besonders unnahbare Spezies zu sein – wie Roboter oder Marionetten. Manchmal kam Samuel sich im Vergleich zu den Wächtern wie ein freier Mensch vor. Sie waren nämlich gefangen in ihrem eigenen tyrannischen System.

Samuel hörte auch davon, dass Beschuldigte schon am Tag ihrer Verhaftung hingerichtet worden waren. Er hatte jedoch keine Möglichkeit herauszufinden, ob solche Berichte der Wahrheit entsprachen oder nur Gerüchte waren. Er machte sich Sorgen, wenn die Gefangenen im äußeren Hof zusammenkommen mussten und er nichts von Shu Dong oder von anderen Gliedern der Da-Ma-Zhan-Gemeinde sah.

Als Ai Ling kam, um ihren Bruder zu besuchen, wusste sie von einer stets größer werdenden Zahl von Aushängen an den Mauern der Da-Ma-Zhan-Straße, in denen Menschen öffentlich ihrer Vergehen bezichtigt wurden. Bei vielen sah man am unteren Rand ein Zeichen, das auf eine Hinrichtung hindeutete. »Ein Aushang von dir hängt in dem Torweg, der zu unserem Haus führt«, sagte sie. Als Samuel mehr Einzelheiten wissen wollte, kündigte der Wächter das Ende der Besuchszeit an.

Die Bedingungen im Gefängnis wurden schlimmer. Die Beamten nahmen immer weniger Rücksicht auf das, was die Gefangenen wirklich brauchten. Reis und Gemüse schmeckten nicht mehr. Samuel fragte sich, ob es seit dem Tag, an dem man ihn eingesperrt hatte, schon einmal Frischluft in dem Zellenblock gegeben hatte.

Manchmal geschah es, dass ein Gefangener mitten in der Nacht anfing durchzudrehen. Er schrie und donnerte mit seinen Fäusten und seinem Kopf gegen die Gitterstäbe. Ein anderer Gefangener warf seinen Toiletteneimer gegen seine Zellentür, wodurch der widerliche Inhalt sich auf den Fußboden davor und in gegenüberliegende Zellen ergoss. Er wurde abgeführt.

In solchen Stunden verspürte Samuel die »Gegenwart« am deutlichsten. Frieden erfüllte die verborgensten Winkel seines Herzens. Bibelworte kamen in seinem Gedächtnis zum Vorschein und blieben mit kunstvoll ausgeführten Pinselstrichen an den Wänden seiner Erinnerung haften. So konnte er alles annehmen, was der Gute Hirte auf seinem Weg zulassen würde.

Als Samuel eines Nachmittags so auf seiner Pritsche lag und über einige Gottesworte nachdachte und dabei betete, ging seine Zellentür auf.

»Gefangener Lamb!« Der Wärter war kurz angebunden.

Die Ungewissheit des Augenblicks überraschte ihn. Er war unvorbereitet. Sollte das das Ende sein? Würde man auch am Rand des Aushangs über ihn an den Wänden von Da Ma Zhan ein Zeichen machen?

Die »Gegenwart« flüsterte ihm zu: »Alle Dinge wirken zum Guten mit, denen, die nach Vorsatz berufen sind.«[20] Samuel wusste, dass es der Wahrheit entsprach.

20 Römer 8,28

Als Samuel Lamb am 28. Januar 1957 seine Zelle im Gefängnis von Guangzhou verließ – nach beinahe einem Jahr und sechs Monaten –, war er eher ein mutmaßlicher Missetäter als ein freier Mann. Seine Feinde hatten ihn unter Zensur stellen wollen, aber sie hatten keinen Anlass gefunden. Er war nicht freigesprochen, aber auch nicht für schuldig befunden worden.

Als Samuel bei Zhong Shan 5 aus dem Bus ausstieg und die Da Ma Zhan durch den alten Torweg betrat, staunten die Ladenbesitzer und Nachbarn nicht schlecht. Alle hatten sie erwartet, dass Samuel Lamb, der mutige Pastor, entweder für seinen Ungehorsam hingerichtet oder zu einer langen Haftstrafe verurteilt würde.

Einige grüßten ihn. Andere konnten nicht glauben, was ihre Augen sahen. Die meisten standen nur neugierig da, ohne etwas zu sagen.

Sui Ling erkannte die näher kommenden Schritte ihres Ehemanns und sprang zur Tür, die Kinder auf ihren Fersen. »Gott erhört Gebet!«, rief seine Mutter aus. Seine Schwestern standen weinend dabei.

Samuel wusste natürlich, wie schwierig es sein würde, nicht wieder Ärgernis zu erregen. Glieder seiner Gemeinde, die Freunde und Verwandte an anderen Orten Chinas hatten, berichteten weiter davon, wie die rebellischen *xiao-zu* (so nannte man die kleinen

Gruppen) von der Regierung und der Drei-Selbst-Bewegung unterdrückt wurden.

Nicht nur, dass Hauskirchen auf Befehl geschlossen wurden, sondern ihre Glieder wurden auch gewarnt, dass hohe Strafen sie erwarten würden, sollten sie sich wieder versammeln. Aber der Dienst der Hauskirchen ging weiter. Wurden die Pastoren oder Laienprediger verhaftet, so übernahmen ihre Frauen die Verantwortung.

In einem Fall war ein Pastor ins Arbeitslager gekommen, weil er ein *xiao-zu* geleitet hatte. Seine Frau richtete eine Teestube im Vorderteil ihres Hauses ein. Ihre Preise waren so bemessen, dass die Kosten gerade gedeckt waren. Und so drängten sich die Menschen nachts in ihrem Geschäft, was ein hervorragendes Alibi für die Gottesdienste war, die im hinteren Teil der zweiten Etage abgehalten wurden.

Als die Behörden einmal Aktivitäten in einer Wohnung vermuteten, stellten sie einen Polizisten ab, der die Sache untersuchen sollte. Er blieb während des ganzen Gottesdienstes da, und am Ende kam er durch eine persönliche Entscheidung zu einer Beziehung mit dem Sohn Gottes!

Überall in China machten unzufriedene Mitglieder der Drei-Selbst-Gemeinden Hauskirchen ausfindig, um lebendigere Predigten und Lehrvorträge zu erleben. In einem Fall hatten die Kirchenführer fünf zuverlässige Drei-Selbst-Anhänger bestimmt, um eine Gruppe in ihrer Wohngegend auszuhorchen. Wenn die fünf Leute auch als Spione kamen, wurden sie doch von der Lebendigkeit des Gesangs und der Predigt gefesselt. Die Folge war, dass die fünf Spione die Botschaft annahmen und sich Jesus Christus hingaben.

Die Missionare hatte man zwar aus dem Land getrieben, aber die Zahl der Christen vervielfachte sich – und das durch persönliche Evangelisation, die zu neunzig Prozent durch Laienmitarbeiter erfolgte. Die Christen gewannen ihre Freunde und Kollegen und brachten sie dann für weitere Belehrung und Ermutigung in die Gemeinde mit. Die neu zum Glauben Gekommenen hatten selten irgendwelche Kenntnisse über die Bibel, weil viele von ihnen als Atheisten aufgewachsen waren.

Nach einer kurzen Ruhepause im Haus von Sui Lings Eltern wandte Samuel sich wieder seinem Dienst zu. Er musste feststellen, dass die Einschränkungen nicht gelockert worden waren, aber die Behörden in Guangzhou neigten jetzt dazu, eher wegzusehen. Auch die Übergriffe durch die Drei-Selbst-Bewegung schienen nicht mehr so regelmäßig stattzufinden.

»Wie gut, dass wir wieder einen Pastor haben!«, rief Schwester Mei, die zusammen mit Herrn Wang und Herrn Zhang ein paar Wochen zuvor freigelassen worden war. Sofort wurden die drei wieder in der blühenden Gemeinde aktiv.

Samuel versuchte, die Zeit im Gefängnis zu vergessen, aber je mehr Zeit verstrich, desto größer wurde seine Neugierde: Warum hatte man ihn eigentlich verhaftet? Da er weder freigesprochen noch für schuldig befunden worden war, beschloss er, sich zu erkundigen.

»Als Bürger finde ich, dass ich das Recht habe zu erfahren, warum ich verhaftet und ohne Grund oder Anklage festgehalten wurde«, sagte er zu einem Beamten.

Dieser antwortete ausweichend. »Ich kann nur andeuten, dass es früher darum ging, ob man ein Gegner der Revolution war, während es jetzt Probleme mit dem Landvolk sind.« Diese Antwort verstand Samuel nicht, aber er beschloss, nicht weiter nachzuforschen.

Er fragte sich, wie er der Hinrichtung hatte entgehen können. Warum war auf dem Aushang über ihn an den Mauern von Da Ma Zhan kein Zeichen angebracht worden? Ob die »Gegenwart« seine Angelegenheiten überwachte? War es ein Engel, der seine Akten so manövrierte, dass sie durch die Hände solcher Menschen gehen mussten, die verstanden, dass das Gesetz die Bürger beschützen und die Verbrecher bestrafen sollte? Er konnte nur bestätigen, dass jeder Christ, der bestrebt ist, im Willen Gottes zu bleiben, so lange unsterblich ist, bis er sein Werk beendet hat.

Nicht dass jetzt alles ruhig und friedlich geworden wäre. Die Drei-Selbst-Behörden hatten weiterhin ein sehr wachsames Auge auf Samuel Lambs Aktivitäten. Einer ihrer Vertreter kam eines Tages zu Samuel und sprach unverblümt über die Möglichkeit, die sich für Samuel ergeben könnte, auf einer Kanzel der Drei-Selbst-Kirchen zu stehen. Er versuchte, Samuel auszumalen, welche gewaltigen Möglichkeiten er haben könnte, würde er in einer offiziellen Kirche seinen Dienst tun.

»Würde das bedeuten, dass ich die Bibel so predigen kann, wie ich glaube? Dass ich Gott, den Herrn, als Schöpfer großmachen und Jesus Christus als Retter und bald kommenden König darstellen dürfte?« Der Abgesandte sagte nichts und ging sofort wieder.

Die Zahl der Gläubigen in der Da-Ma-Zhan-Gemeinde wuchs auf über einhundert, und oft vermutete man auch Drei-Selbst-Beobachter unter den Zuhörern. Um weitere Zensur zu umgehen, erwähnte er nur selten Geld in seinen Predigten und Belehrungen. Erfahrene Gemeindeglieder verstanden die Grundsätze der Abgabe des Zehnten und praktizierten eine gewissenhafte Verwaltung der Finanzen. Viele von ihnen verdienten allerdings nur wenig mehr, als sie zum Überleben brauchten, und konnten daher auch wenig geben. Andere wiederum, Studenten und frisch zum Glauben Gekommene, konnten gar nichts geben oder hatten noch nicht verstanden, dass der Zehnte auch eine Frage geistlichen Gehorsams und praktischer Jüngerschaft ist. Das Einkommen des Pastors war also minimal und kam nur sporadisch.

Sui Ling, die eine Ausbildung zur Krankenschwester hatte, sah sich nach Arbeit um. Aber wo sie sich auch vorstellte, hing ihr der Makel an, Frau eines ehemaligen Gefängnisinsassen zu sein. Zudem fehlte ihr ein anerkannter *danwei*. (Der Danwei war im alten China der Familien- oder Dorfclan. Daraus machten die Kommunisten die Volkskommunen mit ihren Arbeitsbrigaden, die gemeinsame Ziele zu erfüllen hatten) Als Samuel und Sui Ling sich eines Abends in ihr Zimmer zurückzogen, sagte sie: »Deine Mutter schafft den Haushalt ganz gut und wir können gut miteinander auskommen. Ich merke aber, dass sie den Druck spürt, den wir durch unsere finanziellen Probleme haben.«

»Ich könnte wieder Englisch unterrichten«, schlug Samuel vor.

»Dadurch wärst du aber in deiner Wirksamkeit als Pastor beeinträchtigt.« Sui Ling atmete tief durch. »Als ich das letzte Mal meinen Vater in Fushan besucht habe, hat er mir erzählt, dass er eine weitere Schwester für seine Arbeit als Arzt braucht. Als Familienmitglied bin ich Teil seines *danwei*.«

So kam es, dass Sui Ling nach Fushan zog, von wo sie aber gewöhnlich am Wochenende zu Samuel und dem kleinen Enoch zurückkehrte. Hannah kam zu einer anderen Verwandten.

Jetzt, wo Samuel von Montag bis Freitag allein war, verbrachte er immer mehr Zeit damit, die Bibel zu studieren. Sein Ziel war es jedoch nicht, seine Redegewandtheit auf der Kanzel zu steigern; seine Predigten zeichneten sich eher durch ihren Gesprächsstil aus. Dabei lag seine Betonung immer mehr auf einem an der Bibel orientierten Inhalt.

»Was du sagst, ist sehr inhaltsreich, mein Sohn«, machte seine Mutter ihm Mut. »Wenn man bedenkt, dass es einmal eine Zeit gab, da du nicht glauben wolltest, du könntest jemals auf einer Kanzel stehen … Deiner Meinung nach konnten nur begabte Redner auch wirklich Prediger sein.« Und um einige Grade ernster fügte sie hinzu: »Hast du schon einmal darüber nachgedacht, dass du deine besten Gedanken auch aufschreiben könntest? Dann hätten noch mehr Menschen einen Nutzen von deinen Erkenntnissen.«

»Aber wie soll meine Arbeit denn veröffentlicht werden?«, hielt er zweifelnd entgegen. »Bei den Verhältnissen, die wir heute hier haben!«

»Die Zeiten ändern sich auch wieder«, sagte die weise Frau.

Samuel hatte ein handbetriebenes Vervielfältigungsgerät erstanden, was es ihm erlaubte, Predigtnotizen anzufertigen, die dann jedem Zuhörer zur Verfügung gestellt wurden. Mit der Hilfe freiwilliger Helfer gelang es ihnen, sieben Bändchen über die wichtigsten Themen des christlichen Glaubens herauszubringen. Der Zuspruch, den seine Arbeit fand, war größer als erwartet. Hier einige Titel: »Der wahre Gott«, »Der Herr kommt bald«, »Der Heilige Geist und die Christen«, »Ist die Bibel wahr?«

Zhu Quen, ein Gemeindeglied im mittleren Alter, war auch unter den Begeisterten. Er las die Bücher nicht nur immer wieder selbst, sondern sicherte sich auch genug Exemplare zum Verteilen. »Ich bin nur ein einfacher Mann«, sagte Zhu Quen zu seinem Pastor. »Ich habe nur wenig Schulbildung erfahren. Aber diese Bücher öffnen mir den Sinn für Wahrheiten, von denen ich vorher nichts wusste oder die ich einfach nicht verstand.«

Von den Worten dieses ruhigen Mannes war Samuel tief getroffen. Zhu Quen war ein Arbeiter, der gut in die Vorstellungen von Mao Tse-tung passte, aber er war auch ein Mann, der tapfer seinen Glauben bezeugte, und das, obwohl er dabei ständig seine Sicherheit aufs Spiel setzte.

Von Sommer bis Anfang Herbst 1957 konnten Samuel Lamb und seine wachsende Gemeinde ihren Dienst in einem Klima von großer Freiheit ausüben. Es waren Zeiten, in denen Christen überall in China die Kunst des stillen Zeugnisses durch ein beispielhaftes Leben lernten. In Fabriken und Büros, auf Schulgeländen und Marktplätzen entstand ein Lebensstil mit einem Wertesystem, das man allgemein dem Christentum zuschrieb.

In einem Ort im Norden hatten sich etliche Christen zusammengefunden und fügten auch weiterhin Neubekehrte zu ihrer Gruppe hinzu. Dann wurde ein junger Polizist angestellt, der sehr darum bemüht war, seine Vorgesetzten zufriedenzustellen. Er kam frühmorgens im Zentrum an, weil er sichergehen wollte, dass sein Vorgesetzter Notiz von ihm und seiner zeitigen Ankunft nahm. Selbstbewusst und großtuerisch wandte er sich dann den Gebäuden zu, für die er die Zuständigkeit übernommen hatte.

Eines Tages betrat er einen Heuschober dicht am Rand der Felder. Zu seiner Überraschung stieß er auf eine Gruppe von Christen, die so in ihr Gebet vertieft waren, dass ihn keiner bemerkte. Er holte tief Luft und wollte sie zurechtweisen, dann aber dachte er, es wäre viel besser, den Vorgesetzten zu informieren, um auf diese Weise Pluspunkte bei ihm zu sammeln.

»Sie haben sie doch nicht gestört, oder?«, fuhr der Vorgesetzte den jungen Mann an, als er ihm seine Entdeckung mitteilte.

»Nein«, entgegnete der junge Emporkömmling, sichtlich enttäuscht und verwirrt.

»Das dürfen Sie auch nie tun!«

»Aber ...«

»Das sind die besten Arbeiter, die wir haben!«

Als der Winter 1957 ins Land zog, spürten die Christen in vielen Gegenden des Landes, dass die Spannung wuchs. Nicht dass etwas Einschneidendes passiert wäre. Es gab auch kein entsprechendes Dekret aus Peking. Aber es machte sich doch eine gewisse Stimmung breit, derer sie sich immer deutlicher bewusst wurden.

»Wir müssen mehr beten«, riet Samuel Lamb seinen Mitarbeitern. »Und wir dürfen uns nicht unnötig in Gefahr begeben. Lasst uns predigen und das lehren, was die Bibel über ein Leben zur Ehre Gottes sagt. Nichts, was politischer Natur ist, sollten wir erwähnen.«

»Ja«, pflichtete Sui Ling bei, als sie wieder einmal am Wochenende zu Besuch war. »Bitte geht kein Risiko ein. In Fushan ist die Situation dieselbe. Die Christen befürchten, dass zu jeder Zeit ein Aufstand ausbrechen kann.«

Kein Risiko eingehen …!

Am Neujahrstag erhielt Samuel eine Einladung zu einer neuntägigen christlichen Konferenz. Zuerst lehnte er höflich ab. »Wird es deiner Arbeit schaden, wenn du nicht bereit bist mitzumachen?«, fragte Sui Ling. »Oder könntest du ein stiller Teilnehmer sein und dich nicht aktiv einbringen?« Samuel wusste, dass seine Frau seine Einschätzung der Drei-Selbst-Bewegung uneingeschränkt teilte. Auch kannte und schätzte er ihren besonderen Scharfsinn.

Als er vorsichtig die entsprechenden Erkundigungen einholte, erfuhr er, dass es bei der Konferenz nur um Weiterbildungsseminare ging. Er fand, es könne wichtig sein, wenn er anwesend wäre. Von seinen Mitarbeitern waren einige argwöhnisch. Schließlich konnte Samuel sie aber überreden, mit ihm zu kommen und sich das Ganze wenigstens einmal anzusehen.

Ging er dabei ein Risiko ein?

Zu der Konferenz kamen Leiter von vierundzwanzig ehemaligen Glaubensrichtungen, von denen einige, genauso wie Samuel, ihre Kanzeln noch nicht in den Dienst der Drei-Selbst-Bewegung gestellt hatten. Samuel musste feststellen, dass die Gruppe einen stark liberalen Einschlag hatte, und überlegte, ob es nicht besser sei, wieder zu gehen.

Fast als wäre er ihre Hauptzielscheibe, machten sich die Drei-

Selbst-Leiter über den Pastor von Da Ma Zhan 35 her, indem sie verschiedene Versuche starteten, ihn mit unbewiesenen Halbwahrheiten dazu zu überreden, gemeinsame Sache mit ihnen zu machen. Er war selbst überrascht, aber er ließ sich erweichen und überzeugte auch seine Mitarbeiter davon, dass ihre Gemeinde Glied der Drei-Selbst-Bewegung werden sollte. Er glaubte, man würde ihm die Freiheit garantieren, das Evangelium zu predigen und all die Wahrheiten zu lehren, die die Gläubigen für ein beständiges Wachstum nötig haben.

Zu seiner Verwunderung und Bestürzung veranlasste der Programmdirektor des *China Christian Council* das Abspielen des Bekenntnisses, zu dem man ihn früher mit List gezwungen hatte. Allerdings waren all die irreführenden Unwahrheiten herausgeschnitten worden.

Man reichte Samuel und seinen Mitarbeitern herzlich die Rechte der Gemeinschaft!

Die Übergriffe vonseiten der Drei-Selbst-Bewegung waren anfänglich noch nicht so sehr spürbar. Noch war man der Meinung, Samuel habe zwar mit dieser Bewegung zu tun, könne aber seinen Dienst frei und mit reinem Gewissen ausüben. Samuel selbst aber sollte durch eine furchtbare Wende der Ereignisse von Gott ausgebremst werden.

Es geschah an einem Freitagabend, als er und Enoch gerade schlafen gegangen waren. Sui Ling war nicht zu Hause und sollte erst am nächsten Morgen von Fushan zurückkommen.

Die Nacht war ungewöhnlich ruhig gewesen. Sogar in Da Ma Zhan, wo es bei Einbruch der Nacht oft ziemlich laut hergehen kann, war es so still geworden, dass es fast auf ein nahendes Unheil hindeutete. Gedankenverloren lag Samuel auf seinem Bett. Im Mondlicht, das durch das Fenster fiel, konnte er das gleichmäßige Atmen seines geliebten Söhnchens sehen. Was würde die Zukunft seinen Kindern bringen? Ob die Familie irgendwann wieder einmal zusammen sein würde – Vater, Mutter und Kinder, die gemeinsam geistlich wachsen und in einer Atmosphäre der Liebe und Anteilnahme gedeihen würden?

Er hörte Schritte von draußen. Dann hörte er, wie seine Mutter oder seine Schwester zur Tür ging. Jedoch schenkte er den Geräuschen keine weitere Aufmerksamkeit.

Dann aber ging Licht in seinem Zimmer an und ein paar schattenhafte Gestalten verschafften sich unsanft Zutritt. Als seine Augen sich ein wenig an die plötzliche Helligkeit gewöhnt hatten, trat ein Polizist an sein Bett.

»Sie sind verhaftet!«, sagte er. Eine zweite Person zeigte einen Haftbefehl. Enoch wurde wach und fing an zu schreien. Seine Großmutter schlüpfte in das Zimmer und nahm ihn mit nach draußen.

»Ziehen Sie sich an!«, befahl der Eindringling mit dem Haftbefehl in der Hand. Bevor Samuel der Aufforderung richtig nachkommen konnte, schlossen sich schon die Handschellen um Samuels Gelenke, und er wurde hinausgeführt. Seine Mutter und seine Schwestern schauten, stillen Schatten gleich, zu.

»Unsere Gebete gehen mit dir«, hörte er seine Mutter rufen.

Es war der Dienst des Heiligen Geistes allein, keine Stärke oder Tugend aus ihm selbst heraus, der ihn seine Rückkehr ins Guangzhou-Gefängnis akzeptieren ließ. Dabei wurde er weder zornig, noch stellte er irgendwelche Fragen.

»Wenn das Böse über die Kinder Gottes kommt, wird es nie triumphieren«, hatte seine Mutter zu ihm gesagt. »Der Herr wird uns immer Barmherzigkeit im Leid, Stärke in der Schwachheit und Gnade zum Annehmen dessen geben, was wir nicht verstehen können. Die dunkle Nacht der Not muss immer dem Morgen der Segnungen weichen. Vielleicht erlebe ich es nicht mehr, mein Sohn, aber wie sehr die Christen in dieser Zeit auch leiden mögen, so wird mit Sicherheit danach ein herrlicher Morgen anbrechen.«

Die Gefängniszelle unterschied sich nur in ihrer Lage von der ersten, nicht aber in ihrer Erscheinung. Es war derselbe Gestank, dieselbe beißend scharfe Luft. Sie sah aus wie dasselbe Grab.

Die beiden anderen Zellengenossen schliefen. Als die Schritte des Wärters verhallten, kniete Samuel an dem Mauervorsprung nieder, der sein Bett sein sollte.

»Ich aber habe auf dich vertraut, Herr«, betete er den Psalm, den er einmal auswendig gelernt hatte. »Du bist mein Gott! In deiner Hand sind meine Zeiten.«[21]

Er streckte sich auf seinem Bett aus und sang flüsternd:

---

21 Psalm 31,15.16

Leiden heißt, dem Herrn zu dienen.
Unser Weinen wird wie seins erhört.

Dieselbe ganz besondere Herrlichkeit wie früher kehrte in sein Herz zurück und mit ihr ein Gefühl der Zuversicht und des Friedens. Er fand keinen Schlaf, sondern lag auf seinem Bett und dachte still über die Güte eines Gottes nach, der es zuließ, dass eines seiner Kinder so behandelt wurde und sich trotzdem seiner Fürsorge und seines Segens gewiss sein konnte.

Weil wir durch sein Wort geboren,
wird uns keine Gnad verwehrt.

Ein Wächter kam, legte ihm die Handschellen wieder an und führte ihn zu einem Fahrzeug, das schon bereitstand. Samuel wurde ins Gerichtsgebäude von Guangzhou gebracht, wo er sofort vor den Richter geführt wurde.

»Sie haben Ihre Lektion noch nicht gelernt«, tadelte ihn der Richter. Er sprach mehr wie ein Vater zu seinem in die Irre gegangenen Sohn, als wie ein Justizbeamter. »Wir hatten Ihnen die Freiheit geschenkt, aber Sie haben weiterhin das Gesetz übertreten. Wenn alle Chinesen sich so benehmen würden wie Sie! Bedenken Sie nur einmal, in welchem Chaos unser Volk dann enden würde!«

Samuel schwieg.

»Die Anklage gegen Sie lautet, dass Sie antirevolutionär und pro-imperialistisch sind«, fuhr er fort. Seine Stimme klang so, als würde er eine Mitschrift von Samuels früheren Befragungen vor Gericht

vorlesen. »Sie kollaborieren mit Wang Ming-tao aus Peking. Und antirussisch sind Sie jetzt auch eingestellt!«

»Antirussisch?«, dachte Samuel. Aber dann erinnerte er sich an eine Reihe von Predigten, die er kürzlich über Hesekiel 37 und 38 gehalten hatte. In diesen prophetischen Kapiteln wird Israel geschildert, das von Heeren aus dem Norden angegriffen wird. Samuel konnte sich auch erinnern, dass unter den Zuhörern ein ihnen Unbekannter gewesen war.

»Bitte äußern Sie sich dazu«, sagte der Richter in einem eher scharfen Ton.

»Ich bin unschuldig, euer Ehren.«

»Wenn Sie zur Zusammenarbeit bereit sind«, sagte der Richter, jetzt wieder in seinem väterlichen Ton, »kann ich mildernde Umstände gelten lassen, was Ihre Strafe angeht.«

»Aber ich kann mich doch nicht schuldig bekennen, wenn ich unschuldig bin«, sagte Samuel ruhig.

Der Richter wurde zornig und seine Stimme wurde lauter. »Dann bleibt mir nichts anderes übrig. Ich werde dafür plädieren, dass Sie Ihre Strafe bekommen.« Ein lauter Schlag mit seinem Holzhammer machte den Wärtern deutlich, dass sie den Gefangenen abführen sollten.

Samuel war fest davon überzeugt, dass man ihn zum Tod verurteilen würde, aber das Urteil ließ auf sich warten. Während der nächsten fünf Monate wurde er etliche Male vorgeladen. Selten hörte er irgendetwas Neues außer denselben erniedrigenden und konfusen Anklagen. Aber wie der Wind die Wurzeln eines Baumes nur stärker macht, so wuchs Samuels Vertrauen bei jedem Verhör, und der Frieden, den er spürte, wurde nur noch tiefer.

Immer wieder, Monat für Monat, musste er sich dieselben Hetzreden anhören. Sein Großvater hatte in Amerika gearbeitet. Er selbst soll mit staatsfeindlichen Missionaren zusammengearbeitet haben, die Teil eines Komplotts waren, das zur Zerstörung der chinesischen Kultur und zur Versklavung des chinesischen Volkes führen sollte. Was die theologische Schule anging, die er in Wuzhou besucht hatte, so meinte man zu wissen, dass sie vom amerikanischen CIA gegründet worden war und von ihm überwacht wurde. Seine Gemeinde hatte nicht mit der staatlich anerkannten Organisation zusammengearbeitet. Seine Predigten widersprachen den wissenschaftlichen Wahrheiten, die China nun endlich nach Jahrhunderten des Aberglaubens in die Freiheit führen sollten.

Die Regierung und die Drei-Selbst-Bewegung konnten keine wirklichen Beweise gegen ihn vorbringen. Um ihren Gesichtsverlust wieder auszugleichen, sahen sie sich gezwungen, seine Verhaftung nachträglich irgendwie zu rechtfertigen. Vielleicht hofften sie auch, er würde ein Geständnis ablegen, was es ihnen erlauben würde, ihn erfolgreich für ihre eigene Propaganda zu benutzen.

Eines Nachmittags kam ein Wärter in Samuels Zelle. »Paket für Lamb«, sagte er. Das Paket war in Da Ma Zhan 35 abgeschickt und enthielt gebratenen Reis, so wie Sui Ling ihn immer mit geschickter Hand zubereitet hatte. Außerdem befanden sich darin noch Kekse nach den Rezepten seiner Mutter, zwei Dosen mit Fleisch und etwas Obst.

Es war eine willkommene Abwechslung zur Gefängniskost. Er teilte das Essen mit anderen Gefängnisinsassen. Überrascht fragte einer: »Warum teilst du mit uns?« Ein Anflug von Misstrauen lag in seiner Stimme.

»Es schmeckt immer besser, wenn man das Essen mit seinen Freunden teilt«, zitierte Samuel ein altes Sprichwort.

Diese Köstlichkeiten gaben dem eingesperrten Pastor wieder neue Hoffnung. Wenn seine Frau Essen schicken konnte, dann konnte sie vielleicht auch persönlich kommen.

Es dauerte nicht lange, und sie kam tatsächlich. »Ich habe immer wieder versucht, zu dir zu kommen«, sagte Sui Ling zu ihm und wischte ihre Augen mit einem Zipfel ihres Taschentuches. »Und Mutter und deine Schwestern auch. Schließlich hat mir ein netter Beamter gesagt, wie ich dir Essen schicken und dich auch selbst besuchen kann. Er war sehr hilfsbereit, und deshalb habe ich mich auch getraut, dir eine Bibel mitzubringen.«

Schon streckte Samuel seine Hand voller Vorfreude aus. Aber seine Frau musste mit trauriger Stimme hinzufügen: »Die Wärter haben sie mir abgenommen.« Samuel zog seine Hand zurück und verstummte.

In diesen Augenblicken dankte er Gott – wie er es schon oft getan hatte – für diesen liebsten aller Menschen. Sie war schmächtig und sprach mit leiser Stimme. Sie zeigte keine Spur von Ärger und war imstande, ihre Zuneigung zu ihrem Mann nicht zu deutlich zu zeigen. Und doch war sie ganz sein, empfänglich für seine Liebe, voller Verlangen, mit ihm allein zu sein. Aber er konnte sie jetzt nicht in seine Arme schließen. Ja, ihm war es sogar verwehrt, sie nur einmal zu berühren. Und doch fand er Sui Ling jetzt noch anziehender als je zuvor.

Sie versicherte ihm, dass alle in der Familie und auch seine Freunde bei guter Gesundheit waren.

»Sind noch mehr von unseren Leuten verhaftet worden?«, fragte Samuel. Sui Ling nickte.

Der Aufsichtsbeamte räusperte sich. Sie wussten beide, dass sie vorsichtig sein mussten, was diese Dinge anging.

»Die Kinder vermissen dich sehr«, sagte Sui Ling. Sie zögerte, musste sich zusammenreißen und fügte hinzu: »Sie beten mehrmals täglich für dich.«

»Und die Gemeinde?«

»Wir kommen zusammen. Wir brauchen eine Stunde und länger, bis wir alle zusammen sind. Wir singen und beten mit gedämpfter Stimme.« Sie lächelte und fügte hinzu: »Wir sind dankbar für die stürmischen Nächte mit schwerem Regen.«

»Bestell ihnen allen Grüße von mir und sag ihnen, dass sie den Mut nicht verlieren sollen. Sag ihnen, dass Gott mir Frieden und Zuversicht schenkt.«

Wieder räusperte sich der Wächter.

»Die Besuchszeit ist vorüber«, sagte er.

Seine geliebte Frau wurde nun hinausgeführt. Beim Ausgang blieb sie noch einen Augenblick stehen. Ihr Blick, mit dem sie ihn umfing, war einer Umarmung gleich. Dann war sie verschwunden. Als er wie ein Tier zurück in seine Zelle geführt wurde, war ihm fast, als wäre sie gar nicht dagewesen.

Von der Gemeinde in Da Ma Zhan 35 wusste Samuel nur sehr wenig. Und auch die seltenen Verwandtenbesuche hielten Samuel kaum auf dem Laufenden. Darum wusste er auch nicht, dass einige von ihnen einen hohen Preis für ihren christlichen Glauben bezahlten.

So war zum Beispiel der Friseur von Da Ma Zhan, Yao Wei, als Nichtintellektueller eigentlich über allen politischen Verdacht erhaben. Aber als Mitglied von Pastor Lambs Gemeinde war er als Belastungszeuge von großem Nutzen.

Ein Regierungsbote trat in Yao Weis Straßenladen auf ihn zu.

»Wir bieten Ihnen die Möglichkeit, Ihrem Vaterland einen Dienst zu erweisen«, waren seine Worte. »Sie werden vor Gericht erscheinen und dort gegen Samuel Lamb aussagen.«

»Aber ich ...«, wollte der Friseur protestieren. Der Besucher bedeutete ihm mit der Hand, er solle schweigen.

»Sie werden dem Gericht mitteilen, dass Herr Lamb in seinen Predigten in der Öffentlichkeit nie etwas Umstürzlerisches sagt. Aber sie dienen nur als Deckmantel für seine eigentlichen Absichten. Er bildet nämlich heimlich Kleingruppen aus, die Sabotageakte in Guangzhou verüben sollen. Und Sie werden dem Gericht mitteilen, dass Sie es ablehnen, in einer solchen Gruppe mitzuarbeiten.«

»Aber das kann ich nicht sagen!«

»Wenn Ihnen Ihre Freiheit etwas wert ist, dann können Sie das sehr wohl!«

»Aber dann würde ich lügen. Und außerdem ist Pastor Lamb mein Freund. Vor allem aber kann ich als Christ grundsätzlich keine falsche Aussage über jemanden machen, am wenigsten gegen einen anderen Gläubigen!«

Am nächsten Tag schnitt Yao Wei keine Haare. Und am darauffolgenden Tag auch nicht.

Auch er wurde in eine Zelle des Gefängnisses von Guangzhou gesteckt. Seine Schuld war bewiesen. Er hatte offen seinen Mangel an Patriotismus an den Tag gelegt. Und das musste entsprechend bestraft werden.

Als Samuel Lamb ins Gefängnis gekommen war, hatte man ihm erlaubt, ein griechisch-englisches Wörterbuch mitzunehmen. Jetzt verbrachte er viele Stunden damit, wichtige Wörter aus dem Neuen Testament nachzuschlagen.

pistis – Glaube
pistos – treu
eleos – Erbarmen, Barmherzigkeit
krisis – Gericht, Urteil

Mithilfe des Wörterbuchs konnte Samuel seinen Mitgefangenen einen Dienst erweisen. Offen über seinen Glauben reden durfte er nicht, aber er konnte sehr wohl ihre Fragen beantworten, die sie ihm stellten. Deutliche Anzeichen von Wachstum blieben aber aus.

»Ein Mann aus meinem *danwei* war gestorben«, berichtete einer der Männer mit gedämpfter Stimme von seinem Arbeitsplatz. »Bei der Beerdigung sprach dann ein alter Mann ein christliches Gebet. Er war noch nicht fertig, da hatte ihn die Polizei schon verhaftet. Acht Jahre Gefängnis hat er sich damit eingehandelt – weil er angeblich öffentlich Propaganda gegen die Regierung machte.«

»Dann reden wir besser nicht mehr darüber«, sagte ein anderer Mann. »Sieh doch nur, wohin dich dein Christsein gebracht hat!«

Als der eine Mann von seinem *danwei* sprach, wurde Samuel nachdenklich. Für den Durchschnitts-Chinesen war sein *danwei* das, wodurch er hauptsächlich seine Identität bekam und was für ihn auch eine Autorität darstellte. Ein solcher *danwei* konnte eine Fabrik sein, die Nachbarschaft, die Schule oder eine andere Institution, der man unterstellt war.

Samuels *danwei* war die Drei-Selbst-Bewegung. Das sagten zumindest die Funktionäre und Justizbeamten, die ihn gefangen hielten. Dieses Bewusstsein bereitete ihm große Not. Von ganzem Herzen wünschte er, nicht mit irgendjemandem in Konflikt zu geraten, der sich auf den Namen des Heilands berief.

Man kam nicht ins Gefängnis, weil ein Computer in Peking eine Liste von Schuldigen auswarf: Die Anklage kam immer aus dem jeweiligen *danwei*. Der Gedanke daran machte Samuel sehr zu schaffen.

Jeder wusste, dass ein *danwei* die Polizei einschalten konnte, nicht nur, weil ein Mitglied sich falsch verhalten hatte, sondern auch, um sich einer Person zu entledigen, die den Zielen des *danwei* im Weg stand. Wenn aber die Drei-Selbst-Bewegung an Samuels Inhaftierung mitgearbeitet hatte, warum hatte man ihn dann dazu gedrängt, sich dem *China Christian Council* anzuschließen?

Die Erinnerung war schmerzhaft, wenn er an seine Bereitschaft dachte, sich mit der Drei-Selbst-Bewegung einzumachen, und dass er seine widerstrebende Mitarbeiterschaft erfolgreich zum Mitmachen überredet hatte.

Nach den Versammlungen des *China Christian Council* hatte sich an seinen Predigten nichts geändert. Er war eher noch mutiger geworden und hatte zum Beispiel über Hesekiel und Daniel gepredigt.

Diese Gedanken verfolgten Samuel, bis er eines Tages vor dem Richter stand und die folgenden Worte hörte: »Dieses Gericht verurteilt Sie zu zwanzig Jahren Zwangsarbeit mit dem Verlust aller politischen Rechte für weitere fünf Jahre.«

Wenn Samuel auch dankbar war, der Todesstrafe entkommen zu sein, so legte er doch Berufung ein. Das Gericht lehnte es aber ab, seinen Einspruch anzunehmen. Als seine Frau zu Besuch kam, stellte sie die weise Frage: »Welchen Sinn macht die Berufung? Es war ja kein ordentlicher Prozess, weil dieses Urteil schon vorher feststand.«

In einem Punkt war das Gericht bereit, Nachsicht zu üben. Die der Verurteilung vorausgehende Haftzeit von fünf Jahren wurde von den zwanzig Jahren abgezogen.

Danwei!

Samuel hing noch immer diesem Wort in Gedanken nach, als er sich am 24. Januar 1959 mit rund zwanzig anderen Gefangenen auf den Weg quer durchs Land in Richtung eines Arbeitslagers außerhalb von Shao Guan machte, wo Viehzucht betrieben und Tee angebaut wurde. Tagelang saßen die Gefangenen auf der offenen Ladefläche eines Lkw, der in hohem Tempo über die holprige Straße schlingerte.

Die Leute drängten sich durch die Seitenstraßen, blieben aber stehen, wenn es etwas zu gaffen gab, weil wieder jemand »Gefangene!« gerufen hatte. Die Kinder lachten und zeigten mit den Fingern auf sie.

Zunächst unterhielten sich die Männer nur mit gedämpfter Stimme, um zu sehen, wie sich ihr Bewacher verhalten würde. Als sie feststellten, dass er nicht so streng war wie mancher andere, wagten sie es, offener miteinander zu sprechen.

Ein Mann sagte: »Die fahren uns nur weg, damit wir erschossen werden.«

»Ich bin schon seit zwei Jahren eingesperrt. Wenn sie mich doch schon am Anfang umgelegt hätten!«, sagte ein anderer.

»Warum bist du verhaftet worden?«

»Die Agenten in meinem *danwei* konnten mich nicht leiden.«

»Und die anderen in deinem *danwei*, konnten sie dich auch alle nicht leiden?«, fragte ihn jemand. Ein gequältes Lachen ging kurz durch die kleine Gruppe. Sie setzten ihre Unterhaltung fort, indem sie ihren Ängsten Ausdruck gaben und ihr Schicksal beklagten.

In der Hoffnung, das Motorengeräusch des Lkw und das Reden seiner Mitgefangenen würden ihn übertönen, fing Samuel an, leise zu singen:

Wer mag sagen und ermessen,
wie viel Heil verloren geht,
wenn wir nicht zu ihm uns wenden
und ihn suchen im Gebet.

Er setzte gerade zur zweiten Strophe an, als er bemerkte, dass die Männer aufgehört hatten zu reden und ihm alle zuhörten.

Barsch fragte ihn einer: »Was singst du denn da?«

Samuels stille Antwort war ein Lächeln.

»Du bist Christ«, sagte ein anderer.

»Wisst ihr das denn nicht?«, fragte der Nächste. »Das ist doch der berühmte Prediger, von dem wir in der Zeitung gelesen haben.«

»Ja, klar! Lamb! Du bist Pastor Lamb!«

»Das Arbeitslager wird ihm das Predigen schon austreiben«, sagte ihr Bewacher belustigt. Und die Gefangenen lachten ihm zu Gefallen mit.

Dieses Ereignis sollte ihn vorbereiten auf die vielen Jahre, die folgen würden und in denen es nie einfach sein würde, seinen Glauben zu bezeugen. Aber in diesem Augenblick versprach er Gott aufs Neue, jede Gelegenheit treu zu nutzen, sollte sie auch noch so unbedeutend erscheinen.

Als die abgehärmte Gruppe das Arbeitslager Shao Guan erreichte, war es noch hell genug, um sich einen kurzen Eindruck zu verschaffen. Die Hauptgelände war begrenzt von einem hohen Zaun mit vielen Wachhäuschen, von denen aus man das gesamte

Gebiet übersehen konnte. Tee- und Tabakfelder reichten bis an das Lagergelände heran. Eine große Herde quietschender Schweine wollte ihr Fressen haben. Der Gestank ihrer Ställe erinnerte Samuel an seine Gefängniszelle in Guangzhou.

Für Samuels schwache körperliche Verfassung war die Arbeit vom ersten Tag an eine Tortur. Er war zum Roden eingeteilt worden: Alte Teesträucher mussten ausgegraben und verbrannt werden, um so Platz für junge Pflanzen zu schaffen. Die Arbeit mit Schaufel, Hacke und Axt ermüdete ihn schon nach wenigen Stunden.

»Das geht aber noch besser«, kritisierte ihn ein Wächter.

»Die auf den Herrn harren, gewinnen neue Kraft.«[22] Verzweifelt klammerte Samuel sich an diese Verheißung, und irgendwie hielt er es bis Sonnenuntergang durch. Er konnte es fast nicht glauben, als der Wächter verkündete, das Tagessoll an zu rodenden alten Büschen sei nicht erfüllt worden und dass die Häftlinge daher bis in die Nacht hinein weiterzuarbeiten hätten.

Als Pastor Lamb fast nichts mehr sehen konnte und immer noch am Hacken und Graben war, wurde den Häfltingen schließlich gesagt, sie sollten ihre Werkzeuge niederlegen und zum Essen gehen. Samuel hatte kaum Appetit, aber um bei Kräften zu bleiben, musste er Nahrung zu sich nehmen. Also zwang er sich, die Kohlsuppe zu essen. Er sehnte sich nach einem Bett, aber als eine Glocke das Ende der Mahlzeit ankündigte, marschierte er mit den anderen zu einem abseits gelegenen Gebäude, wo die Häftlinge von einigen Wärtern in einen kahlen Schulungsraum getrieben wurden. Die Bänke hatten keine Rückenlehnen, und die Wände waren bis auf eine zersprungene Wandtafel farblos.

Nach zwanzig Minuten fing Samuel an einzunicken. »He, aufwachen!« Aus der Reihe hinter ihm stieß ihm jemand seine harte Faust in die Rippen. »Du bringst uns alle in Schwierigkeiten, und dann kommt dir der Tag heute noch wie ein Spaziergang vor.«

Kurz darauf tauchte jemand von der Lagerleitung auf und trat vor die Gruppe. Er grüßte mit erhobener Hand und geschlossener

---

22 Jesaja 40,31

Faust. Die meisten Häftlinge erwiderten den Gruß. Samuel Lamb nicht.

Der Lehrer nahm keine Notiz davon, ob jemand zurückgrüßte oder nicht. Er begann seinen Vortrag mit einem Zitat: »›Ihr, die ihr euch eines Vergehens schuldig gemacht habt, werdet jetzt merken, dass dieses Vergehen wie eine Last auf euch liegt, egal was jetzt weiter mit euch passiert. Wenn ihr unschuldig seid, dann denkt ihr jetzt, ihr wärt fehlerlos. Und das macht euch nur eingebildet.‹ Es ist jetzt meine Aufgabe und die meiner patriotischen Genossen, mit denen ihr auch in den nächsten Wochen zu tun haben werdet, die Fehler der Übeltäter unter euch zu tadeln und den Stolz einiger oder aller zu brechen.

Eure wohlwollende Regierung sah sich gezwungen, euch gefangen zu nehmen. Jeder von euch ist sich seiner eigenen Schuld bewusst. Eure Regierung ist aber freundlicherweise bereit, euch dabei zu helfen, das falsche Denken zu korrigieren. Es ist besser, dem Bürger zur Einsicht zu verhelfen, als ihn nur zu bestrafen.«

Dann sprach er von den vielen Täuschungen und Irrtümern im chinesischen Denken. Das Volk sei wie ein brachliegendes Feld, sagte er. Glücklicherweise sei aber jetzt die Wahrheit gekommen. »Um es mit den Worten unseres geliebten Vorsitzenden zu sagen: ›China hat sich erhoben!‹« Schlechtes Denken würde man von innen und von außen erfolgreich bekämpfen.

Die Schinderei der täglichen Arbeit wurde für Samuel immer unerträglicher. Müdigkeit machte sich in seinen Gliedern breit, und der tägliche ideologische Drill war eine schwere seelische und körperliche Bürde.

Wenn die Wächter nicht mit dem zufrieden waren, was auf den Feldern geschafft worden war, ließen sie die Häftlinge bis lange nach Sonnenuntergang arbeiten. Aber einerlei wie lange der Arbeitstag gedauert hatte, es folgten nach dem Abendessen immer noch mindestens zwei Stunden Unterricht. Die Häftlinge mussten sich mit Politik, Evolution und Atheismus beschäftigen. Die nächtlichen Vorträge stellten den Buddhismus immer in ein schlechtes Licht, verurteilten den Islam und straften das Christentum mit Verachtung.

»Ist einer von euch Christ?«, fragte der Lehrer eines Abends. Samuel nickte sofort. Der Lehrer schritt auf ihn zu und blieb hoch aufgereckt vor seinem mutigen Schüler stehen.

»Sag mir einmal«, sagte er knapp und berechnend, »welchen Einfluss hat das Christentum bis jetzt auf die Welt gehabt?«

Samuel schwieg. Sein Herz rief den Himmel um Führung an.

»Antworte!«

Zaghaft antwortete Samuel: »Viele Leute behaupten, sie wären Christen. Aber nur wenige haben den Kern der christlichen Botschaft in sich aufgenommen.«

Ein Lächeln machte sich auf dem Gesicht des Lehrers breit. Es schien ihm zu gefallen, was er dort hörte. »Du gibst mir also recht, dass das Christentum versagt hat. In China haben die Amerikaner und Engländer dadurch ihre eigentlichen Motive verschleiert. Habe ich recht?«

Samuel schwieg. Der Lehrer hielt einen Augenblick inne. Dann griff er voller Leidenschaft nach Samuels Exemplar der *»Aussprüche Maos«*, suchte einen Abschnitt und zeigte ihn Samuel. »Lies das mal vor!«

Pflichtbewusst sah Samuel auf die genannte Textstelle.

»Los, lies doch! Lies vor!«

»Wenn die Massen einmal die richtigen Gedanken, die für die fortschrittliche Klasse kennzeichnend sind, aufgegriffen haben, dann werden diese Gedanken zu gewaltigen Kräften, welche die Gesellschaft und die Welt verändern werden.«

»Ausgezeichnet! Ausgezeichnet!«, rief der Lehrer aus. »Du machst schon früh sehr große Fortschritte!« Er schnappte sich das Buch und hielt es hoch. »Wie sagen die Christen noch? Hallelujah! Jawohl, so ist es!«

Er wandte sich wieder Samuel zu. »Weißt du, ich habe auch einmal zu Füßen von weißen, dickbäuchigen Missionaren gesessen. Sie wohnten in ihren schönen, stattlichen Häusern, abgeschottet hinter hohen Mauern, und erzählten unseren von Armut geplagten Leuten, sie sollten an Gott glauben. Seid reich in euren Herzen«, sagten sie. »Und wir werden reich in unseren Taschen!«

In der Gruppe war auch ein katholischer Priester, und ihm galt ebenfalls die besondere Aufmerksamkeit des Lehrers.

Nur selten hatten die Häftlinge die Möglichkeit, sich miteinander zu unterhalten. Aber Samuel und dieser Priester waren zusammen für eine Arbeit eingeteilt, die in einer etwas abgelegenen Ecke auszuführen war. Manchmal waren sie sogar ganz allein für sich.

»Ob sie von uns verlangen, dass wir unseren Glauben verleugnen?«, fragte der Priester mit Angst in der Stimme.

»Mein Glaube ist mein Leben«, sagte Samuel. »Nie könnte ich ihn verleugnen.«

»Bist du ein protestantischer Geistlicher?«

»Ich bin Laienprediger.«

»Aber du scheinst so überzeugt zu sein von dem, was du glaubst.«

»So wie der Apostel Paulus an Timotheus geschrieben hat: ›Ich weiß, wem ich geglaubt habe, und bin überzeugt, dass er mächtig ist, das ihm von mir anvertraute Gut zu bewahren.‹«[23]

»Du hast wohl vieles aus der Bibel auswendig gelernt?«

»Nicht so viel, wie ich gewünscht hätte.«

Weil ein Wärter an ihnen vorbeiging, nahmen Samuel und der Priester ihre Arbeit wieder auf.

Als sie wieder unter sich waren, sagte der Priester: »Ich hatte ursprünglich viel aus dem Gebetbuch auswendig gelernt. Manchmal aber, wenn die Angst mich so richtig packt, kann ich mich an kaum etwas erinnern. Einmal hatte ich einen so schrecklichen Traum, dass ich beim Aufwachen kaum den Rosenkranz beten konnte.«

Vorsichtig antwortete Samuel: »Vielleicht ist jetzt die Zeit gekommen, wo das Äußere deiner Religion nicht mehr viel bedeutet. Jetzt solltest du zu Jesus allein fliehen.«

Die Augen des Priesters füllten sich mit Tränen. Samuel betete um Führung. »Seid jederzeit bereit zur Verantwortung«, erinnerte er sich an 1. Petrus 3, »gegen jeden, der Rechenschaft von euch fordert über die Hoffnung, die in euch ist.«[24]

23 2. Timotheus 1,12
24 1. Petrus 3,15

Aber der Priester fragte nicht. Er schaute Samuel nur an. Seine Augen drückten etwas von der Qual aus, die er in seinem Geist verspürte.

»Ich bete für dich«, sagte Samuel. Zu weiteren Begegnungen kam es danach nicht wieder.

Ein paar Wochen später rief der Lehrer die beiden Männer im Hörsaal nach vorn. »Ihr werdet uns jetzt etwas demonstrieren und den anderen ein Beispiel dafür geben, wie man Fortschritte macht im Befolgen der Mahnungen unseres großen Vorsitzenden.« Dann forderte er den Priester auf, seinem Glauben öffentlich abzuschwören.

Der Priester folgte der Aufforderung. Er beleidigte den Papst, er redete abfällig über Maria und erklärte die Jungfrauengeburt zum Mythos. Er geißelte die römisch-katholische Kirche als ein kapitalistisches Monster, das die Armen beraubte, um die Prälaten reich zu machen. Fast wäre er unter der Last dieser Tortur zusammengebrochen.

Samuel sah ihm zu. Er hatte Mitleid mit ihm. Dann kam er selbst an die Reihe. Er erinnerte sich an die Verheißung aus dem Jakobusbrief: »Wenn jemand von euch Weisheit mangelt, so erbitte er sie von Gott, der allen willig gibt.«[25]

Andere Wärter hatte man darüber informiert, was an diesem Abend kommen würde. Sie hatten in den ersten Reihen Platz genommen und lehnten sich jetzt vor in der Erwartung der Worte des bekannten Pastors aus Guangzhou.

»Sogenannte Christen, die die Lehre der Bibel in Frage stellen, haben das Christentum zum Gespött gemacht«, begann Samuel. »Sie leugnen die Inspiration der Bibel. Sie bezeichnen die von Jesus gewirkten Wunder als Mythen. Und vieles im Alten Testament ist für sie reine Tradition.«

Samuel beobachtete die Leute von der Lagerleitung. Sie hörten sehr aufmerksam zu. In ihren Gesichtern war zu lesen, dass sie Gefallen fanden an dem, was sie hörten.

Also fuhr Samuel fort, und mit gewählten Worten stellte er

---

25 Jakobus 1,5

Liberalismus und seichtes Christentum bloß. Er verhöhnte Synkretismus, Fanatismus, Heuchelei, Nachrede, Begierde, Rückfall, Weltlichkeit in der Gemeinde, Materialismus im Leben der Christen, geistlichen Hochmut, Selbstgefälligkeit und Ungehorsam.

Die Wärter waren sehr zufrieden.

In dieser Nacht lag Samuel still auf seinem Bett. Draußen hing die Nacht schwer und ruhig über dem Land. Ein leichter Luftzug wehte fast unmerklich durch den Raum. Er brachte den üblen Schweinestallgeruch mit sich in den Schlafsaal.

Viele Jahre Gefängnis lagen vor dem gedemütigten Pastor von Guangzhou. Vielleicht würde er bis an sein Lebensende im Gefängnis bleiben. Und doch fühlte Samuel Lamb sich in diesem stillen Augenblick wie ein freier Mensch. Befreit hatte ihn das Angebot einer Verheißung, die sich über Gefängnisgitter hinwegsetzt: »Wenn jemand Weisheit mangelt ...«

Tief im Inneren war Samuel in Frieden. Er wusste: Der Hirte, der ihn in dieser Nacht geführt hatte, würde ihn auch durch alles Weitere in der Zukunft führen, komme, was wolle.

»Wenn jemand Weisheit mangelt ...«

Hallelujah!

Schmerzlich wurde sich Samuel Lamb der Tatsache bewusst, dass es erträglicher wäre, wenn er die Haft wegen einer eingestandenen Schuld absitzen müsste, als zwanzig Jahre Eingesperrtsein vor sich zu haben, ohne dass der Richter oder die Geschworenen eine Verurteilung für ein begangenes Verbrechen ausgesprochen hätten. Die in einer Demokratie mögliche Berufung stand ihm nicht offen, ebenso wenig ein Anwalt, der ihn vertreten hätte. Noch weniger war an Wiedergutmachung zu denken. Menschlich gesehen hätte er Grund zum Klagen gehabt.

Aber er beschwerte sich nicht.

Samuel Lamb war völlig hilflos, und das brachte ihn dazu, sich völlig von seinem Herrn abhängig zu machen. Er konnte nichts für seine Familie tun, außer sie der Fürsorge des Vaters anzuvertrauen.

Eine Verdienstmöglichkeit hatte er auch nicht. Er war nur eine Schachfigur, und mit seinem Leben konnte man tun, was man wollte. Und trotzdem hatte er Frieden. Hallelujah!

Und die »Gegenwart«? Zwar war sie immer unsichtbar, aber diese »Gegenwart« ging als ständige Wirklichkeit neben ihm her und beteuerte ihm: »Frieden lasse ich euch, meinen Frieden gebe ich euch; nicht wie die Welt gibt, gebe ich euch. Euer Herz werde nicht bestürzt, sei auch nicht furchtsam.«[26]

26 Johannes 14,27

Trotzdem empfand Samuel ein Gefühl der Unzufriedenheit. Wenn er auch nicht nach materiellem Besitz verlangte oder nach der Zusicherung seiner persönlichen Sicherheit und endlich nach seiner Freilassung, so sehnte er sich doch von ganzem Herzen nach einer Bibel. Könnte er doch nur ein Exemplar von Gottes Wort in der Hand haben und die Verse ihrer ewigen Botschaft in sich aufnehmen! Wenn nur …

Und doch hatte er eine Bibel – verborgen in seinem Herzen.

Während der ermüdenden Arbeitsstunden und der langen Stunden auf dem ungezieferverseuchten Bett zehrte Samuel von den Versen, die er einmal auswendig gelernt hatte.

Die Gefängnisbriefe waren besonders wertvoll für ihn. »Meine Umstände sind zur Förderung des Evangeliums geraten«,[27] hatte Paulus seinen Landsleuten in Philippi geschrieben. Für Samuel Lamb stellte sich die Frage, wie sich diese Verse in seinem Fall bewahrheiten würden.

Es gab Zeiten, da war es ihm, als blicke er in einen langen Tunnel, in ein bodenloses Loch von dichter Dunkelheit, die sich über ihn lustig machte. Vor sich sah er eine Haft, die bis zu seinem Tod gehen würde. Nur ein Narr würde sich Hoffnung auf eine Umwandlung seiner Strafe machen. Genauso wenig war vorstellbar, dass man ihn begnadigte. Es war hingegen viel wahrscheinlicher, dass die Behörden seine Haft unter fadenscheinigem Vorwand oder ganz willkürlich um Jahre verlängern würden.

Wie sollten seine Umstände dazu dienen, dass dadurch das Evangelium gefördert würde? Sollte er hier seine Gemeinde finden?

In treuer Hingabe bezeugte er seinen Glauben, wo immer sich ihm die geringste Gelegenheit dazu bot. Bei der Arbeit sang er, und wenn es ihm möglich war, gab er sich als Christ zu erkennen. Das Arbeitslager bot eher die Möglichkeit engerer Kontakte als das Gefängnis in Guangzhou. Und doch waren die Wärter eifrig bemüht, ihn zu überwachen und nicht nur seinen Körper gefangen zu halten. Sie versuchten auch, seinen Geist und seinen Mund einzusperren.

---

27 Philipper 1,12

Samuel musste an die Worte denken, die Paulus an die geprüften Christen in Rom geschrieben hatte: »Sei es, dass wir leben, wir leben dem Herrn; sei es, dass wir sterben, wir sterben dem Herrn. Sei es nun, dass wir leben, sei es, dass wir sterben, wir sind des Herrn.«[28] Im Jahr 1959 *lebte* Samuel Lamb.

In den Wintermonaten kümmerte Samuel sich um die Schweineställe, schleppte Futter für die Tiere heran und trug Vorräte in die Lagergebäude. Diese Aufgaben konnte er mit seinem geschwächten Körper noch bewältigen, aber als der Herbst nahte, verschlechterte sich seine Lage. Er wurde wieder einer Gruppe zugeteilt, die Land roden musste, um weitere Anbauflächen zu erschließen. Er war zwar gern an der frischen Luft, aber hier musste er Überstunden machen, und die Arbeit selbst war anstrengender. Die »Gegenwart« sprach ihm tröstende Worte zu: »Wie deine Tage, so deine Kraft«[29] – das waren Moses letzte Worte in seinem Segen für Israel gewesen.

Alle zwei Wochen bekamen die Häftlinge einen Tag frei. An einem solchen Tag musste vormittags die persönliche Wäsche besorgt und die Unterkunft sauber gemacht werden. Die Wanzen führten ein angenehmes Leben bei ihnen, aber wenn die Häftlinge darum baten, ihre Betten und ihre Decken hinaus ins Sonnenlicht zu tragen, um ihre Unterkünfte mit einer Waschlauge sauber zu schrubben, dann lachten die Wächter sie nur aus. »Das hier ist ein Gefängnis und kein Hotel!«, riefen sie den Gefangenen ihre Lage ins Gedächtnis. Wenn ihr eure Wanzenbisse kratzt, dann denkt daran, wie froh ihr sein könnt, dass ihr überhaupt lebt. Ihr könntet genauso frei und privilegiert sein wie wir, wenn ihr nur die weisen Ratschläge unseres großen Vorsitzenden befolgt hättet.«

Einmal, im Frühling, erhielt Samuel bei der Postausgabe einen Brief von seiner Schwester Ai Ling. Sie kündigte an, dass sie versuchen würde, ihn an einem bestimmten Tag zu besuchen. Als der Tag herankam, schnürte Samuel ein kleines Bündel mit Kleidern, die er nicht mehr brauchte und deshalb für jemand

---

28 Römer14,8

29 5. Mose 33,25

anders mit nach Hause geben wollte. Dieses Bündel trug er bei sich, als er sich an dem verabredeten Ort einfand, was dem Gruppenleiter überhaupt nicht gefiel. Er war ohnehin von Natur aus etwas misstrauisch, daher verdächtigte er Samuel jetzt des Fluchtversuchs.

Seine Schwester kam tatsächlich zu Besuch und brachte ihm auch Verschiedenes mit. »Mutter macht sich Sorgen wegen deiner Gesundheit«, sagte sie und holte eine Thermosflasche hervor. »Sie schickt dir diese Kraftbrühe.« Der Gruppenleiter erlaubte Samuel aber nicht, die Brühe zu trinken, weil sie eventuell Gift enthalten könnte. Und während der politischen Schulung an diesem Abend berichtete einer der Wächter von einem Fluchtversuch und einem vereitelten Selbstmord. Samuel konnte nur den Kopf schütteln.

Eines Morgens wies ihm der ihn überwachende Wächter ein großes Stück Land an. »Du wirst hier alles frei machen. Und die Büsche werden nicht nur abgeschnitten, sondern die Wurzeln werden auch ausgegraben.« Für einige Männer zusammen wäre diese Aufgabe schon fast unausführbar gewesen. Für Hände, die eher für Klaviertasten als für Axt und Schaufel geeignet waren, war diese Arbeit ganz unmöglich zu bewältigen.

Da er glaubte, es sei seine christliche Pflicht und Ehre, eine ihm übertragene Aufgabe nach bestem Können zu erledigen, machte Samuel sich mit Schwung ans Werk. Um die Mittagszeit war allerdings wenig davon zu sehen, dass er sich die größte Mühe gegeben hatte. Nur ein kleiner Karren, der halb voll ausgegrabener Büsche war, zeugte von seiner Arbeit. Die Müdigkeit drang bis in seine Knochen. Wiederholt erinnerte er sich: »Alles vermag ich in Christus, der mich kräftigt.«[30]

Der Wächter kam herzu, stemmte die Hände in die Hüften und sah sich das Stück Land an. »Du arbeitest nicht schnell genug. Beweg dich ein bisschen, sonst muss ich dich melden, und dann gibt es Strafarbeit.« Und die hatte schon einigen der Männer das Leben gekostet.

---

30 Philipper 4,13

Samuel wollte, dass der Bewacher den Karren bemerkte. Weil er aber wusste, dass der Mann ungeduldig und leicht aufbrausend war, sagte er nichts. »Bitte, Herr, lass ihn sehen, was ich gearbeitet habe«, betete er in seinem Herzen.

Der Wächter stolzierte weiter. Ohne einen ersichtlichen Grund drehte er sich dann aber wieder um und ging auf den Karren zu. Dort blieb er stehen, sah Samuel an, sah in den Karren und dann wieder zu Samuel hin.

»Du da!«, schrie der Mann. »Hast du die Wurzeln hier in dem Karren ausgegraben?«

»Ja.«

»Du alleine?«

»Ja.«

Es war Samuel, als hätte er eine Spur von Bewunderung in dem Gesicht des Mannes ausgemacht. Weil er so erschöpft war, setzte er sich vorsichtig auf den Rand des Karrens. Er erwartete, dass der Wächter ihn auffordern würde, sich hinzustellen.

Aber der Wächter sagte nichts und ging weiter. Etwas später hatte Samuel genug Energie gesammelt. Er stand auf und machte sich wieder an die Arbeit. Die »Gegenwart« flüsterte ihm zu: »Die auf den Herrn harren, gewinnen neue Kraft.«[31] Samuel wusste, dass dies der Wahrheit entsprach.

Für Samuel Lamb wurde dieses Stück Land zu einem sichtbaren Gleichnis für die Kirche in China, in welcher der Heilige Geist Leid zuließ, das der Vorbereitung auf Saat und Ernte dienen sollte. War es auch ein Gleichnis für seine eigene Notlage und seine eigene Zukunft? Verheißungen aus den Psalmen kamen ihm in den Sinn: »Am Abend kehrt Weinen ein, und am Morgen ist Jubel da.«[32]

Würde es für ihn einen Morgen geben? Oder würden Leben und Dienst des Samuel Lamb in diesem Arbeitslager enden?

Eines Morgens – er hatte gut geschlafen und neue Kraft getankt – kam er mit seiner Rodungsarbeit besser als sonst vorwärts. Beschwingt sang er:

---

31 Jesaja 40,31
32 Psalm 30,6

Er starb für mich, ich leb für ihn,
darf seine Gnad im Leiden sehn.
Schlägt auch die Welle noch so hoch,
Find ich durch ihn die Ruhe doch.

Er merkte, dass jemand neben ihm stand. »Ich höre deine Lieder und die Worte, die du singst«, sagte ein Mithäftling. »Besingst du einen der Götter?«

»Ich singe vom Herrn Jesus.«

Der Mann verstand nicht.

»Mein Körper ist gefangen, genauso wie deiner«, fuhr Samuel fort. »Aber meine Seele ist durch die Gnade des einen wahren Gottes in Freiheit.« Wer der Heiland Jesus ist, was seine Barmherzigkeit bewirkt und wie seine Macht sich in Tod und Auferstehung entfesselte – all das war für den Mann so neu, wie das Kontrastprogramm, das er jeden Abend in der politischen Schulung zu hören bekam.

»Ich beobachte dich schon seit ein paar Tagen«, sagte er. »Zuerst dachte ich, du spinnst und denkst, dass die Zähne des Drachen Steinchen sind, mit denen die Kinder spielen. Aber aus dir heraus leuchtet ein ganz besonderes Licht.«

Zwei Wochen später wurde dieser Mann Samuels Bruder in Christus.

Und er sollte nicht der Einzige bleiben. Weitere Gläubige tauchten aus der Dunkelheit des Gefängnisses auf »wie Brandscheite, die aus dem Feuer gerettet sind«.

Samuel wusste, dass Gott in seiner Souveränität das Recht hatte, Gefangenschaft zuzulassen, damit die Evangeliumsbotschaft denen mitgeteilt werden kann, die danach hungern, denen aber sonst niemand den Hunger würde stillen können. Wie unschätzbar groß ist der Wert einer Seele!

Die allabendlichen politischen Schulungen und die ihr vorausgehenden Strapazen der Arbeit forderten ihren Tribut. Nicht dass er irgendwie Zweifel bekommen hätte. Die nächtlichen Tiraden bestärkten ihn nur noch in seiner Überzeugung. Aber seine Seele wurde müde durch die ständigen Angriffe falscher Lehren und die an ihn gestellte Erwartung (oder vielmehr Forderung), er sollte diesen bösen Glauben annehmen.

»China ist zweierlei Opium zur Beute gefallen«, erzählte einer der Lehrer gern. »Einmal dem unfassbaren Dreck, der auf den britischen Schiffen transportiert wurde, und zum anderen den Missionaren, die mit dieser schmutzigen Ladung unterwegs waren. Wie weise war doch der große Lenin, als er sagte: ›Die Religion ist das Opium des Volkes‹!«

Eines Abends hatte es der Lehrer auf den Buddhismus abgesehen. »Habt ihr die Schriften des Herrn Buddha gelesen und wie verwirrt sogar er war, als er die Schriften des Gesegneten (Konfuzius) las? ›Die Welt ist endlich; die Welt ist unendlich. Seele und Körper sind identisch.‹ Und gleich darauf kann man lesen: ›Die Seele ist eine Sache, der Körper eine andere. Der Heilige besteht weiter nach dem Tod; der Heilige besteht nicht weiter nach dem Tod.‹«

An einem anderen Abend legte er so los: »Ihr dummen Moslems. Ihr hasst die Christen. Ihr bekämpft die Israelis. Lest ihr denn auch den Koran? Der Prophet stellt doch Christen, Juden und Moslems auf eine Stufe. Die heiligen Bücher jeder dieser Gruppen zeigen den Weg zum Himmel; so sagen es Mohammed und der Koran.«

Dann kam der Abend, an dem der Lehrer einen von Leidenschaft getragenen Vortrag über das neue Denken Chinas als die Krönung der technischen und sozialen Entwicklung hielt. Im Anschluss sagte er: »Das Christentum darf nicht länger den Schicksalslauf unseres geliebten Vaterlands aufhalten. Eure Regierung hat viel Geduld. Bedauerlicherweise müssen einige hartnäckige Eiferer bestraft werden, die ihre Blindheit nicht ablegen können oder wollen. Aber eure Regierung weiß auch, dass die Todesglocke für das Christentum schon geläutet hat. Das Christentum ist nicht am Aussterben in China. Das Christentum ist schon tot und die Leiche ist bereits steif.«

Er hielt inne, offensichtlich überwältigt von seiner eigenen Beredsamkeit . »Gefangener Lamb«, begann er wieder in seiner rücksichtslosen Art. »Erfreust du dich denn weiter guter Fortschritte in deiner Verwerfung des christlichen Glaubens, wie du es uns vor einigen Monaten so gekonnt mitgeteilt hast?«

Samuel sank der Mut. Er hatte gehofft, der Lehrer hätte den Vorfall vergessen. Er zögerte einen quälend langen Augenblick.

»Wenn du nicht sofort antwortest, beanspruchst du Zeit, auf die du kein Recht hast!«, schnauzte ihn der Wärter an.

»Christentum, das ist ein weiter Begriff«, sagte Samuel vorsichtig. »Ein wahrer Christ macht die Erfahrung eines Lebens in Christus. Es ist nicht nur die Mitgliedschaft in einer Religion. Nur in dieser Hinsicht kann man dann sagen, dass er zu dem zählt, was man gemeinhin Christentum nennt.«

Der Lehrer starrte ihn einen Augenblick lang an, dann löste er die Versammlung auf.

»Willst du eine Kugel durch den Kopf haben?«, fragte ihn einer der Insassen, als sie sich zum Schlafen fertig machten.

»Und als Zugabe noch ein paar Kugeln durch unsere Köpfe«, fuhr ein anderer dazwischen.

Samuel lächelte nur, sagte aber nichts weiter. In Wirklichkeit wurde sein Einfluss unter den Gefangenen durch diesen Vorfall nur größer.

Nach einem Jahr war schon vielen bekannt, dass er gläubig war. Er bekam mehr Gelegenheiten zum Bezeugen seines Glaubens – immer jedoch unter den größten Sicherheitsvorkehrungen und immer mit viel Bedacht. Er wusste, dass er es nicht wagen durfte, selbst die Initiative zu ergreifen. Vielmehr musste er darauf warten, dass jemand von sich aus auf ihn zukam. Genauso gut konnte jemand auf ihn zukommen und geistliches Interesse nur vortäuschen. Er wusste, dass man ihn auf diese Weise aushorchen konnte.

Selbst in seinen besten Zeiten hatte Samuel nur wenige evangelistische Gelegenheiten. Er konnte diejenigen an den Fingern abzählen, die ihren Glauben bekannten. Und von denen, die es taten, wandten sich viele wieder ab.

»Du bittest ja regelrecht um eine Kugel«, warnte ihn einer der Mithäftlinge.

»Lieber will ich leben und in die Hölle kommen«, warf ein anderer ein, »als sterben und in den Himmel kommen!«

Samuel verspürte nicht nur die Verantwortung dafür, treu seinen Glauben weiterzugeben, sondern er wusste auch etwas von der Wichtigkeit des Jüngermachens. So konnte er bei der Essensausgabe nahe genug bei einem frisch Bekehrten stehen, um ihm zuzuflüstern: »Denke in den nächsten Tagen über diesen Bibelvers nach: ›Ich vermag alles durch Christus.‹ Nur diese paar Worte. Wiederhole sie dir immer wieder. Wenn es Probleme gibt, erinnere ganz still den Herrn an sein Versprechen, und du wirst bestimmt sehen, wie er dir hilft.«

Wenn die Männer sich für die abendliche Schulung zusammenfanden, konnte es geschehen, dass Samuel den von Schmerz geplagten Blick eines Mitgefangenen bemerkte und ihm dann sagte: »Naht euch Gott, und er wird sich euch nahen.«[33] Oder er sah einen jungen Gläubigen, der gerade einen Brief schrieb. Dann diktierte er ihm einfach einen Vers, über den er in den nächsten Tagen nachdenken konnte, wie z.B. die Worte des Paulus an die Philipper: »Seid um nichts besorgt, sondern in allem lasst durch Gebet und Flehen mit Danksagung eure Anliegen vor Gott kundwerden; und der Friede Gottes, der allen Verstand übersteigt, wird eure Herzen und euren Sinn bewahren in Christus Jesus.«[34]

›Könnte ich doch nur eine Bibelstunde abhalten für diese jungen Gläubigen!‹, dachte er. Wie wunderbar wäre es, wenn er sie alle mit Papier und Stift ausstatten und ihnen das Wort Gottes aufsagen könnte. Er würde ihnen helfen, es besser zu verstehen, und ihre Fragen beantworten.

Aber die Wochen und Monate gingen nur langsam vorbei, und es gelang ihm immer weniger gut, sich an Bibelverse zu erinnern. Er hatte Gedächtnislücken, und nur mit Mühe fielen ihm die passenden Verse zu bestimmten Gedanken ein.

Nachts blieb er oft absichtlich wach, um still Kapitel und manchmal ganze Briefe der Bibel vor sich herzusagen. Mit Ausnahme der Psalmen hatte er nur Bücher und Teile des Neuen Testaments aus-

33 Jakobus 4,8
34 Philipper 4,6.7

wendig gelernt. Es kam vor, dass er das Alte Testament ganz aus dem Blick verlor. Ob er überhaupt noch die Reihenfolge der Bücher wusste? Eines Nachts war er so verzweifelt darüber, dass er, wie ein Sonntagsschuljunge, die Liste der Bibelbücher aufsagte: »Mose, Josua, Richter, Ruth.« Hier hielt er inne. Er musste an Sui Ling denken. Seit Monaten hatte er nichts von ihr gehört. Nicht einmal einen Brief hatte er bekommen. »Die ganze Post geht über den Schreibtisch des Lagerführers«, hatte ein Gefangener gesagt. »Wer weiß, was dann mit den Briefen geschieht?«

Samuel sagte weiter seine Liste auf und kam zu den kleinen Propheten. »Hosea, Joel, Amos, Obadja …«

Obadja? Samuel Lamb konnte sich noch nicht einmal mehr an den Inhalt des Buches erinnern.

Als würde er sich selbst belehren, sagte er leise: »Hosea schreibt über den Abfall vom Glauben in Israel. Und Joel …, ja, Herr. In Joel hast du gesagt: ›Ich werde meinen Geist ausgießen über alles Fleisch.‹[35] Gilt das auch für China? Auch in gefährlichen Zeiten wie unsere heute?«

Weiter ging es in seiner Wiederholung: »Amos – die Wiederherstellung Israels und die Herrlichkeit von Davids Königreich.« Über Amos hatte er oft gepredigt. Aber Obadja?

»Oh Gott!«, betete er laut. »Wenn ich doch nur eine Bibel hätte!«

»Ruhe da hinten!«, rief der für diese Etage zuständige Wärter aus dem hinteren Teil des Schlafsaales.

Lautlos versuchte Samuel weiter, sein Gedächtnis zu durchsuchen. Obadja?

Quälende Schuldgedanken machten ihm zu schaffen. Wie konnte er es zulassen, dass irgendein Teil des Wortes Gottes so in Vergessenheit geriet?

Aber dann hatte er die Freude, dass ihm ein Text einfiel, den er sich einmal aus diesem Buch ausgesucht hatte. Wie lautete er noch? »Wie du getan hast …«

Ja, jetzt fiel ihm der ganze Vers wieder ein: »Der Tag des Herrn

---

35 Joel 3,1

ist nahe über alle Nationen: Wie du getan hast, wird dir getan werden; dein Tun wird auf dein Haupt zurückkehren.«[36]

Obadja!

Das lebendige Wort des lebendigen Gottes – es versprach Segen für seinen Zeugen. Samuel Lamb – ein Nichts an diesem Ort, aber in Gottes Augen ein auserwähltes und wertvolles Gefäß in seinem Dienst.

Hallelujah!

---

36 Obadja 15

Eine der kleinen Segnungen, wodurch das Arbeitslager Shao Guan erträglicher wurde, war seine ländliche Lage. Wenn im Frühling Knospen, Blüten, Blätter und Stängel etwas von dem Werk des Schöpfers widerspiegelten, war Samuel von Ehrfrucht ergriffen über diesen Anblick.

Wie hatte Salomo gesagt? »Siehe, der Winter ist vorbei … die Blumen erscheinen im Land … die Stimme der Turteltaube lässt sich hören in unserem Land.«[37] Er konnte sich nur an einzelne Worte erinnern. Vielleicht wäre ihm noch mehr eingefallen, wenn er es versucht hätte. Aber es waren Verse aus dem Lied der Lieder, und sie ließen ihn an Sui Ling denken. Wie er ihre Stärke und ihre Zartheit vermisste, ihre Individualität und wie sie mit ihm übereinstimmte, besonders aber – ihre Entschiedenheit! Dies war eine Ablenkung, die der Gute Hirte sicher stillschweigend dulden würde.

Aber auch die Frühlingsfreuden und die Erinnerung an seine Frau konnten die immerwährende Qual der Feldarbeit nicht mindern. Samuels Not wurde dadurch noch größer, dass man ihn wieder für ein Tabakfeld eingeteilt hatte. Weil er aus biblischen Gründen eine ablehnende Haltung gegen Tabak einnahm und auch ein Verfechter gesunder Lebensweise war, bäumte er sich innerlich

---

37 Hohelied 2,11.12

beim Gedanken an diese Arbeit auf. Er betete: »Herr, ich habe mir das nicht ausgesucht. Du weißt, wie ich den Tabak verabscheue. Ich kann einfach nur darauf vertrauen, dass du diese Abwechslung in meiner Arbeit zugelassen hast. Zu deiner Ehre will ich sie dann auch tun.«

Das Tabakfeld war schon mit dem Ochsenpflug bearbeitet worden. Es war nun Samuels Aufgabe, mithilfe einer primitiven Hacke Furchen in die lockere Erde zu ziehen. Es war eine anstrengende Arbeit. Wenn die frisch gepflügte Erde auch leicht zu bearbeiten war, so war doch die Hacke schwer und jede Furche lang, sodass sich bald wieder Schmerzen und Müdigkeit in seinen dürren Armen einstellten.

Als der Aufseher im Lauf des Vormittags in seiner gebieterischen Art Samuels Arbeit inspizierte, schnauzte er ihn an: »Deine Furche ist nicht gerade!« Die anderen hielten inne und beobachteten die Szene. Vor ihren Ohren fragte ihn der Wärter: »Hast du früher schon einmal in der Landwirtschaft gearbeitet?«

»Nein.«

»Dieser stinkreiche Kerl!«, murmelte er. »Vermutlich hast du dich noch nicht einmal um deine eigenen Kleider kümmern müssen, bevor du hierher kamst.« Er sah sich Samuels krumme Furche an. »Eine gerade Furche bekommt man mit einer Markierung!«

»Soll ich eine Linie auf der Erde ziehen?«

»Nein, du Idiot!« Die in der Nähe stehenden Beobachter lachten. »Du sollst eine Schnur spannen!«

»Ich habe aber keine Schnur.«

»Dann hol dir eine im Magazin. Bevor du gehst, beendest du aber diese Furche noch. Wenn sie gleichmäßig eben ist, lässt es sich besser abmessen.«

»Die ganze Furche?«, fragte Samuel. Das Lachen der anderen hallte in seinen Ohren wider.

Der Wärter stolzierte weiter, und Samuel machte sich an seine Arbeit. Die Haut an seinen Händen war wieder weich geworden, seitdem er nicht mehr mit Felsen und Büschen wie auf dem Teefeld beschäftigt war. Bevor er auch nur die Hälfte der ersten Tabakreihe geschafft hatte, bekam er Blasen an seinen Händen. Von einem in der Nähe stehenden Baum streifte er einige große Blätter ab und benutzte sie als Polsterung seiner Hände für die Hacke.

Als die Blätter rissen und sich auflösten, wollte er sich frische holen. Der Wärter aber rief ihm zu, das sei nicht erlaubt. »Pass ja auf!«, fügte er hinzu. »Das ist Regierungseigentum. Es ist gegen die Vorschrift, Blätter von den Bäumen zu streifen.«

»Regierungseigentum?«, murmelte ein Mann neben ihm. »Das ist Privateigentum, das man den rechtmäßigen Besitzern abgenommen hat.«

»Es sieht so aus«, meinte ein anderer, »dass für dich das Gefängnisleben doch eine gewisse Abwechslung darstellt im Vergleich zu dem Komfort und den vielen Annehmlichkeiten, die du vorher gewöhnt warst.« Wieder wurde gelacht.

Schließlich konnte Samuel die ganze Fläche noch einmal einebnen. Dann ging er, um eine Schnur zu holen. Der Häftling am Ausgabeschalter sagte gedehnt: »Schnur? Dafür brauche ich eine Bedarfsanforderung, Kamerad.«

»Ich brauche die Schnur zum Vermessen des Ackers.«

»Ich habe nicht gefragt, wozu du die Schnur brauchst. Ich habe nur gesagt, dass ich deine Bedarfsanforderung brauche.« Er verschränkte seine Arme. »Wenn ich hier eine Schnur zum Drachensteigen ausgebe, werden wir beide bestraft. Ich verliere meinen lockeren Job, und du gehst in Einzelhaft, oder es kommt noch schlimmer. Du willst ja wohl nicht, dass dir das passiert, oder? Weder dir noch mir, mein lieber Freund!«

Diese Überheblichkeit ärgerte Samuel; aber er ließ sich nicht aus der Fassung bringen.

Der Mann sah sich um und sagte mit einem Grinsen: »Hast du gehört, warum der Lagerleiter keine Prostituierten in Shao Guan zulässt? Weil …«

»Woher bekomme ich diese Bedarfsanforderung?«, unterbrach Samuel ihn.

Der Mithäftling, dessen komische Einlage Samuel so kühl abgeblockt hatte, starrte ihn einen Augenblick lang an. Dann sagte er: »Bedarfsanforderungen bekommt man von seinem Wächter, du Trottel!«

»Mein Wächter hat mich ja hierher geschickt.« Das hatte der andere Häftling natürlich nicht erwartet.

»Dann gehe ich wieder zu ihm zurück«, sagte Samuel und drehte sich um.

»Warte!«, rief der Mitgefangene mit jetzt viel freundlicherer Stimme. »Wo arbeitest du denn? Auf dem Feld?«

»Auf dem Tabakfeld«, sagte Samuel.

Der Mitgefangene zog die Luft durch die Zähne ein. »Sogar der Teufel läuft weg, wenn er deinen Vorgesetzten sieht.« Er sah sich vorsichtig um. »Ich bin seit fünf Jahren in Shao Guan, aber der ist der Schlimmste von allen, die mich hier schon angeschrien haben. Eines Tages kam er hier hereingestürmt …«

»Darf ich jetzt die Schnur haben?«, unterbrach ihn Samuel.

»Natürlich! Ja, klar! Wenn dein Wärter dich im Visier hat, dann darfst du natürlich nicht herumtrödeln. Vom Lagerleiter habe ich gehört, dass dein Wärter ein Papiermensch ist mit dem Maul eines Tigers und dem Herzen einer Maus. Aber der Lagerleiter kann ja über uns sagen, was er will. Wenn der sagt: ›Du stirbst im Morgengrauen!‹, dann stirbst du im Morgengrauen, nicht wahr? Es gibt Leute, denen hat er das gesagt. Das kannst du mir glauben! Möge es nie einer von uns beiden sein! Nie einer von uns beiden!«

»Meine Schnur, bitte!«

»Was mich angeht, so habe ich schon fünf Jahre lang die Wärter kommen und gehen sehen, und von ihnen allen halte zu deinem ich den größten Abstand. Wie ich vorhin schon sagen wollte, kam er eines Morgens einmal hierher …«

»Bitte, mein Freund, gib mir jetzt die Schnur. Oder muss ich doch die Bedarfsanforderung besorgen?«

»Nicht nötig, nicht nötig! Hinter einem ehrlichen Gesicht ist auch ein ehrliches Herz, wie vor langer Zeit einmal jemand gesagt hat, der noch weiser war als ich.«

Endlich begab sich der Magazinarbeiter zu seinen Regalen und kam mit einem Schnurknäuel zurück. »Unterschreibe mir bitte diese Quittung.«

Als Samuel bei der Tür war, schickte der Mann noch hinterher:

»Willst du nicht noch schnell wissen, warum der Lagerleiter nicht erlaubt, dass …?«

Samuel beeilte sich hinauszukommen und hörte den Rest der Geschichte nicht mehr. Als er zurück auf dem Feld war, schüttete der Wärter gerade all seine beißende Kritik über die Unfähigkeit eines anderen Häftlings aus. Samuel machte sich still wieder an seine Arbeit. Nachdem er die Pflanzfurche neu gezogen hatte, diesmal so gerade wie der Flug eines Zugvogels, kam der Wärter und begutachtete seine Arbeit. Er war offensichtlich davon angetan, denn er schickte ihn jetzt weg, um Dünger zu besorgen.

»Dünger?«, fragte Samuel.

»Na, Honigeimer. Da oben bei der Latrine.«

Als Junge hatte Samuel in Macau und auch während der Jahre in Hongkong und Wuzhou »Honigeimer« gesehen, Behältnisse mit menschlichen Exkrementen, die an Jochen von den Schultern der Arbeiter hingen. Es wäre ihm aber nie in den Sinn gekommen, dass auch er eines Tages einmal so etwas Widerwärtiges würde tragen müssen. Während der ersten Frühlingswochen durften Häftlinge, die rebellisch geworden waren, ihrer Haft noch eine besondere Note hinzufügen, indem sie Latrinen leeren und von Ungeziefer strotzende Behälter mit den Exkrementen vom Winter füllen mussten. Diese Behälter, die Honigeimer, standen in großer Zahl am Rand der zisternenähnlichen Öffnungen, die zu den unterirdischen Gruben führten. Von einem Stapel nahm Samuel ein Joch und beugte sich nieder, um einen Eimer an einem Ende zu befestigen. Der Gestank, der in seine Nase aufstieg, ließ ihn würgen. Er musste einen Schritt zurücktreten. »Herr«, murmelte er, »nur durch deine Gnade kann ich das hier aushalten.«

Er hielt den Atem an, befestigte an jedem Ende des Jochs einen Eimer und beugte sich vor, um das Geschirr zu schultern. Als er sich aufrichten wollte, verließen ihn seine Kräfte, und das Gewicht der Eimer zog ihn nach unten. Er atmete tief und kräftig ein und nahm das volle Aroma dieses Gestanks in sich auf. Es war, als würde er betäubt. Er stieß das Joch von sich und wäre fast über die Eimer gefallen.

»Pass doch auf!«, rief eine Stimme. »Das ist das Gold des Gefängnisses. Wenn du auch nur einen Tropfen davon verschüttest, lassen sie dich den Rest davon aufessen.«

Samuel sah nicht auf, um herauszufinden, wer der Mithäftling oder Wärter war. Er legte sich das Joch ein zweites Mal auf die Schulter, richtete sich auf und schaffte einige schwankende Schritte in Richtung Tabakfeld. Aber er musste die Last wieder abstellen. So sehr schmerzten ihn seine Schultern. »Ich kann es nicht, Herr! Ich kann es nicht.« Dann fiel ihm eine Verheißung aus den Psalmen ein: »Die Augen des Herrn sind auf die Gerechten gerichtet und seine Ohren auf ihr Schreien.«[38] Er hängte sich an diese Verheißung und betete mit laute Stimme: »Höre mein Schreien, Herr! Hilf mir!«

Wieder legte er das Joch auf seine Schulter, und wieder sah er das Feld in der Ferne liegen. Wieder stellte er die Last ab. Unmöglich konnte er so eine schwere Last so weit tragen. Ihm blieb keine andere Wahl – er musste das Joch und den anderen Eimer zurücklassen und sich mit dem einen auf den Weg machen. Allein dafür musste er alle seine Kräfte zusammennehmen.

Er trug die schwere Last abwechselnd mit der rechten und der linken Hand und kämpfte sich auf diese Weise vorwärts. Aber auch so hatte er den Eindruck, als würde der Eimer ihm fast die Arme ausreißen. Sein Herz schlug heftig. Er rang nach Luft, und bei jedem Atemzug spürte er den beißenden Gestank in seinen gequälten Lungen. »Oh, Herr!«, rief er immer wieder aus. Einmal stolperte er und wäre fast hingefallen. Die dicke Suppe hätte sich über ihn und den Weg ergossen.

»Du da!«, rief der Wärter, als Samuel den Eimer gerade am Feldrand abgestellt hatte, um zu verschnaufen. »Bei uns werden zwei Eimer getragen, nicht nur einer!«

Wie konnte ein Mann, der keine 1,70 m groß und höchstens 50 kg schwer war, so etwas leisten? »Es tut mir leid«, rief Samuel. Er hörte Gelächter.

Zurück bei seiner Tabakfurche ruhte er sich so lange aus, wie er

38 Psalm 34,16

es wagen konnte. Dann ging er an seine Aufgabe. Mit einer Hand machte er Löcher in die Erde. Mit der anderen Hand tauchte er in den Eimer und brachte einen Schwall Unrat nach dem anderen heraus, die er in die einzelnen Löcher laufen ließ. Für einen Mann mit einem so zarten Gemüt und für Hände, die Beethoven und Mozart gewohnt waren, musste das der absolute Horror sein.

»Oh Gott!«, stöhnte er laut auf. Der Anblick und der Gestank drehte ihm den Magen um, sodass er sich erbrach.

Der Wärter stand dabei und schaute lachend zu. »Gut gemacht. Saubere Arbeit. Deine Kotze kannst du auch noch in die Saatlöcher laufen lassen. Ich werde dich für eine Auszeichnung vorschlagen, weil du deine eigenen Ressourcen mit einbringst!«

Wieder hörte Samuel Gelächter. Zum Teil lachten die anderen über Samuels Elend, hauptsächlich aber, um dem Wärter ihren Respekt zu zollen.

Samuel verspürte den ersten Anflug von Selbstmitleid, aber dann hörte er die Worte eines ehemaligen Mithäftlings aus einem anderen Gefängnis: »Ich achte alles für Verlust wegen der Vortrefflichkeit der Erkenntnis Christi Jesu, meines Herrn … und es für Dreck achte … Ich habe gelernt, worin ich bin, mich zu begnügen. Ich weiß sowohl erniedrigt zu sein, als ich weiß Überfluss zu haben … Alles vermag ich in dem, der mich kräftigt.«[39]

Wie eine kühle Brise und wie ein reinigender Regenguss kamen diese ihn ermutigenden und Kraft gebenden Worte Gottes zu ihm. Samuel wandte sich wieder seiner Arbeit zu, und wieder war sein Herz im Frieden. Als er so weit war, dass er noch mehr Dünger holen musste, versuchte er wieder, zwei Eimer statt des einen zu schleppen. Aber es erging ihm genauso wie vorher.

»Hilf mir, Herr!«, betete er. Er mühte sich den Pfad hinunter mit dem einen Eimer.

»Du da!« Der Wärter war wütend. »Bildest du dir ein, du würdest hier bevorzugt behandelt? Du willst wohl die Regeln neu schreiben, oder?«

Samuel stellte sich in voller Größe vor dem Mann auf und sah

---

39 Philipper 3,8 und Philipper 4,11-13

ihm in die Augen. Er war sich der »Gegenwart« bewusst. »Ich will nicht bevorzugt behandelt werden«, sagte er leise. »Ich habe nicht die Kraft dazu, so viel zu tun wie die anderen. Aber im Rahmen dessen, was ich kann, werde ich mich nicht vor der Arbeit drücken.«

Der Wärter öffnete rau Samuels Hemd. »Nur Haut und Knochen! Mehr hast du wohl nicht auf den Rippen, Bürschchen!«

Samuel gab den Schmerz, den das raue Gelächter auslöste, weiter nach oben an den, der gesagt hat: »Wirf auf den Herrn, was dir auferlegt ist, und er wird dich erhalten.«[40]

Der Wärter zuckte mit den Schultern und ließ ihn stehen. Samuel nahm mit einer neuen Bitte um Kraft seine Arbeit wieder auf.

»Du hättest ihm nicht widersprechen sollen«, sagte ein Häftling, der in der Nähe stand. »Das kann alles nur noch schlimmer machen. Für uns alle.«

Ein anderer sagte: »Die wissen schon, wie man mit Leuten wie dir umgeht.« Samuel wurde unruhig, als er daran dachte, dass er vielleicht unklug gehandelt hatte.

Später an diesem Abend, während sich die Gefangenen in Reih und Glied aufstellten, um zur politischen Schulung zu marschieren, huschte ein Mithäftling in den Schatten neben Samuel. Wie ein Bauchredner sprach er deutlich und ohne die Lippen zu bewegen. »Ich habe dich heute auf dem Feld gesehen«, sagte er. »Und ich habe dich auch schon früher beobachtet und mit anderen über dich gesprochen. Ich habe gehört, du würdest an Gott glauben. Ich möchte mit dir reden.«

»Vorwärts, marsch!«, schrie ein Wärter.

Als Samuel mit den anderen den Unterrichtsraum betrat, stieg ein stilles Dankgebet aus seinem Herzen nach oben. Das war der schwierigste Tag in seinem Leben gewesen. In diesen Augenblicken der Müdigkeit und Dunkelheit konnte er sich nicht vorstellen, wie er noch einen solchen Tag überstehen sollte. Aber solange er noch Herzen bewegen konnte, die den Heiland brauchten, war er überzeugt, dass er an dem Ort war, wo der Herr ihn benutzen

40 Psalm 55,23

wollte. Und er wusste, dass der Herr selbst ihm auch die Kraft dazu geben würde.

Die »Gegenwart« flüsterte ihm zu: »Denn von dem Herrn werden die Schritte des Mannes befestigt, und an seinem Weg hat er Gefallen.«[41]

Und so sollte es immer sein!

41 Psalm 37,23

Durch die tägliche Arbeit auf dem Tabakfeld war Samuel so müde geworden, dass er wie betäubt war. Ob ein Mensch an Erschöpfung sterben konnte? Führte seine Unfähigkeit, mit den anderen bei der Arbeit Schritt zu halten, dazu, dass er ihnen seinen Glauben nicht bezeugen konnte? Konnte seine geringe Leistungsfähigkeit seinen Status als Häftling gefährden – oder sogar sein Leben?

»Herr«, betete er an einem Morgen in der Woche, als er diese qualvolle Arbeit auf dem Tabakfeld zu erledigen hatte. »Ich erbitte keine leichte Last. Ich erbitte nur eine Last, für die ich auch genug Kraft zum Tragen habe.« Eine weitere Verheißung aus den Psalmen kam ihm in den Sinn: »Gott ist uns Zuflucht und Stärke, eine Hilfe, reichlich gefunden in Drangsalen.«[42]

Glaubte er das wirklich? Konnte er Gott auch mitten in den Problemen loben – egal, wie seine Umstände auch sein mochten? Auch wenn sich am Horizont nur Dunkelheit zeigte? »Lobt den Herrn!«, rief er dem Wind laut entgegen, der von dem Tabakfeld herüberwehte. Er war allein, und keiner hatte ihn gehört.

Hatte nicht Hiob gesagt: »Siehe, tötet er mich – ich werde auf ihn warten«?[43]

Ja, und abermals ja! Sein Name soll immer gelobt sein!

---

42 Psalm 46,2
43 Hiob 13,15

An demselben Tag wurde Samuel von seinem Wärter eine leichtere Aufgabe auf dem Feld zugeteilt. »Du wirst die Pflanzer mit Setzlingen versorgen«, sagte er. »Das dürfte für dein bisschen Kraft nicht zu viel sein.«

Ein paar Männer hatten zugehört und lachten. Aber aus Samuels Herz kam ein stilles Lob.

Es war eine Arbeit, bei der man flink sein musste und die ebenfalls schwer war, wie alle anderen Aufgaben auf dem Feld. Aber Samuels Kräfte reichten dafür aus. Andere vor ihm hatten sich die Schimpftiraden der Wärter anhören müssen, weil sie nicht schnell genug waren. Nicht so Samuel. Er hastete durch die langen Stunden des Arbeitstags und ließ nie eine einzige Reihe von Arbeitern unversorgt.

Wenn er dann abends ins Lager zurückkehrte, überfiel ihn die Müdigkeit – sein Gesicht war teilnahmslos und totenblass. Wie betäubt saß er manchmal in den Schulungen, die er jeden Abend nach dem Essen über sich ergehen lassen musste.

In den langen Nächten auf seinem Lager betete er wiederholt: »O, mein Vater, du versprichst Kraft für jeden Tag. Die Kraft deiner Kinder wird in Schwachheit vollbracht. Ich flehe dich an: Befreie mich!«

Und die »Gegenwart« flüsterte zurück: »Sei um nichts besorgt …«[44]

Und so wuchs sogar in der Trostlosigkeit dieser Situation Samuel Lambs Glaube.

Eines Morgens, als die Arbeitsgruppen aufgerufen wurden, war Samuels Name nicht auf dem Dienstplan für das Tabakfeld. Hatte man ihn übersehen? Dann aber rief der Mann, der die täglichen Zählungen durchführte, aus: »So, und jetzt die Schwächlinge!« Dieser Ankündigung folgte Gelächter, war Samuel doch wieder einmal Zielscheibe des Spotts geworden, weil er jetzt mit auf der Liste derer stand, die nur über beschränkte Fähigkeiten verfügten.

Ein paar Tage kümmerte er sich um die Schweineherde und musste dabei einen Gestank ertragen, der beinahe ebenso wider-

44 Philipper 4,6

lich war wie der der Honigeimer. Die Arbeit selbst aber war nicht so anstrengend. Wenn er noch einmal die Gelegenheit bekommen sollte, über die Torheiten des Verlorenen Sohnes zu predigen, dann …

Eines Morgens wurde er bei der Arbeitseinteilung aufgefordert, sich bei der Lagerleitung zu melden. Voller Sorgen machte er sich auf den Weg. Warum sie ihn wohl vorladen wollten? Sollte er bestraft werden? Die beruhigende Stimme der »Gegenwart« erinnerte ihn: »Wir wissen aber, dass denen, die Gott lieben, alle Dinge zum Guten mitwirken.«[45]

In chinesischen Arbeitslagern gab es keine »Straße der Besten«. Die Häftlinge wurden nicht öffentlich positiv erwähnt; ihnen wurde weder auf die Schulter geklopft noch wurden sie belobigt. Zu seiner Freude erfuhr Samuel jedoch, dass man ihn als einen Gefangenen ausgesucht hatte, der sich gut geführt und zufriedenstellende Leistungen erbracht hatte. Selbst bei seinem traumatischen Erlebnis auf dem Tabakfeld war es seinem Vorgesetzten offensichtlich nicht entgangen, dass er sein Äußerstes gegeben hatte. Er hatte nicht aufbegehrt und aufrichtig versucht, den Anforderungen gerecht zu werden.

Weil Samuel nun eine gewisse Gunst erlangt hatte, wurden ihm Schreibarbeiten übertragen und sogar die Aufsicht über andere zur Büroarbeit eingeteilte Häftlinge.

»Herr«, betete er, »wenn ich jemals geklagt habe, dann vergib mir bitte. Du bist mein Hirte in den großen und in den kleinen Dingen meines Lebens.«

Von Zeitungsberichten erwartet man üblicherweise, dass sie besonders das Negative hervorheben. Jemand hat einmal gesagt, dass sich alles, was man jemals über China gehört hat, wahrscheinlich auch zu irgendeiner Zeit irgendwo im Land tatsächlich schon einmal zugetragen hat. Aber wie oben bereits gesagt, ist China ein Land langer Traditionen, und zu diesen Traditionen gehören auch oft komplizierte Rechtsfragen. Die nächtlichen Politschulungen im Arbeitslager von Shao Guan und in unzähligen anderen Arbeits-

45 Römer 8,28

lagern wurden mit dem ausdrücklichen Ziel durchgeführt, Männer heranzubilden, die der sozialistischen Lehre und ihren Programmen folgsam sein oder sie sogar selbst öffentlich unterstützen würden.

Samuel entwickelte zum Beispiel mit bemerkenswertem Erfolg die Fähigkeit, auf die Nachfrage eines Lehrers seine Antworten mit den Floskeln einzuleiten: »dem Buch nach« oder »wie Sie schon sagten«, wodurch er weder seinen fehlenden Glauben daran noch sein Einverständnis zum Ausdruck bringen musste. Allerdings hatte er auch zwanzig Jahre Zeit, an dieser Technik zu feilen.

Oft war Samuel allein mit den ihm unterstellten Männern, was ihm zahlreiche Gelegenheiten bot, seinen Glauben zu bezeugen und auch gelegentlich mit Freude die Frucht davon zu sehen.

Eines Morgens bestellte der Lagerleiter persönlich Samuel in sein Büro. »Haben Sie Erfahrung als Friseur?«, fragte er ohne Umschweife. Samuel war sprachlos. Der Leiter erklärte ihm, dass der Lagerfriseur seine Strafe abgesessen und dass man noch keinen Ersatz gefunden habe. Voraussetzung dafür seien entsprechende Grundkenntnisse sowie der glaubwürdige Nachweis von Zuverlässigkeit und Vertrauenswürdigkeit. Samuel Lamb verließ das Büro des Lagerleiters mit einem neuem Auftrag: Er war jetzt der neue Lagerfriseur.

Ihm kamen die Worte aus 1. Korinther in den Sinn: »Es sind Verschiedenheiten von Diensten … und es sind Verschiedenheiten von Wirkungen.«[46]

Seine neue Position kam ihm fast wie eine Strafumwandlung vor. Samuel staunte darüber, wie deutlich ihn der Herr geführt hatte – von seinen Kommilitonen damals in Hongkong und dem Straßenladen in seinem Dorf bis zu den Haarschnitten, die er jetzt seinen Mitgefangenen in Shao Guan verpasste.

Sein neuer Vorgesetzter hatte ihn noch keine ganze Stunde lang überwacht, als ihm klar wurde, dass Samuel wirklich Friseur war. Er musste sich nur jeweils zu Beginn eines neuen Tages zur Arbeit melden, hatte große Freiheit, konnte sich nach Belieben bewe-

---

46 1. Korinther 12,5.6

gen, seinen eigenen Arbeitsplan machen und auch das Tempo festlegen, mit dem er arbeitete. Vor allem jedoch traf er jetzt mit Gefangenen zusammen, die er früher nur gelegentlich gesehen hatte, mit denen er aber nun nähere Bekanntschaft knüpfen und über seinen Glauben reden konnte. Die Lagerfunktionäre vertrauten ihm immer mehr und erlaubten ihm sogar den gelegentlichen Aufenthalt in Bereichen, die anderen Gefangenen verboten waren und wo die Bewachung nicht so streng war.

Samuel nahm seine Arbeitsgeräte mit in die Schlafsäle, auf die Gänge und ins Lazarett. An warmen Tagen ging er sogar nach draußen und suchte sich ein ruhiges Eckchen, wo er sich ungestört mit seinen Kunden unterhalten konnte. Gott hatte ihm wirklich seine Gemeinde gegeben.

Beim Haareschneiden fragte er die Männer nach ihren Familien und nach ihrer Vergangenheit. Er sprach nie über die Gründe, die dazu geführt hatten, dass er selbst oder seine Kunden ins Gefängnis gekommen waren, und er wechselte sofort das Thema, wenn Beschwerden laut wurden oder wenn sich das Gespräch um Politik drehte. Fühlte er, dass ein Mann aufsässig oder entmutigt war, versuchte er, mit ein paar fröhlichen Scherzen etwas Sonne in sein Leben zu bringen. Wen er auch vor sich hatte und was auch ihr Gesprächsthema war – der Seelengewinner Samuel Lamb war immer wachsam und achtete auf eine offene Tür, um seinen Glauben bezeugen zu können.

»Herr«, betete er, »der Apostel Paulus sagt, dass er gepflanzt hat, dass Apollos begossen hat, dass du selbst aber das Wachstum gegeben hast. Aber hier sieht es so aus, als wäre ich der Einzige, der pflanzt und begießt. Zeige mir, wie ich weise vorgehen soll, damit du Wachstum geben kannst.«

Da seine Kunden nur in großen Abständen zu ihm kamen, dauerte es manchmal eine gewisse Zeit, bis Samuel ein Fenster fand, durch das er das Licht des Evangeliums eindringen lassen konnte. Es gab auch Männer, die ihm selbst das Fenster öffneten. »Was hast du denn verbrochen, dass du hier bist?«, fragten sie manchmal. Samuel versuchte aber immer, die Antwort auf diese Frage zu umgehen. Würde er sagen, dass er keinen Grund für seine Verhaftung wisse, würde es heißen, er sei dem »Haftsyndrom« verfallen, weil er behauptete, man habe ihn zu Unrecht bestraft. Dann sprach er ein stilles Gebet und wartete auf die Führung des Heiligen Geistes. Er wusste, dass immer Spitzel auf der Pirsch und nach Trophäen aus waren, die sie dem Lagerleiter in der Hoffnung auf die eine oder andere Begünstigung zu Füßen legen konnten.

Oft summte Samuel bei der Arbeit ein christliches Lied vor sich hin. Das war sowohl ein Ausdruck der Freude, die er ständig im Herzen hatte, als auch ein Erkennungszeichen für andere Gläubige. Und als Reaktion durfte er dann manchmal hören: »Du musst Christ sein!«

Auf diese Weise gelang es ihm, eine Familie von gläubigen Freunden zu identifizieren. Zwar konnten sie sich nicht versammeln, um Gemeinschaft miteinander zu haben, aber nachdem sie sich zu erkennen gegeben hatten, warfen sie sich Blickgrüße zu, wenn sie sich trafen, und machten sich gegenseitig wortlos Mut, wenn sie wieder einmal den atheistischen Belehrungen in den abendlichen Vorträgen ausgesetzt waren.

Es wollte Samuel den Mut rauben, wenn er sah, dass viele Gläubige so zurückhaltend waren, was das Bezeugen ihres Glaubens anging. Einige waren zu feige, die meisten aber wussten einfach nicht, wie sie es anstellen sollten. Zu einem schüchternen jungen Mann sagte er einmal: »Wenn wir im Willen Gottes leben, hat er immer ein Auge auf uns. Wir sind für die Gelegenheit verantwortlich, die er uns jederzeit geben kann – wo wir auch sind und wer auch zuhören mag. Wir dürfen immer wissen, dass der Herr über uns wacht und dass der Heilige Geist uns gebrauchen will. Denk immer daran, dass wir Gottes Mitarbeiter sind!«

»Aber es bedeutet doch den sicheren Tod, wenn ich jemandem wie dem Lagerleiter einen Bibelvers aufsage«, entgegnete der junge Mann.

»Nur dann, wenn unser Tod das einzige Mittel des Guten Hirten wäre, mit dem er einen solchen Menschen anrühren könnte. Es ist eher so, dass der Heilige Geist für uns den passenden Augenblick finden und uns die genauen Worte eingeben wird, die wir sagen sollen.«

»Gibt es viele hier, mit denen du über deinen Glauben sprichst?«

»Wie der Heilige Geist es führt. Der Heilige Geist ist keine Waffe in unserer Hand; wir sind die Werkzeuge in seiner Hand.«

Durch seine neue Aufgabe wurden Gläubige und Ungläubige auf ihn aufmerksam. Und sie kamen zu ihm – die Schwachen, die Aufsässigen, die Ängstlichen und auch die Treuen. Aber er zog auch die Misstrauischen an. »Ich will ja gern glauben, dass du wirklich ein Christ bist«, sagte ein Häftling, als Samuel anfing, ihm die Haare zu schneiden. »Aber wenn ein Gefangener so glücklich und optimistisch ist, wie du zu sein scheinst, dann muss er irgendwie mit den Wärtern zusammenarbeiten.«

»Zusammenarbeiten oder sich unterordnen?«

»Was meinst du damit?«

»Hast du schon einmal den Römerbrief gelesen?«

»Das ist schon so lange her, dass ich mich an fast nichts mehr erinnern kann.«

»In Römer 13«, fuhr Samuel fort, »schreibt der Apostel: ›Jede Seele sei den obrigkeitlichen Gewalten untertan, denn es gibt keine Obrigkeit außer von Gott, diejenigen aber, die bestehen, sind von Gott eingesetzt.‹«[47]

»Wir sollen also mit denen da oben einer Meinung sein?«

»Nicht unbedingt einer Meinung sein, aber immer gehorchen.«

»Und was ist mit der Lehre – dem Atheismus?«

»Erinnerst du dich an die Geschichte von Daniel im Alten Testament? Er befolgte die Gesetze von Babylon. Aber als man ihm das Beten verbieten wollte, weigerte er sich tapfer zu gehorchen.«

»Kennst du eigentlich die ganze Bibel auswendig?«

»Natürlich nicht. Seit ich hier in diesem Lager bin, habe ich keine Bibel mehr gesehen. Aber ich habe viele Verse in meinem Kopf gespeichert. Wir Christen müssen unser Gedächtnis nach den kleinsten Fragmenten der Schrift durchsuchen und jeden Satz aus Gottes Wort wie einen Schatz aufbewahren. Das hält uns aufrecht und wir können es mit anderen teilen.«

---

47 Römer 13,1

»Ich könnte gerade noch Johannes 3,16 und Psalm 23 aufsagen.«

»Und mit diesen beiden Abschnitten kannst du viele Menschen zu Jesus führen und Jungbekehrten Mut zusprechen«, sagte Samuel.

Als Samuel fertig war mit dem Haarschnitt, verließ ihn der Mann nachdenklich und mit gebeugtem Haupt.

Samuel verbrachte viel Zeit im Gebet für seine Kunden. Wenn jemand zu ihm kam – ganz besonders ein Fremder – und die Haare geschnitten haben wollte, vertraute Samuel die Begegnung der Führung des Heiligen Geistes an. Wenn es so aussah, als böte sich die Gelegenheit für das Bezeugen seines Glaubens, er sich aber unwohl fühlte beim Gedanken daran, dann führte er das zwanglose Gespräch so lange weiter, bis er sich der Führung sicher war.

Manchmal wollte sich diese Führung nicht einstellen; aber im Ganzen gesehen geschah es doch sehr oft.

Samuel machte sich Gedanken über einen Mann, der ihn auf dem Weg zur Politschulung angesprochen hatte. Es war dunkel gewesen und er hatte sein Gesicht nicht gut erkennen können. Der Mann wusste, dass Samuel Christ war, und deutete an, er wolle mit ihm reden.

Dann kam eines Nachmittags ein Kunde und sagte beiläufig: »Es wird Zeit, dass ich mir wieder einmal die Haare schneiden lasse.« Er sprach wie ein Bauchredner – ohne seine Lippen zu bewegen. Samuel hielt seine Freude zurück aus Angst, ein Wärter könne etwas bemerken.

»Ich habe dich auf dem Feld und beim Essen beobachtet«, sagte der Kunde. »Aber die Wärter lassen einen ja nie aus den Augen. Dann habe ich eines Tages beschlossen, dass ich mir eine Ausrede einfallen lassen würde, um in deiner Nähe zu sein. Ich habe so eine Technik entwickelt, mit der ich reden kann, ohne die Lippen zu bewegen. Ein anderer Mann in meinem Schlafsaal tut das auch. Und wir haben oft gute Gemeinschaft miteinander. Und jetzt komme ich, um mir die Haare in diesem abgelegenen Winkel schneiden zu lassen, und finde dich als meinen Friseur vor!«

An diesem Tag ging beim Klappern der Schere wieder ein Gefangener ein in das Reich des Guten Hirten.

Zwischen den einzelnen Briefen von Sui Ling vergingen oft Monate. Sie schrieb immer nur kurz und mit viel Bedacht. Sie war wirklich eine großartige Frau, klug und scharfsinnig zugleich. Bevor Ai Ling nach Macau zog und dort heiratete, gelang es ihr dreimal, Samuel zu besuchen. Guangzhou war viel näher an Shao Guan als Fushan, wo Sui Ling im Haus ihres Vaters wohnte.

Einmal – es war im Jahr 1960 und Samuel hatte gerade nichts zu tun und wartete auf neue Kundschaft – wurde er aufgefordert, einen Besucher in der Haupthalle zu empfangen. Es war seine Schwester Ai Ling! Sie durften dreißig herrliche Minuten miteinander verbringen. Wenn sie auch unter ständiger Beobachtung standen, so konnten sie sich doch über Privates austauschen. Sie saßen sich an einem Tisch gegenüber. Wie sehr wünschte er sich, Sui Ling hätte die Erlaubnis bekommen, aber es war auch einfach gut, dass er seine Schwester sehen durfte.

Ai Ling berichtete von Samuels Kindern, wie sie gewachsen waren und was sie gelernt hatten. Sie erzählte ihm auch, was sie von Sui Ling wusste. Als er nach der Gemeinde in Da Ma Zhan fragte, musste er hören, dass sie aufgelöst worden war. Einen Augenblick lang hörte Samuels Herz auf zu schlagen.

»Mutter glaubt, dass uns diese Zeit vorbereiten soll auf größere Dinge in China«, sagte Ai Ling. »Schon jetzt kommen viele zum Glauben. Einige werden rückfällig, aber viele sind treu und tapfer.«

Dann kam auch schon bald der Wärter an ihren Tisch und machte Samuels Besucherin deutlich, dass sie gehen müsse. Samuel blickte Ai Ling lange nach und kehrte langsam in seine Zelle zurück.

Drückende Einsamkeit überfiel ihn, aber er empfand auch große Freude. Denn dicht neben ihm – und so real wie den Körper seiner Schwester – spürte er die beständige Nähe der »Gegenwart«.

Mit dem Jahr 1963 hatte Samuel Lamb fünf der insgesamt zwanzig Jahre seiner Haft abgesessen. Als Lagerfriseur erfreute er sich immer größer werdender Freiheiten. Sein Wächter überprüfte selten seine Arbeit; er war regelrecht selbstständig. Dafür war er Gott sehr dankbar. Vor allem aber war er damit beschäftigt, eine Gemeinde zu formen – eine Gruppe von Gläubigen, denen er nie eine Predigt hielt, die nie das Abendmahl von ihm ausgeteilt bekamen und denen er nie einen Besuch abstattete. Und doch sahen sie zu ihm als zu ihrem geistlichen Führer auf.

Je länger er in Haft war, desto mehr vermisste er Sui Ling. Besuchen konnte sie ihn nicht. Briefe kamen bestenfalls einmal im Monat – wenn überhaupt. Samuel hatte noch nicht einmal ein Foto von ihr oder den Kindern, nur die Erinnerung, die jedoch immer mehr verblasste.

Wenn Samuel sein Leben in einem größeren Rahmen betrachtete, erkannte er, dass der Herr ihn in einzigartiger Weise gerade in dieser Zeit und an diesen Ort gestellt hatte. Er stand unter einer Art Hausarrest; und im Gefängnisjargon hieß er bei einigen »einer von den Jungs des Lagerleiters«.

Ein genaueres Bild von der Lage, in der er sich befand, bot sich jedoch an dem Tag, als Samuel einer Vorladung Folge leistete. Diese war vonseiten des für die politischen Schulungen zuständigen Lehrers erfolgt. Dieser Opportunist sah seine derzeitige Stellung als Zwischenhalt an auf dem Weg zu einer höheren Position, die ihn reizte und die er auch unbedingt haben wollte. Er suchte sich Samuel Lamb als die brauchbare Schachfigur für das von ihm beabsichtigte Spiel aus.

Der Erfolg dieses Lehrers lag allein begründet in seiner Rolle als »Evangelist« der kommunistischen Ideologie.

Je weiter ein Häftling von dieser Ideologie entfernt war, desto nachdrücklicher bemühte sich dieser Mensch um die »Befreiung« des Häftlings.

»Gefangener Lamb«, begann er, während Samuel in dem schmucklosen Büro des Mannes Platz nahm. »Sie sind mir von etlichen Männern empfohlen worden, die den gleichen Rang haben wie ich.« Samuel wollte schon seiner Zustimmung Ausdruck verleihen, hielt dann aber Schweigen für die bessere Antwort.

»Sie arbeiten fleißig. Im Durchschnitt schaffen Sie täglich fünf Haarschnitte mehr als Ihr Vorgänger. Und die Qualität Ihrer Arbeit ist auch besser als seine. Sie haben sich bis jetzt keinerlei Verstöße zuschulden kommen lassen. Die Regeln im Gefängnis befolgen Sie aufs Genaueste.« Er nahm ein Berichtsblatt in die Hand und überflog es. »Aber da, wo es Ihnen am meisten fehlt, haben Sie wenig oder gar keine Fortschritte gemacht. Sie haben die Regierung also schon viel Geld gekostet, welches alles umsonst war, weil Sie nicht bereit sind, sich von uns belehren zu lassen.«

Wieder machte er eine Pause. Samuel erfüllte eine bange Vorahnung. Was sie wohl mit einem unnützen Lerner wie ihm machen würden?

Die »Gegenwart« flüsterte ihm zu: »Wenn aber jemand von euch Weisheit mangelt …«[48] Noch einmal nahm Samuel diese Verheißung ruhig und mit allem Ernst in Anspruch.

»Warum bleiben Sie bei Ihren überkommenen christlichen Überzeugungen?«, bohrte der Lehrer weiter. Samuel suchte nach Worten, aber er wusste nicht, was er sagen sollte. »Vielleicht muss ich die Frage anders stellen. Sie sind nun schon fast fünf Jahre lang im Erziehungsprogramm der Regierung. Können Sie sagen, dass Sie

---

48 Jakobus 1,5

nach dieser langen Zeit die Wahrheiten des Kommunismus jetzt mehr in Betracht ziehen als den verlogenen Fanatismus des Christentums?«

»*Wenn aber jemand von euch Weisheit mangelt …*«, wiederholte Samuel wortlos für sich.

»Antworten Sie!«, befahl er.

»*Wer irgend mich vor den Menschen verleugnen wird, den werde auch ich verleugnen vor meinem Vater, der in den Himmeln ist*«[49], ging es Samuel durch den Kopf.

Diese aus dessen Sicht trotzige Haltung ließ den Wärter mit der Faust auf den Tisch schlagen. Dann sprang er auf und schrie: »Bekomme ich jetzt endlich eine Antwort?«

Samuel war auch aufgestanden. »Ich habe einen Vater hier auf der Erde. Wenn ich ihn verleugne oder ihm die Ehre versage, so bleibt er doch mein irdischer Vater. Ich kann an dieser Beziehung nichts ändern. Aber ich habe auch einen himmlischen Vater, dessen Liebe für mich lebendiger und wirklicher ist als jede irdische Beziehung. Das ist das Allerwichtigste in meinem Leben, eine Wahrheit, die ich unter keinen Umständen verleugnen könnte.«

Der Wärter starrte Samuel einige Minuten lang schweigend an. Zweimal bewegten sich seine Lippen, als wolle er etwas sagen. Aber er schwieg. Dachte er, dass dieser Zweig, der gar keine Frucht bringen wollte, sofort abgeschnitten und zerstört werden müsste? Mit einer Handbewegung bedeutete er Samuel, er könne gehen.

In den Monaten darauf entwickelte sich Samuels mobiler Friseurdienst immer mehr zu einem Ort für Evangelisation und Jüngerschaftstraining. Gefangene, die geistliche Hilfe von ihm bekommen hatten, empfahlen den Pastor ihren Freunden weiter. Rein rechnerisch wurde es immer wahrscheinlicher, dass jemand, der einen Haarschnitt verlangte und Aufrichtigkeit vortäuschte, ihn der Lagerleitung melden und damit seinen Dienst in große Gefahr bringen würde.

Es bedeutete eine immense Anstrengung für Samuel, sich jeden

49 Matthäus 10,33

Satz und jedes Wort zu merken – alles, was er früher einmal auswendig gelernt hatte. Dabei wurde ihm aber das Wort Gottes nur noch wertvoller. Als besonders trostreich empfand er Verse, die von der Kraft des Wortes Gottes handelten und davon, wie viel Frucht es bringt. »Wie der Regen und der Schnee vom Himmel herabfällt und nicht dahin zurückkehrt, wenn er nicht die Erde getränkt und befruchtet und sie hat sprossen lassen, … so wird mein Wort sein, das aus meinem Mund hervorgeht: Es wird nicht leer zu mir zurückkehren, sondern es wird ausrichten, was mir gefällt, und durchführen, wozu ich es gesandt habe.«[50]

Mit der Zeit konnte er sich immer weniger gut an die kostbaren Worte erinnern, die er einmal gespeichert hatte. Wenn er doch nur eine Bibel oder wenigstens ein Neues Testament hätte! Dann hätte er die Erinnerung wieder auffrischen können.

Eines Morgens fand sich ein neuer Häftling auf Samuels Friseurstuhl ein. »Bist du neu hier?«, fragte Samuel ihn.

»Ja, das bin ich«, bestätigte der Unbekannte Samuels Vermutung.

Nach ein paar Minuten fing Samuel an, ein Evangeliumslied zu summen, ohne recht darüber nachzudenken.

Bei der dritten Strophe fiel der Mann auf dem Stuhl vor ihm hörbar in den Gesang ein: Klirrend fiel Samuel die Schere aus der Hand.

»Sind wir beide gläubig?«, fragte der Mann und reichte Samuel die Hand.

»Das sind wir!«, rief Samuel aus.

Der Mann verriet ihm seinen Namen und sagte: »Bevor sie mich verhafteten, war ich Pastor!«

»Ich auch«, antwortete Samuel. Schritte kamen näher; die Männer verstummten.

Ein Gefangener schaute um die Ecke und fragte: »Wie lange dauert es noch?«

»Zehn Minuten«, sagte Samuel. Er sah auf seinen neuen Freund und fügte eilig hinzu: »Eher eine Viertelstunde!«

---

50 Jesaja 55,10.11

»Dann bin ich gleich wieder da«, sagte der Mann und wandte sich um.

Als sie wieder allein waren, fragte Samuels neuer Freund ihn: »Hast du eine Bibel?«

»Ich habe seit fünf Jahren keine mehr gesehen«, antwortete Samuel.

Vorsichtig sah der Mann sich um und sagte dann leise: »Ich habe ein Neues Testament.« Wieder fiel Samuel die Schere aus der Hand.

»Ein Neues Testament!«, flüsterte er. »Wie hast du das denn hier hereingebracht?«

»Durch die Gnade Gottes«, war die Antwort des Bruders. »Mein Wärter hatte es mir zuerst abgenommen, dann aber wieder zurückgegeben. Er ist ein Mann mit Herz!«

»Eine Bibel!«, flüsterte Samuel.

»Hast du Stift und Papier?«

»Willst du mich abschreiben lassen?«

»Zu gerne. Ich bringe sie dir am Samstag, und dann kannst du sie für ein paar Tage behalten.«

»Gott segne und belohne dich dafür!«

Zu dieser Zeit verdiente Samuel sich monatlich ein paar Yuan, wovon er sich einige persönliche Gegenstände leisten konnte. Bei der Verpflegungsstelle kaufte er sich genug Papier und einen Vorrat an Stiften. »So viel Papier hat noch nie jemand gekauft«, sagte der zuständige Häftling. »Ich weiß nicht, ob das nicht vielleicht mehr ist, als dir zusteht. Was hast du denn damit vor?«

»Es gibt vieles, das ich nicht vergessen möchte.«

»Schreibst du Tagebuch? Daran habe ich auch schon manchmal gedacht.«

Samuel bezahlte das Papier und suchte sich einen Platz im Schatten. Durch seine wochenlange Tätigkeit als Friseur hatte er manche ruhige Ecke entdeckt, wo er ziemlich ungestört arbeiten konnte.

Er fing an mit dem Johannesevangelium: »Im Anfang war das Wort und das Wort war bei Gott, und das Wort war Gott.«[51] Immer

51 Johannes 1,1

weiter las und schrieb er, die ganze Nacht hindurch und bis in den Morgen hinein.

Wenn es zum Frühstück klingelte, beeilte er sich, in den Speiseraum zu kommen. Er ließ sich mehrmals am Tag sehen, aber so oft er es wagen konnte, suchte er den Ort auf, wo er an seinem Projekt weiterarbeiten konnte.

Bis Dienstag hatte er das Johannesevangelium geschafft. Als Nächstes erwog er eins der anderen Evangelien, entschied sich dann aber doch für die Apostelgeschichte. Wie herrlich jedes einzelne Wort war! »Als sie aber die Freimütigkeit des Petrus und Johannes sahen und merkten, dass es ungelehrte und ungebildete Leute waren, verwunderten sie sich; und sie erkannten sie, dass sie mit Jesus gewesen waren.«[52] Beim Lesen dieser Worte aus Apostelgeschichte 4 stellte Samuel Lamb fest, dass dieser selbe Jesus, der mit Petrus und Johannes gewesen war, auch jetzt mit ihm war.

Er fasste neuen Mut, als er am Sonntagabend schon ein gutes Stück der Offenbarung geschafft hatte. Seine Finger schmerzten und sein Handgelenk fühlte sich steif an, als er einen sicheren Ort für das Buch aufsuchte und sich in den Schlafsaal zurückzog.

Jede freie Minute arbeitete er in der folgenden Woche an seinem Projekt weiter. Es machte ihn überglücklich, an Gedanken erinnert zu werden, die er schon vergessen hatte, und Neues in der neutestamentlichen Geschichte zu lesen, das ihm vorher noch nicht aufgefallen war. Diese neuen Einsichten waren eine Belebung für sein Herz – und sein Stift flog nur so über das Papier.

Eines Nachts, als alle schliefen, schlich Samuel sich durch die Dunkelheit an eine abgelegene Stelle. Die schwachen Strahlen einer Sicherheitsleuchte über einem schmutzigen Fenster spendeten Samuel gerade genug Licht, um die klein gedruckten Wörter auf den Seiten lesen zu können.

Unter großer Anstrengung arbeitete Samuel Wort für Wort an seiner Abschrift weiter. »Heilig, heilig, heilig, Herr, Gott, Allmächtiger, der da war und der da ist und der da kommt.«[53]

---

52 Apostelgeschichte 4,13
53 Offenbarung 4,8

»Gefangener!« Ein Wärter der Nachtwache stand über ihm. »Was schreibst du da?«

Ohne eine Antwort abzuwarten, schnappte sich der Wärter das Neue Testament und das Bündel Abschriften.

Jetzt erschien die trübe Glühlampe wie ein Suchscheinwerfer. Der Wärter war sichtlich verstimmt und sagte: »Das nehme ich mit zum Büro des Lagerleiters.«

Samuel war nicht nur das geliehene Neue Testament und die frisch kopierten Kapitel los, er verlor auch seinen Posten als Lagerfriseur. Er wurde dem Intensivprogramm einer Umerziehungsgruppe zugeteilt, die aus lauter »Unverbesserlichen« mit unterschiedlichem Hintergrund bestand. Sie waren die *»Rotten Group«*, die Gruppe der Unverbesserlichen.

Diese Gruppe musste nicht die allabendlichen zwei Stunden politische Schulung mitmachen, sondern täglich acht, zehn und auch zwölf Stunden! Samuels Geist wurde müde, sein Herz beschwert – aber sein Glaube wurde stärker! Während der Lehrer mit eintöniger Stimme die Verdienste des Kommunismus herunterleierte, sagte Samuel sich Bibelabschnitte auf, die er gerade in seinem kurzen Auffrischkurs studiert hatte. »… worin ihr frohlockt, die ihr jetzt eine kurze Zeit, wenn es nötig ist, betrübt seid durch mancherlei Versuchungen, damit die Bewährung eures Glaubens, viel kostbarer als die des Goldes, das vergeht, aber durch Feuer erprobt wird, befunden werde …«[54]

»Wir werden entschieden gegen euer falsches Denken vorgehen«, teilte der Lehrer der Gruppe mit. Samuel aber blieb standhaft in seinem Glauben.

Im Juli 1963 wurde er dann mit fünfhundert weiteren Gefangenen zu einem Eisenbahngleis gebracht. Die Männer hatten Gerüchte gehört, nach denen sie in ein Kohlebergwerk in der Provinz Shanxi gebracht werden sollten.

»Jetzt sind wir keine Gefangenen mehr«, murmelte einer der Männer. »Wenn ihr mich fragt, dann glaube ich, dass die Regie-

54 1. Petrus 1,6.7

rung billige Arbeitskräfte sucht. Und wer bietet sich dafür besser an als wir?«

»An dem Ort sollen schon mehr als dreitausend Männer sein«, sagte ein anderer Mann.

Dreitausend Männer! Während sich der Zug mit seiner schweren menschlichen Last langsam seinen Weg in Richtung Norden bahnte, betete Samuel: »Lass mich die finden, die dich suchen!«

Ihr Ziel war Taiyuan, mitten in den reichen Kohlevorkommen der Provinz Shanxi, hoch im Norden und nicht weit bis zur Grenze der Inneren Mongolei.

Samuel kam am 21. Juli 1963 in der Provinz Shanxi an. Das erste halbe Jahr galt einer gründlichen Umerziehungsmaßnahme. Es war dieselbe Hetze wie vorher: »In der Klassengesellschaft trägt alles Denken ohne Ausnahme das Warenzeichen dieser Klasse. … Alle Reaktionäre sind nur Papiertiger. Nach außen sind sie Furcht einflößend. In Wirklichkeit sind die Reaktionäre machtlos. … Die kommunistische Partei aber hat keine Angst vor Kritik, weil die Wahrheit auf unserer Seite ist.«

Die Wärter in Shanxi hatten Samuel Lambs Unterlagen von Shao Guan bekommen und wussten somit um seine Vorliebe für religiöse Dinge. Der Unterschied bestand aber darin, dass er in Shao Guan eine Ausnahme gebildet hatte. Er war einer von wenigen gewesen. Jetzt saß er mit Männern in den Vorlesungen, die ebenfalls wegen ihrer Widersetzlichkeit »unten durch« waren. Die meisten von ihnen waren abgestempelt als die »dreckigen Dissidenten«. Hochschullehrer, Wissenschaftler, Journalisten, Fabrikanten, Bankiers, Unternehmer, Hauseigentümer, einflussreiche Männer, wohlhabende Männer – alle waren sie von Natur aus schon gegen den Kommunismus eingestellt. Sie alle waren Musterkandidaten für »Umerziehung« und »Rehabilitation«.

In Shao Guan waren Sitzungen Pflicht gewesen, die zwecks Selbstkritik abgehalten wurden. Wenn die Männer sich in Verallgemeinerungen verloren hatten, war man trotzdem damit zufrieden gewesen. Auch im Lager von Shanxi wurde Selbstkritik gefördert

dert, aber wegen der großen Klassen war es praktisch nicht möglich, dass jeder persönlich dazu aufgefordert wurde.

Je länger Samuel das Opfer der kommunistischen Methoden war und die Versuche über sich ergehen lassen musste, seinen Verstand umzuformen und zu beherrschen, desto klarer wurde ihm, wie der Atheismus die Vorgehensweise Gottes einerseits ihrer Heiligkeit beraubt und sie andererseits seinen eigenen bösen Zielen anpasst. Die Bibel versichert uns: »Wenn wir unsere Sünden bekennen, so ist er treu und gerecht, dass er uns die Sünden vergibt und uns reinigt von aller Ungerechtigkeit.«[55]

Im Gegensatz zu Jesus Christus, dem Schöpfer und Erretter der Menschheit, wurde Mao Tse-tung als Architekt und Befreier der menschlichen Gesellschaft gesehen.

Eines wurde für Samuel Lamb ganz klar: Christen dürfen nie die schmutzigen Methoden der Kommunisten anwenden. Sollte Gott ihn aber am Leben erhalten und ihm noch ein paar Jahre in Freiheit schenken, dann würde er im Predigen und Lehren mit Sicherheit nicht weniger Eifer an den Tag legen als sie. Er würde menschliche Herzen zur Ehre Gottes gewinnen und formen! – Falls Gott ihn am Leben ließ …

Allerdings lagen noch weitere fünfzehn Jahre Haft vor diesem gebrechlichen und zartfühlenden Mann. Und bald hatte er allen Grund zu glauben, dass er eher im Himmel sein würde, als auch nur aus der Ferne die Straße zu sehen, die ihn weg von den Kohlengruben von Shanxi und in die Freiheit führen würde. Im Januar 1964 lud man Samuel Lamb auf einen Transporter und brachte ihn zu einer riesigen Kohlengrube. Auf von Lokomotiven geschobenen oder gezogenen Waggons wurden Männer und Kohle gleicherweise transportiert. Da es so reiche Kohlevorhaben gab, geschah der Abbau nicht senkrecht durch Schächte sondern waagerecht durch Stollen.

Den ganzen Tag lang waren die Gefangenen gezwungen, in gebückter Haltung zu arbeiten. Obwohl Samuels geringe Körpergröße in den niedrigen Stollen diesmal von Vorteil war, kam es

---

55 1. Johannes 1,9

durch seine verminderte körperliche Kraft schon am ersten Tag zu einer Krise.

Die Arbeit, die in Shao Guan am meisten an den Kräften gezehrt hatte, war im Vergleich zu der mühsamen Arbeit in dieser Kohlegrube fast noch als erträglich zu bezeichnen. Auch wenn er mit jemandem zusammenarbeiten konnte, strengte ihn das Losschlagen und Aufladen der Gesteinsbrocken so sehr an, dass seine Muskeln es kaum aushielten.

Wer hier an Platzangst litt, konnte nicht damit rechnen, von einem Psychologen die entsprechende Diagnose und Hilfe zu bekommen. Oft musste Samuel Angstschreie unmittelbar neben ihm oder als Widerhall gespenstischer Rufe aus der Ferne mit anhören. Schon an diesem ersten Tag erlitten viele der Männer Verletzungen – und das sollte auch an den anderen Tagen so weitergehen.

Die Wärter waren angehalten, keine körperlichen Strafen anzuwenden; sie erwarteten aber von jedem Gefangenen, dass er das Äußerste an Kraft und Ausdauer an den Tag legte. Für den kleinen Samuel mit einem Körperbau, der nur ein Schatten seiner Mithäftlinge war, zogen sich die Tage qualvoll und ermüdend in die Länge. Zu seiner körperlichen Schwäche kam noch erschwerend der Spott vonseiten der größeren und stärkeren Männer. Nicht nur die körperliche Arbeit machte ihn schwach, sondern auch der Kohlenstaub, der sich Minute für Minute tiefer in seiner Lunge absetzte.

Die Männer brachten jeder sein eigenes Essen mit. Oft war es Reis ohne Geschmack, dazu ein Stück zähes, getrocknetes Fleisch und Gemüse, das an den Fraß erinnerte, der den Schweinen in Shao Guan vorgeworfen worden war. Die Menge Nahrung war ausreichend, denn die Betriebsleiter wussten, dass ihre Geiseln auch entsprechend Futter brauchten. Keiner aber machte sich Gedanken darüber, wie das Essen den Gefangenen schmeckte. Wenn eine Arbeitseinheit ihr Tagessoll nicht erfüllte, mussten die Häftlinge ihr Essen während der Arbeit zu sich nehmen. Oft genug fiel etwas davon in den Ruß und Dreck der Kohlengrube, aber die hungrigen Männer hatten es gelernt, das Gestein auszuspucken und das Essbare hinunterzuschlucken.

Die Häftlinge waren völlig unbedarft und keine erfahrenen Bergleute. Also machten sie Fehler. Sie verletzten sich durch herunterfallendes Gestein. Und das tägliche Arbeitspensum strengte sie dermaßen an, dass sie abends kaum noch Energie für Gespräche oder kameradschaftliches Miteinander hatten. Oft war die Luft schmutziger von ihren Flüchen als von dem ständigen Kohlenstaub. Sie waren die Verdammten schlechthin – Männer, deren Schicksal es war, Jahre harter Arbeit in der Finsternis tief unten in der Erde zu verbringen.

Sein Glaube an Gott und sein Vertrauen in die Bibel hielten den nun zum Schweigen verurteilten Pastor von Guangzhou aufrecht. Es schmerzte ihn, dass sich nur so wenige Gelegenheiten boten, seinen Glauben zu bezeugen. Trotzdem wusste er, dass das Auge Gottes direkt auf ihn gerichtet war. Wenn er das Buch Hiob auch nie auswendig gelernt hatte, so war ihm dessen Inhalt doch sehr vertraut. Und durch Hiobs Erfahrungen erhielt er Trost, Kraft und göttliche Führung. »Er kennt den Weg, der bei mir ist; prüfte er mich, wie Gold würde ich hervorgehen.«[56] Das konnte Hiob sagen. Und das konnte auch Samuel Lamb sagen!

Die »Gegenwart« wurde ihm immer deutlicher bewusst. Und obwohl man ihm die Blätter abgenommen hatte, auf denen er seine Bibelabschriften angefertigt hatte, so hatte doch das Abschreiben selbst wie ein Auffrischungskurs für das Neue Testament gewirkt. Klar und deutlich standen ihm die Schmerzen und Niederträchtigkeiten vor Augen, die Jesus durchlitten hatte. Als sich eine kleine Gesteinslawine über seinen Kopf und seine Schultern ergoss, musste er an Stephanus denken. Als einmal alle Lichter ausgingen und er in völliger Dunkelheit dastand, dachte er an den Blinden und daran, wie der Große Arzt ihn angerührt und aus tiefster Dunkelheit in ein strahlendes Licht geführt hatte.

Während dieser für China unruhigen Jahre lagen Welten zwischen dem Kohlebergwerk von Shanxi und Samuels Familie in Guangzhou. Familienangehörige konnten und durften keine Be-

56 Hiob 23,10

suche machen. Nur selten kam ein Brief durch. Die Tiefen der Kohlengrube wurden zu einem höhnischen Symbol für die Entfernung zwischen ihm und seiner Frau mit den Kindern. Aber die »Gegenwart« blieb bei ihm.

Hatte nicht der Psalmdichter David in schwierigsten Umständen verkündigt: »Er wird seinen Engeln über dir befehlen, dich zu bewahren auf allen deinen Wegen«?[57]

Ja, das hatte er. Ja – und hallelujah!

Rückblickend kann Samuel es so ausdrücken: »Der Herr hat mich in einer Art und Weise aufrechterhalten, wie ich es eben nur durch Erfahrung lernen konnte. Heute danke ich ihm mit Aufrichtigkeit für diese Erfahrung. Nie habe ich einen Tag gehabt, an dem ich mir nicht seiner Liebe und seiner Barmherzigkeit bewusst gewesen wäre. Nie gab es eine Zeit, in der ich gezweifelt hätte oder verzweifelt gewesen wäre. Ich wusste, dass mein Herr bei mir war. Seinen Schutz spürte ich ständig an meiner Seite.« Die »Gegenwart« hatte ihm versichert: »Deine Zuflucht ist der Gott der Urzeit, und unter dir sind ewige Arme.«[58]

Nach einer anstrengenden Schicht unter Tage musste Samuel mindestens zwei weitere Stunden lang politische Schulung über sich ergehen lassen. Darüber hinaus hatte er viele Seiten von Lernstoff auswendig zu lernen, darunter auch die Schriften von Marx und Lenin. Wenn die nächtlichen Vorträge dann beendet und alle gestellten Aufgaben bearbeitet worden waren, sank Samuel oft so erschöpft auf sein Bett, dass er sich nicht einmal umzog. Dann versuchte er, die auswendig gelernten Bibelverse aufzusagen. Das sollte eine mentale Therapie gegen die Strapazen sein, denen er durch die falschen Dogmen ausgesetzt war. Aber er schlief jedes Mal in der Mitte eines Verses oder einer Verheißung ein.

Eines Morgens flüsterte er unter dem Getöse der Schmalspurbahn, mit der die Gefangenen in die Kohlengrube gebracht wurden: »Herr, vergib mir, wenn ich wegen meiner großen Müdigkeit

---

57 Psalm 91,11
58 5. Mose 33,27

dein Wort vernachlässigt habe. Hilf mir doch, dass ich als Christ stärker und nicht schwächer werde.«

An solchen Tagen übte er, sich in einer Fertigkeit zu vervollkommnen, die er schon in Shao Guan und davor angewandt hatte. Er lernte es zu *arbeiten* und zu *beten*, so wie Jesus seinen Jüngern aufgetragen hatte, zu *wachen* und zu *beten*. Während er Hacke und Schaufel schwang und mit schweren Gesteinsbrocken hantierte, betete er für seine Familie und die in Auflösung begriffene Gemeinde in Guangzhou. Gott schenkte ihm Liebe für die Wärter und für die Funktionäre. Er betete für die Drei-Selbst-Bewegung und segnete die Namen derer, die ihm so zugesetzt hatten.

Er war wie ein Maulwurf an die Erde gebunden, aber er bekam einen neuen Blick auf sein Land. China und seine Bewohner entzogen sich seinen Blicken, und doch hatte er ein tiefes Mitgefühl für seine Nation und ihre Menschen.

Die seltenen Briefe, die er von zu Hause bekam, enthielten Anspielungen in Form von Bibelworten, aus denen er schließen konnte, dass die Christen in Guangzhou und an anderen Orten auch durch Leiden gingen. »Leiden bewirkt Ausharren, Ausharren bewirkt Bewährung, Bewährung bewirkt Hoffnung.«[59] Er spürte, dass Gott diese Leiden dazu benutzte, um seine Gemeinde in China zu formen. »Das schnell vorübergehende Leichte unserer Trübsal bewirkt uns ein über jedes Maß hinausgehendes, ewiges Gewicht von Herrlichkeit.«[60] Mit dieser neuen Einsicht verstand er Verfolgung nun als Vorbereitung – für einzelne Gläubige und für den Leib Christi als Ganzes.

War Gott dabei, die Gemeinde in China in einzigartiger Weise für ihren zukünftigen Dienst vorzubereiten? Für einen Dienst innerhalb des eigenen Landes und darüber hinaus in der ganzen Welt? Samuels Überzeugung wuchs, dass es nicht anders sein konnte.

Bald würde sich der Himmel öffnen und der Messias würde kommen. Wäre es nicht besser, wenn er eine nach geistlicher Vortrefflichkeit strebende Gemeinde vorfände, als eine vorzufinden,

59 Römer 5,3.4
60 2. Korinther 4,17

in welcher der Krebs der Weltlichkeit und der Selbstzufriedenheit um sich frisst?

Es war ein Segen, dass Samuels Bewacher nicht nur seine geringe körperliche Kraft sahen, sondern auch erkannten, dass er dennoch keine Anstrengung scheute, seinen Teil der schweren Arbeit zu übernehmen. Sie sahen, dass die tägliche Anstrengung, die weit über das Erträgliche hinausging, seine Kräfte wie eine Krankheit aufzehrten, sodass sie ihm eine Aufgabe zuwiesen, bei der er verantwortlich war für das Abkuppeln der leeren sowie für das Ankuppeln der mit Kohle neu beladenen Loren. Dafür war mehr Wendigkeit als körperliche Kraft erforderlich.

Wieder hatte Gott Gebete erhört. »Du bereitest vor mir einen Tisch angesichts meiner Feinde«[61], flüsterte er mit dankbarem Herzen, während er sein Mittagessen in einem fast staubfreien Bereich zu sich nahm.

Bei dieser neuen Aufgabe wechselten sich längere Phasen des ruhigen Alleinseins ab mit solchen, in denen es in kurzer Zeit sehr viel zu tun gab. Aber er hatte die Freiheit zu singen, sich Bibelverse aufzusagen und laut zu beten.

Zwei Abschnitte hatten es ihm besonders angetan. Beide waren im Gefängnis entstanden. Der eine war an die Christen in Philippi geschrieben, der andere an den Ersatzmann Timotheus – und beide richteten sich an Samuel Lamb.

Seid um nichts besorgt, sondern in allem lasst durch Gebet und Flehen mit Danksagung eure Anliegen vor Gott kundwerden; und der Friede Gottes, der allen Verstand übersteigt, wird eure Herzen und euren Sinn bewahren in Christus Jesus.[62]

Ich habe den guten Kampf gekämpft, ich habe den Lauf vollendet, ich habe den Glauben bewahrt; fortan liegt mir bereit die Krone der Gerechtigkeit, die der Herr, der gerechte Richter, mir zur Vergeltung geben wird an jenem Tag; nicht allein aber mir, sondern auch allen, die seine Erscheinung lieben.[63]

61 Psalm 23,5
62 Philipper 4,6.7
63 2. Timotheus 4,7.8

Durch seine Tätigkeit als Lorenkuppler hatte er viel Kontakt mit anderen Leuten. Häufig konnte er seinen Glauben bezeugen. Und manchmal durfte er jemandem den Heiland vorstellen.

Oft kamen die Loren so schnell hintereinander an, dass er immer in Windeseile fertig werden musste. Das war sehr nervenaufreibend, und einige Männer hatten dabei Finger oder sogar eine ganze Hand verloren. Es hatte auch schon Todesfälle gegeben.

Bei der Erinnerung daran sagt er: »Einmal habe ich auch einen Kratzer abbekommen.«

Aufgrund eines technischen Defekts, wofür Samuel keine Schuld traf, war eines Tages eine beladene Lore aus der Spur geraten und schoss wie eine Rakete auf ihn zu, als wolle sie ihn sofort zermalmen. Einen Augenblick lang sah er den sicheren Tod vor sich. Er spürte, dass er in herrlichen Frieden eingehüllt wurde. Er dachte: ›Wie schön, dass ich bald in der Gegenwart meines Herrn sein darf!‹

Gegenwart? Ach ja, *die* »Gegenwart«! Als er nun die Lore auf sich zufliegen sah, kam ihm die Verheißung in den Sinn: »Er wird seinen Engeln über dir befehlen, dich zu bewahren auf allen deinen Wegen.«[64] Und wie von dem starken Arm eines Engels aufgehalten, blieb die Lore stehen! Samuel war wie an der Stollenwand festgenagelt – aber er war unverletzt. Bevor er um Hilfe rufen konnte, hörte man Worte des Lobes aus seinem Mund.

An jenem Tag erinnerte der Herr Samuel an die Worte des Apostels Paulus, die er an die Korinther schrieb: »Gott ist treu, der nicht zulassen wird, dass ihr über euer Vermögen versucht werdet, sondern mit der Versuchung auch den Ausgang schaffen wird, sodass ihr sie ertragen könnt.«[65] In einer ähnlichen Situation war ein anderer Mann in der Grube auf der Stelle tot gewesen.

Allzu oft kamen Männer bei Unfällen ums Leben. Andere wiederum gerieten in solche Depressionen, dass für sie der einzige Ausweg der Freitod war.

Samuel fand die eine oder andere Gelegenheit, solchen verzwei-

---

64 Psalm 91,11
65 1. Korinther 10,13

felten Männern seinen Glauben zu bezeugen. Er begegnete oft Mitgefangenen, die sich in unterschiedlichen Stadien einer Depression befanden. Andere waren durch die ständige Angst völlig lahmgelegt. »Auch wenn du den Rest deines Lebens hier in der Kohlengrube bleiben musst, ist es nur ein kurzer Augenblick im Vergleich zu der Finsternis einer Ewigkeit ohne Gott«, ermahnte er sie. Er durfte immer mehr Frucht von seiner persönlichen Evangelisation sehen.

Ein Mann sagte zu Samuel: »Die Bewacher kümmern sich gar nicht um dich!«

Samuel lachte: »Ich kann mich hier trotzdem nicht herausgraben, oder?«

Jetzt lachte der andere Mann auch: »Seit vier Wochen habe ich schon nicht mehr gelacht«, sagte er.

»›Ein fröhliches Herz bringt gute Besserung‹[66], steht in der Bibel. Für einen Christen ist sein Glaube immer groß genug, egal in welcher Lage er sich befinden mag.« So gab die Erwähnung von Glaube und Bibel den Lippen des einen Bergmanns die Gelegenheit, das Herz eines anderen zu trösten und ihm zu helfen.

Weil es streng verboten war, evangelistische Vorstöße jedweder Art zu versuchen, war es Samuels ständiges Gebet, dass Gott ihm den jeweils passenden Einstieg geben würde. Wenn sich die Gelegenheit bot, ging er äußerst vorsichtig vor, wusste er doch, dass er jederzeit mit einer ausgelegten Schlinge rechnen musste.

Lai Tin Kay war einer von den Männern, denen Samuel ins Herz reden durfte. Dieser Student war in die Kohlengrube gesteckt worden, weil man seinen intellektuellen Eifer ausbremsen wollte.

»Für mich hat das Leben seinen Sinn verloren«, sagte er zu Samuel. »Ich wollte eigentlich das tun, was die anderen Studenten hier auch getan haben. Und ich hätte mir auch längst das Leben genommen, wenn ich dich nicht hier getroffen hätte. Du wirst irgendwie von einer inneren Kraft am Leben erhalten. Woher hast du das?«

Während einer Arbeitspause waren sie gerade einmal unter

66 Sprüche 17,22

sich. Samuel wuchtete eine heruntergefallene Gesteinsplatte neben eine zweite und forderte ihn mit einem Wink auf, sich hinzusetzen. »Wir sind unvollständig auf die Welt gekommen. In uns selbst können wir zwar manches Wertvolle entwickeln – und das scheint bei dir auch der Fall zu sein. Aber wenn unsere tiefsten Bedürfnisse gestillt werden sollen, können wir das nicht aus uns selbst tun. Die Antwort liegt nicht in uns selbst; sie muss von außerhalb kommen.«

»Wie kommst du zu einem so überzeugten Glauben?«, fragte Lai.

»Ich habe diesen Glauben nicht in mir selbst.«

»Aber …«

»Denke daran, was ich vorhin gesagt habe. Unsere tiefsten Bedürfnisse können nicht aus uns selbst gestillt werden. Die Antwort muss von außen kommen.«

»Und das ist bei deinem Glauben der Fall?«

»Ja. Die Bibel sagt, dass der Glaube aus der Verkündigung kommt, und die Verkündigung ist durch Gottes Wort.«[67]

Dann führte Samuel Lamb Lai Tin Kay Schritt für Schritt durch die Botschaft des Evangeliums und machte ihm dadurch die Sündhaftigkeit aller Menschen und den Tod und die Auferstehung von Jesus Christus bewusst. Die Bibel sagt, dass der Lohn der Sünde der Tod ist, »die Gnadengabe Gottes aber ewiges Leben in Christus Jesus, unserem Herrn.«[68]

Andere kamen mit einem suchenden Herzen und einem willigen Geist, der darauf aus war, diese von außen kommende und ewige Hilfsquelle zu finden. Wenn er nicht in dieser Kohlengrube wäre, so ging es Samuel durch den Kopf, würde dann ein anderer diese Wegweisung geben können?

Täglich verspürte Samuel, wie sein eigener Glaube wuchs. Nicht nur, dass er es lernte, die Kohlengrube und seine lange Haftstrafe zu akzeptieren, sondern er drang auch tiefer in die Bedeutung der Worte ein, die Paulus seinen Freunden in Philippi geschrie-

67 Römer 10,17
68 Römer 6,23

ben hatte: »Ich habe gelernt, worin ich bin, mich zu begnügen.«[69] Es waren die vielen Prüfungen, die ihn zu diesem Punkt gebracht hatten.

Je länger sich die Jahre hinzogen, desto mehr vermisste er seine Familie. Wenn er eine Arbeitspause hatte, setzte er sich abseits hin, schloss die Augen und stellte sich vor, er wäre zu Hause – bei Sui Ling, seinen Kindern, seiner Mutter und seinen Schwestern.

Sui Lings Briefe kamen nur sporadisch. Dann, nach einiger Zeit, kamen gar keine mehr. Das fiel ihm sehr schwer. Und doch wusste er, wie schmerzlich es für sie selbst sein musste, ihm zu schreiben. Vielleicht dachte sie, es wäre für ihn schwerer, ihre Briefe zu bekommen, als dass gar keine Neuigkeiten zu ihm durchdrangen.

Aber all das gehörte zu Samuels Prüfungen, und er konnte Gott genauso für die Wolken danken wie für den Sonnenschein. Während dieser Jahre in der Kohlengrube empfand er zutiefst, wie kurz das Leben eigentlich ist. Umso besser verstand er, dass der Gute Hirte das Recht hat, das zuzulassen, was er in dem Prozess der Ausformung des Glaubens seiner Jünger für gut befindet.

Samuel Lamb lobte Gott. Er staunte über die Größe der Gnade, die einen so schwachen sterblichen Menschen wie ihn nahm und so erhöhte.

Was sollte er von den anderen Kindern Gottes halten, denen es an Bequemlichkeit nicht fehlte, für die Freiheit eine Selbstverständlichkeit war, und die nur dann beteten, wenn sie in größter Not waren und die Angst sie überkam?

Nie wollte er seine Lebensumstände mit ihren tauschen!

---

69 Philipper 4,12

Das Jahr 20 seiner Haft brach an. In den Jahren vor 1974–1977 hatte Samuel manches Lob für seine Arbeit und seine Führung bekommen. Einmal hatten ihm die Wärter am chinesischen Neujahrstag einen Füllfederhalter als Auszeichnung für sein beispielhaftes Verhalten geschenkt. Für den einen oder anderen Straffälligen hätte das eine Haftverkürzung zur Folge haben können.

Nicht aber für Häftling Lamb. Zwar hatte er hohes Lob für seine gute Führung erhalten, aber was die Bereinigung seiner Gedankenwelt und die Neuorientierung seiner Ziele anging, war er nicht weit gekommen.

In den Gängen der Kohlegrube kam das Gerücht auf, dass man anderen Männern nach Abbüßung ihrer Haft nicht erlaubt hatte, nach Hause zu gehen. Einige waren in Städte und Landstriche verbannt worden, die weitab lagen von den Orten, wo sie ursprünglich ihre Wurzeln hatten. Von anderen wiederum hieß es, man habe sie für Zwangsarbeit abgestellt.

Samuel wusste, dass die Regierung nur solche Leute nach Hause entlassen würde, die unter Beweis gestellt hatten, dass man ihr Denken erfolgreich korrigiert hatte. Würde man wohl seine Haftzeit wegen mangelnder ideologischer Fortschritte immer wieder auf unbestimmte Zeit verlängern?

Ende Mai 1978 wurde er jedoch in die Hauptverwaltung vorgeladen, wo ihm einer der Wärter eröffnete, er stehe auf der Liste derer, die in Kürze freigelassen werden sollten. Das war natürlich eine erfreuliche Nachricht. Trotzdem wurde er am 29. Mai wieder zurück ins Bergwerk geschickt. Spielten sie Katz und Maus mit ihm? Rächten sie sich dafür, dass er sich geweigert hatte, seinem christlichen Glauben abzuschwören?

»Ich rief zum Herrn und bat ihn um Befreiung«, erzählt er. »Mein Glaube klammerte sich verzweifelt an die vielen Verheißungen des Guten Hirten.«

Man schickte ihn so tief in das Bergwerk hinein, wie er in den acht Jahren noch nie gekommen war. Es kam ihm so vor, als durchlebte er die allerersten Tage noch einmal.

»Bist du neu hier?«, fragte ihn einer der Bergleute.

»Im Gegenteil«, antwortete Samuel. »Ich stehe eigentlich auf der Entlassungsliste.«

Der Mann lachte. »Aber nicht, wenn sie dich wieder in die Grube zurückschicken«, sagte er.

Die alte Müdigkeit und die zermürbende Kraftlosigkeit kamen wieder zurück. Eine ganze Woche lang arbeitete Samuel so wie damals im ersten Jahr. Eines Abends, als er für das Essen anstand, verspürte er einen plötzlichen und heftigen Schmerz im Rücken, als hätte ihn jemand mit einem Messer gestochen. Er wurde auf die Krankenstation gebracht, wo ein Arzt, der etwa im gleichen Alter wie Samuel war, zu ihm ans Bett trat und wohltuend freundlich fragte, ob es sich um einen Arbeitsunfall handele.

Samuel verneinte.

Einen Augenblick lang musterte der Arzt ihn skeptisch. Dann nahm er die Krankenakte am Fußende des Bettes zur Hand. »Glückwunsch!«, sagte er. »Ihnen wird ja gute Führung bescheinigt. Dann ist es sehr unwahrscheinlich, dass Sie deshalb eine Krankheit vortäuschen, weil Sie aus der Grube herauskommen wollen.«

Der Arzt führte einige Voruntersuchungen durch. Dann sagte er: »Ich weiß nicht, woher Ihre Schmerzen kommen. Wir geben Ihnen jetzt eine Spritze, damit Sie schlafen können, und morgen setzen wir die Untersuchungen fort.«

Es zeigte sich aber keine eindeutige Diagnose. Samuel blieb ein paar Tage im Bett, und die Schmerzen hielten an. Er hatte jetzt Zeit zum Nachdenken, und so wanderten seine Gedanken nach Hause. Seit mehr als einem Jahr hatte er nichts mehr von seiner Frau gehört. Und seine Familie hatte sie auch in keinem ihrer Briefe erwähnt. Es war für ihn undenkbar, dass sie an die zwanzig Jahre auf ihn gewartet hatte, nur um ihn dann zu verlassen.

Aber warum schrieb sie nicht? Er konnte es sich nur so vorstellen, dass ihre Briefe ihn nicht erreicht hatten.

Ein positiver Aspekt seiner langen Gefängniszeit war, dass Samuel auf diese Weise vor der verheerenden Kulturrevolution von 1966 bis 1976 verschont blieb. Maos Rote Garden, bekannt auch als *Hong Wei Bing,* setzten Herz und Verstand von vierzehn Millionen jungen Leuten in Brand, als ihre Anführer 1966 von dem Großen Vorsitzenden auf dem Tiananmen-Platz zusammengerufen wurden. Er überzeugte sie davon, dass China ein Arbeiterparadies werden sollte, in dem jeder Intellektuelle verdächtig ist. Dann sandte er sie plündernd und erbarmungslos zuschlagend durch ganz China. Sie verwüsteten die größten Kunstschätze des Landes, schlachteten über eine Million Menschen ab und ließen Unzählige als Krüppel zurück. In Anlehnung an ein altes Sprichwort sagten sie gern: »Wir schneiden dem Hund den Schwanz ab – immer ein Stückchen mehr.«

Aber es lief nicht alles so, wie Mao es sich gedacht hatte. Seine ursprüngliche Absicht war gewesen, dass die jungen Eiferer die Parteikader demütigen sollten. Diese waren nämlich nach den vielen Jahren in ihrer Machtposition weich und fett geworden. Stattdessen wurden aus den *Hong Wei Bing* die *Liu-Mang,* das chinesische Wort für »harte Burschen«. Die Pöbel der Roten Garden verwüsteten die Schulen und sorgten dafür, dass Lehrer und Professoren gedemütigt und eingesperrt wurden. Auch Kirchen und einzelne Gläubige wurden zur Beute dieses erbarmungslosen Mobs.

Tausende von Häusern wurden überfallen und in Trümmern zurückgelassen. Wertvoller Familienbesitz wurde zerstört. Bücher und sonstiges Kulturgut wurden auf der Straße verbrannt. In den Häusern der Christen suchten die aufgebrachten Fanatiker nach Bibeln, christlicher Literatur, Gesangbüchern, Wandsprüchen und was sonst religiös aussah, um damit die offenen Feuer auf den Straßen noch heller lodern zu lassen.

Es kam vor, dass die Roten Garden Gottesdienste am Sonntagmorgen unterbrachen und den Gottesdienstteilnehmern befahlen, die bunten Kirchenfenster einzuwerfen. Dann zwangen sie den Pastor und seine Familie, Gesangbücher und Bibeln hinauszutragen, Seite für Seite herauszureißen und sie ins Feuer zu werfen. Zurückgekehrt ins Gotteshaus wurden die Gemeindemitglieder dann gezwungen, die Fensteröffnungen zuzumauern.

Diese jungen Banditen verschonten auch die Drei-Selbst-Kirchen nicht. Ihre Geistlichen wurden in Arbeitslager geschickt, die Kirchen verwüstet und ihre Gemeindemitglieder genauso niederträchtig behandelt wie die Christen in den Hauskirchen.

Während dieser Zeit der kulturellen und geistlichen Verwüstung wurde China befallen von einem Hunger und einem Durst – nicht nach Brot und nicht nach Wasser, »sondern die Worte des Herrn zu hören«[70], wie der Prophet Amos es für das Volk Israel vorhergesagt hatte. Missionarische Radiosender wie *Trans World Radio* und *Far East Broadcasting Company* schickten das Wort Gottes über den Äther auf die andere Seite des Bambusvorhangs. Wer von den Christen ein Kurzwellenradio hatte, setzte sich stundenlang hin und schrieb lange Abschnitte des Wortes Gottes mit, die langsam und deutlich diktiert wurden.

Nicht nur Pastoren und Laienchristen wurden so schändlich behandelt. Auch Literatur und Kunstgegenstände des alten China wurden Opfer der Feuer auf den Straßen. Intellektuelle, Musiker, Dichter und Lehrer wurden gezwungen, mit Narrenkappen durch die Straßen zu ziehen. Deng Pufang, der Sohn des Premierministers zur Zeit des Tiananmen-Massakers, wurde zur Zielscheibe ihrer Gewalt, weil er Student an der Universität von Peking war. Die Roten Garden warfen ihn aus einem Fenster des zweiten Stocks und verurteilten den jungen Deng damit zu einem Leben im Rollstuhl.

Es wurden sogar im ganzen Land Schulen geschlossen. Schü-

---

70 Amos 8,11

lern und Studenten zwischen 15 und 35 wurde der Unterricht verwehrt, stattdessen schickte man sie aufs Land. Schätzungen zufolge wurden damals rund 100 Millionen junge Menschen einfache Arbeiter, statt ihrem Land als Ärzte, Lehrer und Richter zu dienen oder auf regionaler und nationaler Ebene Führungsaufgaben zu übernehmen. Diese zehn Jahre zeichneten das Ende der Mao-Ära aus und sprachen ihm für immer das Recht ab, den Platz in der Geschichte einzunehmen, den er so sehr begehrt hatte.

Samuel war von dem Aufruhr, der in China herrschte, isoliert und erfuhr nur wenig bis gar nichts von den Plünderungen und dem Gemetzel. Er sah seiner Entlassung mit einem Gefühl der Besorgnis entgegen: Wie viel würde er von dem China von vor zwanzig Jahren wiedererkennen?

An einem Tag, den er nie vergessen würde, erhielt Samuel dann die Mitteilung aus dem Büro des Lagerleiters, dass sich seine Haftstrafe dem Ende nähere und dass seine Freilassung vorangetrieben werde. Freude erfüllte sein Herz und er bekam neuen Auftrieb.

Dann kam im Mai ein Telegramm von seiner Schwester mit dem folgenden Wortlaut:

MUTTER IST SCHWER KRANK. KOMM SCHNELL NACH HAUSE, WENN DU SIE SEHEN WILLST, SOLANGE SIE NOCH AM LEBEN IST. AI LING

Zwanzig Jahre lang hatte er ohne den Rat und die Unterstützung dieser gottesfürchtigen Frau auskommen müssen. In den Briefen von zu Hause war schon die Rede davon gewesen, dass ihre Kräfte nachließen. Oft hatte er beim Öffnen eines Briefes damit gerechnet, von ihrem Tod lesen zu müssen. Aber jetzt spürte er die Zeitplanung des Guten Hirten. Noch einmal würde er seine Mutter sehen, ihre Stimme hören und mit ihr beten. Das Bewusstsein ihrer Gebete und der seiner Frau und seiner Schwestern war für seinen Geist Balsam und Stütze zugleich gewesen während der fast zwanzig Jahre der Trennung.

Mitte Mai bestellte der für seine Gruppe zuständige Aufseher ihn in sein Büro und sagte unumwunden: »Nach Guangzhou wird man dich nicht zurücklassen.«

»Aber meine Frau ist dort!«, wandte er ein. »Und meine Kinder.

Außerdem habe ich ein Telegramm bekommen, dass meine Mutter im Sterben liegt!«

Der Aufseher deutete mit der Hand an, dass er hinausgehen sollte. Samuels Empfindungen sanken auf den Nullpunkt. Aber er hatte schon verstanden: Ein vorbildlicher Häftling mochte er ja gewesen sein, aber ein vorbildlicher Schüler der neuen Ideologie war er sicher nicht. Jetzt war der Tag der Abrechnung gekommen. Jüngerschaft hat ihren Preis – das wusste er zu gut. Und er hatte gewagt zu glauben, dass diese endlosen Jahre des Eingesperrtseins genug waren.

»Man kann es sich kaum vorstellen, Häftling Lamb«, hatte einer der Lehrer gesagt. »Jetzt hast du fast zwanzig Jahre unserem Unterricht beigewohnt. Wir haben dir sorgfältig die Überlegenheit der marxistischen Ideologie erklärt. Und immer noch bestehst du darauf, dich Christ zu nennen.« Samuel fragte sich, ob seine Freilassung von der Verwaltung wohl deswegen blockiert wurde, weil sie ihr Gesicht wahren musste.

Guangzhou war eine der strategisch am günstigsten gelegenen Städte Chinas, sozusagen ein Welthandelszentrum. Die Regierung wollte natürlich nicht den Einfluss zulassen, den der Mann ausüben würde, der sich so unbeugsam den Lehren des Kommunismus widersetzt hatte und sogar behauptete, das Christentum sei den Lehren von Lenin und Marx überlegen.

Aus dem Gefängnis in Rom hatte der Apostel Paulus die Christen in Ephesus unterwiesen, sie sollten in ihren Herzen singen und spielen, »danksagend allezeit für alles dem Gott und Vater«.[71] Aber wie sollte Samuel danksagen?

Noch deutlicher hatte Paulus es seinen Freunden in Thessalonich gesagt: »Danksagt in allem, denn dies ist der Wille Gottes in Christus Jesus für euch.«[72]

»In allem«? Barmherziger Gott! Wie sollte Samuel denn danksagen? Konnte das irgendjemand?

»Du wirst ja freigelassen«, sagte einer der anderen Wärter. »Aber

---

71 Epheser 5,19.20
72 1.Thessalonicher 5,18

eben nicht nach Guangzhou.« Und als wolle er ihn noch mehr aufmuntern, fügte er hinzu: »Vielleicht nach Peking oder Shanghai. Wer weiß?«

Als Shanghai genannt wurde, schlug sein Puls gleich schneller. Vielleicht war Wang Ming-tao noch am Leben und stand noch immer im Dienst. Vielleicht hätte Wang Ming-tao einen Dienst für ihn, den er sich mit jemandem teilen könnte. Vielleicht könnte Sui Ling zu ihm nach Shanghai kommen! Allerdings wusste man als Häftling natürlich, dass man wegen der sehr stark eingeschränkten Reisefreiheit überall festgehalten werden konnte, wo es den Behörden gerade gefiel.

Eines Abends machte Samuel sich gerade zum Schlafen fertig, als er mitbekam, wie zwei Häftlinge sich unterhielten:

»Wann wirst du entlassen?«, fragte der eine.

Der andere Mann antwortete: »Ich weiß nur, dass es bald ist und dass ich wieder zurück nach Guangzhou komme.«

»Guangzhou!«, entfuhr es Samuel.

Er kroch ins Bett und zog sich die Decke bis über die Ohren.

Ein paar Tage später hatte er wieder dieselben Rückenschmerzen wie früher. »Ich kann nichts Organisches feststellen«, sagte der Arzt zu ihm. Er war wohltuend freundlich. »Sie stehen ja auf der Entlassungsliste. Vermutlich jagt Ihr Unterbewusstsein Freudenschauer über Ihr Rückgrat.« Normalerweise hätte Samuel jetzt gelacht. Aber seit er mit dem Aufseher über seine Entlassung gesprochen hatte, war kein Lächeln mehr über sein Gesicht gekommen.

»Ach, so ist das!« Der Arzt sah Samuel tief in die Augen. »Sie haben schlechte Nachrichten bekommen.« Samuel mochte den Arzt nicht anschauen. »Nun, ich bin kein Psychiater, aber vielleicht hilft es Ihnen ja doch, wenn Sie mit mir darüber reden.« Samuel zögerte noch. »Aber nur, wenn Sie wirklich wollen.«

»Ich habe ein Telegramm bekommen. Meine Mutter liegt im Sterben.«

»Vielleicht hält sie es ja noch so lange durch …«

»Ich habe erfahren, dass ich gar nicht nach Guangzhou zurückkomme.«

Der Arzt schüttelte den Kopf. Er hatte wirklich Mitleid mit Samuel. Er sah sich vorsichtig um. »Während dieser ganzen unruhigen Jahre bin ich immer ein treuer Bürger gewesen«, sagte er. »Aber ich frage mich, ob die Regierung nicht dabei ist, einen Keil zwischen sich und unser Volk zu treiben.«

Er hielt einen Augenblick inne und wollte gerade weiterreden, als Samuel hinzufügte: »Ich habe es alles in Gottes Hand gelegt.«

Augenblicklich veränderte sich die Haltung des Arztes. »Gottes Hand?« Seine Stimme war wie ein Donnerschlag. Es schien ihm egal zu sein, ob ihn jemand hörte. »So ist das also! Religiöser Wahn! Du trinkst also immer noch die Milch dieses toten Aberglaubens. Dann ist das kein Wunder, dass dein Rücken voller Knoten ist.«

Es war wieder Moskitozeit. An diesem Abend arbeitete Samuel sich aus dem Netz heraus, das über seinem Krankenhausbett hing, und warf sich auf die Knie, wie ein kleiner Junge beim Abendgebet. »Bitte, himmlischer Vater«, flehte er leise. »Ich berufe mich auf alle deine Segensverheißungen. Ich bitte dich, tue ein Wunder und mache meine Papiere fertig, damit ich nach Hause kann.«

Ein Zimmergenosse, der ihn schon früher so beim Beten gesehen und gehört hatte, rief: »Na, Lamb, hast du wieder Magenkrämpfe?« Auch andere sahen Samuel auf den Knien liegen und lachten. Samuel legte sich wieder hin, zog die Decke über den Kopf und betete weiter.

Der Häftling Samuel Lamb wurde am 14. Juni 1978 in die Hauptverwaltung des Gefängnisses bestellt.

»Hier sind Ihre Entlassungspapiere«, sagte einer der Aufseher und überreichte ihm ein amtliches Schreiben im Umschlag.

Mit zitternden Händen öffnete Samuel den Umschlag und nahm die Papiere heraus: die offizielle Mitteilung über das Ende seiner Haft und über den Beginn einer fünfjährigen Bewährung, ein wenig Geld – und eine Fahrkarte nach Guangzhou! Er kam sich vor wie Jakob, als er erfuhr, dass Joseph in Ägypten lebte. Und ein wenig verstand er etwas von den Gefühlen, die Abraham gehabt haben muss, als der Engel ihn davon abhielt, dem Leben seines Sohnes ein Ende zu bereiten.

Am Tag darauf schloss Samuel sich einer Gruppe Entlassener an, die einen Ausflug in das nahe gelegene Taiyuan machen wollten. Sie liefen durch die Straßen, sahen sich die Schaufenster an und schlenderten durch die Parks.

Aber erst Anfang Juli waren die Reisepapiere für die Gruppe fertig. Sie bestiegen die Züge, die sie an ihr jeweiliges Ziel bringen sollten. In freudiger Erwartung suchte Samuel seinen Platz im Zug auf.

Mit jedem Kilometer, den sie weiter in den Süden vordrangen, stieg draußen und auch im Zug selbst die Temperatur an. Die voll beladenen Waggons hatten ihr eigenes Klima, noch wärmer als die heiße Landschaft draußen. Es war eine feuchte Hitze, zu der noch der beißende Schweißgeruch zusammengepferchter Menschenkörper kam.

Unter einer beständigen Rauchfahne, die von der Kohle stammen mochte, die Samuel selbst ausgegraben hatte, stampfte der Zug durch die fruchtbare Henan-Provinz, überquerte den Hochwasser führenden Yangtse bei Hankow, immer weiter südwärts durch die Jiangxi-Provinz, um schließlich in Samuels Heimatprovinz Guangdong anzukommen.

Am 17. Juli fuhr der Zug dampfend und quietschend in den Bahnhof von Guangzhou ein. Samuel sah auf seine Armbanduhr. Es war sieben Uhr vierzig.

Sui Ling, seine Mutter, seine Schwestern, seine Kinder … Sein Herz schlug ihm bis zum Hals beim Gedanken an sie alle. »Ich fühlte mich wie ein Fremder in meiner eigenen Heimat«, sagt er. »Ich war ganz benommen und zitterte. In den zwanzig Jahren hatte sich äußerlich nicht viel in der Stadt geändert – die Kulturrevolution hatte ja die gesamte Wirtschaft zum Erliegen gebracht –, aber nach zwei Jahrzehnten war mein Erinnerungsvermögen auch nicht mehr so frisch.«

Langsam fand er sich wieder zurecht. Buslinie 119. Genau, die war es. Was längst vergessen schien, kam wieder zum Vorschein. Und da verließ auch gerade eine 119 den Bahnhof. Die nächste würde seine sein und ihn nach Da Ma Zhan bringen.

Er flüsterte ein Lobgebet aus den Psalmen: »Wer ist mächtig wie du, o Herr? Und deine Treue ist rings um dich her.«[73] Hallelujah!

Niemand nahm Notiz von ihm, als er in Zhong Shan 5 aus dem Bus stieg und in Da Ma Zhan einbog. Er meinte, das eine oder andere Gesicht zu erkennen. Aber er war sich nicht sicher. Sogar die Läden und Hauseingänge kamen ihm nur noch entfernt vertraut vor. Nicht aber Da Ma Zhan 35 – das konnte er schon erkennen, als er noch zehn Haustüren davon entfernt war. Trotz seiner Müdigkeit und trotz seiner Schmerzen von der langen Reise beschleunigte er seine Schritte.

---

73 Psalm 89,9

Dann blieb er stehen. Was war denn das? Es war die Hausnummer 35, aber der Eingang war verriegelt – von innen.

»Sui Ling«, flüsterte er. »Meine Mutter, meine Familie.« War ihnen etwas zugestoßen?

Aber dann bemerkte er, dass ein weiterer Eingang, der zum oberen Geschoss führte, offen stand. Langsam ging er auf die offene Tür zu und begann, die Treppe hinaufzusteigen.

»Da kommt jemand!«, hörte er eine Stimme sagen. Seine Schwester Ai Ling erschien am oberen Treppenabsatz. Einen Augenblick lang blieb sie still und doch neugierig stehen; gegen das helle Licht von der Straße her konnte sie das Gesicht ihres Bruders nicht erkennen.

»Ich bin zu Hause!«, waren die Worte, die Samuel hervorbrachte.

»Oh!«, schnappte seine Schwester nach Luft. »Samuel ist wieder da! Samuel! Samuel!«

Sie nahm ihn am Arm und führte ihn in die Räume, die sich die Familie im zweiten Stockwerk ihres Hauses eingerichtet hatte. Die Berührung durch ihre Hand war etwas Seltsames für ihn, hatte er doch zwei Jahrzehnte lang keine körperliche Zuneigung oder Wärme mehr erfahren.

»Wir wohnen jetzt nur noch hier oben«, presste sie heraus. »Die Roten Garden haben uns aus den unteren Räumen hinausgeworfen, und die Regierung hat unseren Besitz beschlagnahmt. Sie haben uns aber das obere Stockwerk gelassen. Sie gingen jetzt auf einen Durchgang zu, der auf der Straßenseite des Gebäudes lag. Samuel konnte sich erinnern, dass es das Schlafzimmer seiner Mutter gewesen war.

»Mutter?«, fragte er vorsichtig.

»Mutter ist hier«, sagte Ai Ling und führte ihn hinein. Vor ihm lag eine ausgezehrte Frau. Offensichtlich war sie schon lange ans Bett gebunden.

»Mutter.« Samuels Lippen formten das Wort – aber es war kaum zu hören.

»Ai Ling«, rief die Frau mit schwacher Stimme. »Wer ist denn der alte Mann da?«

»Das ist Samuel«, sagte Ai Ling zu ihr. »Er ist heute aus dem Gefängnis nach Hause gekommen. Dein Sohn, mein Bruder!«

Einen Augenblick herrschte gespannte Stille. Von draußen drang undeutlich der Ruf eines Straßenhändlers herein. Ein Flugzeug dröhnte über sie hinweg – auf seinem Weg zur Landebahn von Guangzhou.

»Samuel?« Die zitternde Stimme der alten Frau durchbrach die Stille, nicht aus Unglauben, sondern in einem Gefühlsschock.

»Mutter!«, rief Samuel zurück.

Die betagte Matriarchin streckte ihre Hände aus. Samuel und Ai Ling ließen sich beide in ihre Arme fallen. Alle drei konnten nur stammelnd ihre Liebe zueinander und ihre Dankbarkeit Gott gegenüber ausdrücken. Dann ließen die Kräfte der alten Frau nach und sie schob ihren Sohn sanft von sich weg, um ihn besser sehen zu können. Ai Ling brachte die Brille ihrer Mutter herbei.

»Du bist es! Ja, du bist es wirklich, mein Sohn! Gott hat dich wieder zurückgebracht. Jetzt kann ich zu ihm gehen. Ich habe ja jetzt meinen Sohn wiedergesehen!«

Ein metallisches Geräusch drang in das Zimmer. Zuerst drehte Samuel sich gar nicht um, so gefesselt war er vom Anblick seiner Mutter.

»Ist das mein Opa?«, fragte die Stimme eines kleinen Jungen. Jetzt wandte Samuel sich um.

»Wir erzählen ihm schon von dir, seit wir ihn noch auf dem Arm trugen«, sagte Ai Ling.

In der Aufregung des Augenblicks hatte Samuel die Briefe ganz vergessen, in denen man ihn über die Hochzeit seiner Tochter Hannah und über die Geburt seines Enkelsohns unterrichtet hatte. Samuels Augen wurden größer. Er legte einen Finger an seine Lippen.

»Und Sui Ling?«, fragte er. »Ist sie mit der Familie in Fushan?«

Ai Ling sah ihren Bruder lange an und versuchte, ihm zu antworten. Aber sie brachte kein Wort heraus.

»Morgen ist doch Freitag, oder? Kommt sie zum Wochenende hierher? Können wir ihr eine Nachricht zukommen lassen?« Ai Ling schwieg.

»Sui Ling und Hannah und Enoch?« Samuel wollte ihr auf die Sprünge helfen, aber ihn befiel eine bange Vorahnung.

»Wir hatten überlegt, ob wir dir schreiben sollten«, fing seine Schwester schließlich an zu erzählen.

»Aber Mutter meinte, wir sollten dir nicht noch eine zusätzliche Last auflegen bei dem, was du ohnehin zu tragen hattest.« Ai Ling konnte ihre Gefühle nicht mehr zurückhalten und fing an zu weinen.

»Was ist?«, rief Samuel und packte den Arm seiner Schwester. Ai Ling sah zu ihm auf.

»Ist sie …?«

Ai Ling nickte.

»Vor einem Jahr«, presste sie heraus.

»Sie ist jetzt bei Jesus«, sagte Samuels Mutter mit schwacher Stimme. »Gott sei die Ehre! Und deine Mutter wird auch bald dort sein.«

Samuel drehte sich um, ging aus dem Zimmer hinaus und stolperte hinüber an die andere Seite der Wohnung. Nie in seinem Leben hatte er einen solchen Schmerz empfunden wie jetzt. Die langen Jahre im Gefängnis waren nicht so grausam und verhängnisvoll gewesen wie dieser Augenblick, wo alle Hoffnung und Freude zunichtewurden. Die Hoffnungslosigkeit schien ihn zu ersticken. Aber auch in diesen Augenblicken der nahenden Verzweiflung empfand er, dass ihn die langen Jahre im Gefängnis auf etwas wie dieses vorbereitet hatten – auf die Enttäuschung dieses Tages und auf die Herausforderungen der Tage, die noch kommen sollten.

»Der Herr hat gegeben, und der Herr hat genommen«, flüsterte der gramerfüllte Mann. »Der Name des Herrn sei gepriesen!«[74]

Irgendwie – und diese Dimension war neu und belebend für ihn – war ihm die Weisheit und Güte seines Herrn noch nie so bewusst geworden wie jetzt.

Seines Herrn …

Und des Herrn von Sui Ling!

---

74 Hiob 1,21

Samuels Mutter lebte noch fast ein Jahr. Der Lungenkrebs zehrte sie langsam auf, aber die Ausstrahlung ihres Herzens blieb immer die gleiche. Sie hatte einen sanften Geist, aber sie war auch eine Gebetskämpferin und stand fest im Glauben. Obwohl sie auf Pflege angewiesen war, segnete sie jeden ihrer Helfer mit dem warmen Licht ihrer Himmelsbürgerschaft. In ihrer Selbstlosigkeit hatte sie gewünscht, an Sui Lings Stelle weggenommen worden zu sein.

Es wurde Samuel immer deutlicher, dass die zwanzig Jahre Haft eine Vorbereitungszeit gewesen waren. Er war für eine Zukunft geschult worden, in der nach dem Plan des Allmächtigen wohl kein Platz für ein ruhiges Familienleben vorgesehen war.

Seine Freunde warnten ihn vor der Überwachung durch die Drei-Selbst-Bewegung, die ab dem Augenblick wieder einsetzte, als er den Fuß auf den Boden des Bahnhofs von Guangzhou gesetzt hatte. Gerüchten zufolge hatte man Männer, die jahrzehntelang im Gefängnis geschmachtet hatten, aus unerfindlichen Gründen einfach wieder zurück ins Gefängnis geschickt.

Aus diesem Grund hielt Samuel sich während der zweiten Hälfte des Jahres 1978 bedeckt. Täglich stellte er sich die Frage, was wohl aus der wachsenden Gemeinde geworden war, die sich über die zwanzig Jahre hin allmählich zerstreut hatte. Jedoch konnte er sich nicht dazu durchringen, die Gruppe einmal zusammenzurufen, wobei dies ohnehin kaum machbar gewesen wäre. Es war für ihn eine Zeit des Übergangs und der Eingewöhnung.

Aber was wäre nun, wenn er am kommenden Sonntag vor einer Menge von Zuhörern stehen müsste? Oder wenn er sich in Kürze eines Abends vor einer Bibelstudiengruppe wiederfinden würde? Er hatte so lange ohne Bibel und ohne Gelegenheit zum Bibelstudium gelebt, dass er sich fast wieder wie ein Anfänger vorkam. Als die Roten Garden das Haus der Lambs plünderten, hatten sie alle Bibeln und Samuels ganz ansehnliche Bibliothek ebenso mitgenommen wie seine Predigt- und Lehrnotizen. Die sieben Büchlein der *Spiritual Collections* waren auch mitgenommen und verbrannt worden – aus dem Regal der Familie Lamb und aus den Häusern all der anderen, die Kopien der Schriften ihres Pastors bekommen hatten.

Ai Ling war es allerdings gelungen, eine komplette Bibel in einem Buchladen der Drei-Selbst-Bewegung aufzutreiben. Samuel las stundenlang, völlig ergriffen von der Tiefe des Inhalts und von der Freude, die er dabei empfand, wenn er das Wort des lebendigen Gottes lesen durfte. Es kam ihm fast so vor, als läse er es zum ersten Mal. Das Buch beschenkte ihn mit einer Klarheit und Lebendigkeit, größer als alles, was er je erlebt hatte. »Deine Worte waren vorhanden und ich habe sie gegessen, und deine Worte waren mir zur Wonne und zur Freude meines Herzens.«[75]

Manchmal wäre er am liebsten auf die Straße gegangen, die Da Ma Zhan entlang und hinein in das Gewimmel von Zhong Shan, in seiner Hand die Bibel, aus der er laut vorlesen würde: »Tu mir kund, Herr, mein Ende und das Maß meiner Tage, welches es ist, damit ich weiß, wie vergänglich ich bin! Siehe, wie Handbreiten hast du meine Tage gemacht, und meine Lebensdauer ist wie nichts vor dir; ja, nur ein Hauch ist jeder Mensch, der dasteht.«[76]

Er fragte sich, warum die meisten Menschen das Wort Gottes nicht kannten. Er fragte sich, warum auch die Kinder Gottes selbst manchmal gleichgültig wurden gegenüber der Botschaft vom

---

75 Jeremia 15,16
76 Psalm 39,5.6

Himmel. Und er fragte sich, was er tun konnte, um aufzurütteln, herauszufordern und Wegweisung zu geben.

Es war nicht die Angst, die ihn Zurückhaltung üben ließ, seinen Glauben offen zu bezeugen. Es war die Realität, denn aktives Evangelisieren und Zeugnisgeben war und blieb verboten. Dazu kam, dass ihn sein Gefängnisaufenthalt wie ein Schatten überall verfolgte und eine gewisse Vorverurteilung darstellte. Selbst nach zwanzig Jahren war es der Regierung nicht gelungen, ihn von seinem Glauben abzubringen. Wie konnte er es wagen, einer ganzen Nation die Stirn zu bieten und die Wirklichkeit eines Gottes zu verkündigen angesichts des erklärten Atheismus?

Er betete: »Oh, Herr, bitte lass mich doch nicht den Rest meines Lebens im Schweigen verbringen!«

Dann kam der 4. Dezember 1978. Er hatte eine Vorladung bekommen und sollte sich in einem Büro der staatlichen Meldebehörde einfinden. Als er die Vorladung las, befiel ihn die alte Vorahnung wieder. Aber er hätte nichts zu befürchten gehabt; denn an diesem Tag erhielt Samuel Lamb, der aller bürgerlichen Rechte beraubte Verbrecher, die Wiederbestätigung seiner Staatsbürgerschaft!

Jetzt wurde Samuel etwas mutiger und begann im nächsten Monat wieder mit seinem Englischunterricht in Da Ma Zhan 35. Seine Schüler waren zum großen Teil Christen und verschafften ihm erneut den Eindruck einer wiederbelebten und wachsenden Gemeinde. Langsam fand er sich zurück in seinen Status als Bürger des Landes. Er war sich der Führung seines Gottes sicher, hatte aber keine besondere Vorstellung, wohin Gott ihn führen würde.

Drei Vorkommnisse sollten dann die Wiederaufnahme von Samuel Lambs früherem Dienst einläuten. In der Woche vor Sonntag, dem 25. März 1979, wurde er – für andere unauffällig – eingeladen, in einem Haus in der Sing-Feng-Straße einen Gottesdienst zu halten. Gläubige in diesem Viertel hatten den Wunsch, einen Ort zu haben, wo Gott angebetet werden sollte. Sie wollten eine »illegale« Hausgemeinde gründen.

»Ach, Samuel«, wollte ihn seine Schwester warnen. »Kannst du das wirklich wagen?«

»Sie zeigen ja auch Mut«, antwortete Samuel. Er durchforschte sein Herz. Wie oft hatte er in der Tiefe der Kohlengrube in Erinnerungen geschwelgt und an die Zeiten gedacht, als er noch vor einer Gruppe von Gläubigen stehend das Wort Gottes ausgelegt hatte. Wie groß war damals seine Freude gewesen, wenn er in die Augen eines Ungläubigen gesehen und dort die ersten Lichtstrahlen des ewigen Lebens entdeckt hatte. Wollte er nur wieder dieselben Wunder erleben, oder war es wirklich die Führung des Heiligen Geistes?

Ihm kamen die Worte in den Sinn, die Paulus der Gemeinde in Korinth geschrieben hatte: »Eine große und wirkungsvolle Tür ist mir aufgetan, und die Widersacher sind zahlreich.«[77] Wenn er nun nicht durch diese Tür gehen würde?

»Ich gehe«, sagte Samuel zu seiner Schwester. Er zögerte, als er ihre Zurückhaltung bemerkte. »Ich gehe, weil ich gehen muss.«

»Was soll ich Mutter sagen, wenn sie fragt, wo du bist?«

»Sag ihr die Wahrheit.«

Seine Bibel trug er an diesem Sonntagmorgen in einer kleinen Stofftasche – aus Besonnenheit, und nicht weil er sich geschämt hätte, sie offen zu zeigen. Ein Dutzend Leute hatten sich in einer verwahrlosten Wohnung über einem Ladenlokal zusammengefunden. Es waren einfache Leute. Die meisten von ihnen hatten unter den Roten Garden zu leiden gehabt. Alle wussten, wie schmerzhaft es ist, auf Dauer Entbehrungen zu erleiden. Weil sie alle zur Arbeiterklasse gehörten, war niemand von ihnen eingesperrt oder zur Arbeit aufs Land geschickt worden. Aber sie waren sich sehr wohl der einundzwanzig Jahre bewusst, die Samuel im Gefängnis verbracht hatte.

Als er den Raum betrat, legte sich eine stille Ehrfurcht auf sie. Schon in diesen ersten Augenblicken seines neu aufgenommenen Dienstes für die bedrohten Gläubigen aus allen Altersschichten sahen sie diesen bescheidenen Mann als ihresgleichen an.

Samuel leitete ihren leisen Gesang. Wie gut das tat!

---

77 1. Korinther 16,9

Wirf deine Last auf den Herrn;
Trau seinem Wort auch in Not,
dann wirst du dankbar und gern
preisen den gnädigen Gott!

Während Samuel nun zu dieser ersten kleinen Gruppe sprach, wussten die Versammelten, dass jeden Augenblick die Polizei vor der Tür stehen konnte. Auch wenn sie weniger als fünfunddreißig Personen waren (ab dieser Anzahl betrachtete man behördlicherseits eine Versammlung als illegal), waren sie sich doch bewusst, dass es schon ein großes Risiko war, überhaupt zusammenzukommen.

Wenn Samuel selbst auch ähnliche Sorgen hatte, so ließ er sich zumindest nichts anmerken. Das alte Feuer wurde wieder entfacht, und seine Begabung für den öffentlichen Predigtdienst wurde nach zwanzigjährigem Nichtgebrauch wieder deutlich.

Das Ergebnis dieses Sonntagmorgens war die Gründung einer Gemeinde. Das Paar, das die Gruppe eingeladen hatte, teilte Samuels Vision, sodass sie von nun an die Gemeindestunden selbst leiteten.

Ein zweites Ereignis war für Samuel ein Fingerzeig, dass der Gute Hirte weiterhin den Weg in Richtung Dienst zeigte. Als Folge dieser ersten Sonntagmorgenversammlung überlegte er, ob er nicht auch wieder in Da Ma Zhan 35 Gottesdienste abhalten sollte. Ihm fehlten die sieben Büchlein, die er in der Reihe *Spiritual Collections* geschrieben hatte. Eines von ihnen trug den Titel »Die Taufe und das Mahl des Herrn« und wäre besonders hilfreich für ihn gewesen, sollte er wieder die Leitung einer Gemeinde übernehmen. Ob er die Gedanken noch einmal aufschreiben konnte?

Wenn er daran dachte, stellte sich ihm die Frage, ob er in der Lage sein würde, die Grundgedanken dessen noch einmal einzufangen, was er vor über zwei Jahrzehnten geschrieben hatte. Würde er sich an die passenden Bibelstellen erinnern können, die er damals benutzt hatte?

Dann kam eines Tages Zhu Feng zu Besuch. Er hatte früher zu der nun aufgelösten Gemeinde von Da Ma Zhan 35 gehört. Zuerst erkannte Samuel ihn nicht. Der Besucher holte ein kleines Päckchen heraus und gab es Samuel.

Als er es öffnete, fand er ein paar Exemplare seiner *Spiritual Collections*! Zhu Feng erzählte ihm, wie sehr ihm die Broschüren in seinem Wachstum als Christ geholfen hatten. Nachdem man Samuel verhaftet hatte und Zhu Feng nicht mehr von seiner Predigt und seiner Belehrung profitieren konnte, hatte dieser einfache Mann die Broschüren studiert und beinahe auswendig gelernt. »Was ich gelernt habe, habe ich dann anderen weitergegeben«, sagte er.

Zhu Feng berichtete Samuel, wie er die Broschüren 1966 vor dem bildersturmähnlichen Wüten der Roten Garden gerettet hatte. In der Nacht hatte Zhu Feng die Broschüren in eine Urne gelegt, die für die Gebeine und die Asche von verstorbenen Vorfahren verwendet wurde. Diese Urne hatte er dann vergraben. Als die Roten Garden danach sein Haus plünderten, beschlagnahmten sie eine Bibel, ein Gesangbuch und einige wenige andere christliche Broschüren. Dann waren sie weitergezogen.

Zhu Feng brachte sein Verwundern darüber zum Ausdruck, dass die Roten Garden die Urne nicht gefunden hatten. Er wusste nämlich von anderen Christen zu berichten, bei denen man den ganzen Hof aufgegraben hatte. Bei einer Familie hatte man sogar das komplette Wohnzimmer im Erdgeschoss bis auf eine Tiefe von mehr als einem Meter aufgegraben, weil man dort ein Versteck vermutete.

Samuels Augen waren voller Staunen, als er nun diese wertvollen Büchlein in Händen hielt.

»Das war eindeutig der Herr, der dir gezeigt hat, wie du das tun solltest!«, rief er aus. »Das sind vielleicht die einzigen Exemplare, die es überhaupt noch gibt.«

»Aber eine Broschüre fehlt«, sagte Zhu Feng. Samuel untersuchte nun genauer, was er in Händen hielt. »Ich glaube, es war das Bändchen über die Taufe und das Mahl des Herrn«, fügte der Besucher hinzu. »Es war mir bei meinen Studien eine große Hilfe. Deshalb kann ich mir gar nicht vorstellen, wie es kommt, dass es jetzt nicht dabei ist.« Es war genau der Band, den Samuel benötigte.

»Das macht nichts«, sagte er zu Zhu Feng. »Wenn ich es noch einmal aufschreibe, hilft es mir, das Thema noch besser zu verstehen.«

In den darauffolgenden Tagen wurde alles Bibelstudium und die Aussicht aufs Schreiben durch den sich schnell verschlechternden Gesundheitszustand seiner Mutter in den Hintergrund gerückt. Seine beiden Schwestern, seine Kinder und Enkelkinder fanden sich alle an ihrem Bett ein. Ausgezehrt, von Schmerzen gezeichnet, mit tiefen Altersfurchen in ihrem Gesicht war sie doch von Stunde zu Stunde ihrer dahineilenden Zeit immer schöner anzusehen. Es war ein friedlicher Tod am 21. Mai. In dem Gebet, das Samuel sprach, übergaben sie sich Gott und dankten ihm dafür, dass er eine solche Frau in ihrem Haus hatte wohnen lassen.

Ein paar Tage später – Samuel war durch den Tod seiner Mutter eher dazu angetrieben als davon abgehalten worden – begann er, die Broschüre »Die Taufe und das Mahl des Herrn« neu zu schreiben.

Ein weiteres, drittes Ereignis führte dann dazu, dass Samuel in einen noch umfangreicheren Dienst hineingezogen wurde. Als er gerade ein paar Seiten der fehlenden Broschüre geschrieben hatte, erhielt er Post von einem Glaubensbruder, der Zia hieß. Er schrieb: »Ich freue mich sehr darüber, dass du jetzt frei für den Dienst bist. Bitte denke an mich, wenn du den nächsten Taufgottesdienst planst. Ich habe nämlich eine Broschüre gelesen, das einzige Stück christlicher Literatur, das die Roten Garden nicht gefunden haben, als sie unser Haus plünderten.«

Diese Broschüre war das einzige bekannte Exemplar von »Die Taufe und das Mahl des Herrn«!

Samuel Lamb im Alter von 22, als er zu predigen begann (1946)

Seine Frau Li Sui-Ling, seine Tochter Hannah und sein Sohn Enoch (1960)

Pastor Lamb zeigt auf der Karte die Shanxi-Provinz, die Gegend in Nordchina, wo er fünfzehn Jahre lang Zwangsarbeit in einer Kohlengrube ableisten musste.

Bruder Zhu Feng vergrub von Pastor Lamb veröffentlichte Broschüren und rettete sie dadurch vor der Zerstörung durch die Roten Garden während der sogenannten Kulturrevolution.

Der Eingang von Da Ma Zhan 35. Jede Woche betraten und verließen mehr als eintausend Menschen das Gebäude durch diese Tür.

Pastor Samuel Lamb (1989)

Pastor Lambs Arbeitszimmer ist ein winziges Räumchen hinter der kleinen Bühne. Während des Polizeiüberfalls im Februar 1990 wurden ihm alle Bücher abgenommen.

Die Balustrade im zweiten Stock von Da Ma Zhan (1999)
Ein typischer Gottesdienst: Der Raum ist bis auf den letzten Platz besetzt.

Viele hören das Evangelium das erste Mal in ihrem Leben.

Pastor Lamb mit seinen Lebenserinnerungen (2006)

Samuel Lamb im Büro (2006)

2007 in seinem kleinen Zimmer (4 x 4 m)

2007 vor dem Eingang des neuen Versammlungshauses Ronggui Li 15

Vier Wochen nach dem Tod seiner Mutter konnte Samuel »Die Taufe und das Mahl des Herrn« drucken – zusammen mit sechs weiteren Broschüren aus der Reihe *Spiritual Collections*! Unter Verwendung eines Vervielfältigungsapparats veröffentlichte Samuel auch einen Band mit über einhundert geistlichen Liedern, von denen dreißig seine eigenen Kompositionen waren.

In der Zwischenzeit wurden Samuels Englischklassen immer größer. Es gab Schüler, die Interesse für die dramatische Vergangenheit ihres Lehrers zum Ausdruck brachten und sich für das Evangelium öffneten. Das führte dazu, dass Samuel jede Unterrichtsstunde mit einer biblischen Botschaft abschloss für die, die dableiben wollten.

Frau Liu, die später der Sonntagsschule von Da Ma Zhan 35 vorstehen sollte, war die Erste, die sich bekehrte. Sie brachte ihren Cousin mit, der sich ebenso bekehrte. So begann Samuel die Gottesdienste mit einer zweiköpfigen Versammlung.

Zwei weitere Schüler nahmen Christus in ihr Leben auf, und am 6. Juni 1980 taufte Samuel die vier zum Glauben Gekommenen in einem Nebenfluss von Chinas bekanntem Perlfluss. Sie suchten sich dazu eine Stelle aus, die so weit abgelegen war, wie es nur möglich ist in einem Land mit mehr als einer Milliarde Einwohnern, für die es ohnehin nur in den Bergen oder in den Wüstenregionen denkbar ist, einmal allein zu sein. Neugierig schauten ihnen die Bauern zu. Die kleine Gruppe von Gläubigen betete, dass die Bauern sie nicht bei der Polizei anzeigen, dafür aber genug vom Evangelium hören würden, um offene Herzen zu bekommen und mehr zu verlangen. Es war der erste von vielen weiteren Taufgottesdiensten unter freiem Himmel, die sich regelmäßig dadurch ergaben, dass sich Menschen durch Samuels Dienst bekehrten.

Die Versammlung wuchs von vier Bekehrten im Jahr 1980 auf dreißig und mehr im Jahr 1982. Ein Umbau der Wohnung der Lambs wurde erforderlich. So riss man die Wand zu einem Lagerraum ab und stellte die Stühle so auf, dass mindestens fünfzig Personen Platz fanden. Schon bald war bei jedem Gottesdienst auch jeder Stuhl besetzt.

Eines Montags kam ein Unbekannter zu Besuch. Er gab weder sich selbst zu erkennen noch seinen *danwei*.

»Wie viele waren gestern zu den Gottesdiensten hier?«, fragte er.

»Über vierzig«, antwortete Samuel.

»Das ist doch keine Hausgemeinde mehr – Sie haben hier ja eine kleine Kirche!«

Samuel sagte nichts.

»1978 sind Sie mit fünfjähriger Bewährung entlassen worden.«

Samuel schwieg noch immer.

»Selbst wenn Sie eine vorschriftsmäßig registrierte Gemeinde hier hätten, würde es Ihnen Ihre Bewährungszeit gar nicht gestatten, der Pastor dieser Gemeinde zu sein.«

»Ich bekleide kein geistliches Amt«, sagte Samuel. »Ich gebe das weiter, was ich selbst gelernt habe, und habe Gemeinschaft mit meinen Brüdern und Schwestern im Geist. Und das alles auf ganz privater Basis. Wir fallen niemandem zur Last.«

»Das hier ist illegal!«

»Ich weiß nicht, von wem Sie die Vollmacht haben, mich zu verhören«, sagte Samuel. »Aber ich bin bereit, auch ein drittes Mal ins Gefängnis zu gehen. Während meiner langen Haft war ich fest davon überzeugt, dass ich nie wieder freikommen und im Gefängnis sterben würde. Es ist nicht wichtig, wo ich bin, wenn ich sterbe, weil ich glaube, dass ich direkt in den Himmel gehe.«

Der Fragesteller verließ ihn und Samuel übergab die Begegnung seinem Herrn.

Einige Monate lang hatte Samuel chronische, durch Nierensteine verursachte Schmerzen. »Die Steine können von selbst nicht herauskommen«, hatte ihm ein Arzt mitgeteilt. »Sie werden nur noch größer werden. Eine Operation ist unumgänglich, und je früher, desto besser.«

Aber Samuel sträubte sich dagegen. Er nahm die vom Arzt verordnete Medizin ein und setzte seine Arbeit im Vertrauen darauf fort, dass sich der Große Arzt um seine Gesundheit kümmern würde. Aus der dringlichen Operation sollte nie etwas werden.

Im September 1982 kam Wang Ming-tao nach Guangzhou.

»Ich bin wegen einer Augenbehandlung hier«, sagte er zu Samuel. »Aber eigentlich bin ich gekommen, weil ich dich besuchen wollte, mein geschätzter Bruder! Ich kann mich noch an den evangelistischen Dienst erinnern, den dein Vater 1940 in Guangzhou getan hat. Es muss ihm eine Freude sein, wenn er von seinem idealen Aussichtspunkt in der Herrlichkeit sieht, wie du auf dieser Grundlage weiterbaust.«

Während der Stunde, die die beiden Männer miteinander verbringen konnten, erzählte Pastor Wang Samuel, wie er 1955 verhaftet und einer solch brutalen Gehirnwäsche unterzogen worden war, dass er schließlich, erschöpft und verwirrt, angeblich das Zeugnis seines Glaubens widerrufen hatte. Die Nachricht hatte sich in ganz China wie der Bericht über eine entscheidende militärische Schlacht verbreitet.

Als der Pastor kurz darauf wieder zu sich gekommen war, tat er unter großem Schmerz Buße und sagte seinen Peinigern, er sei nach wie vor von seinem christlichen Glauben überzeugt und er beabsichtige, sein weiteres Leben im Dienst für den Herrn zu verbringen. Daraufhin schickte man Wang ins Gefängnis, wo er eine Haftstrafe absaß, die noch um zwei Jahre länger war als die Samuel Lambs.

»Die Bibel sagt uns, dass wir ›klug wie die Schlangen und ohne

Falsch wie die Tauben‹ sein sollen«[78], erklärte Wang Ming-tao. Aber wir dürfen auch die Aufforderung des Paulus an Titus nicht vergessen, wenn er sagt: ›Ermahne und überführe mit allem Nachdruck!‹[79] Und den Philippern schrieb er: ›Wandelt nur würdig des Evangeliums des Christus.‹[80] Wenn wir unseren Dienst unter Gottes Bedingungen und nicht unter unseren eigenen tun, dann haben wir den ganzen Himmel hinter uns stehen!«

Die beiden Männer sprachen über die bösen Angriffe Satans gegen die Christen und ihre Führer in China. Einige von ihnen waren umgefallen, darunter auch prominente Pastoren, die sich der Kulturrevolution angeschlossen hatten. Andererseits freuten sich Samuel und Pastor Wang auch über die vielen, die fest und treu geblieben waren.

»Was wir heute in China sehen, ist Erntezeit«, sagte der Besucher. »Dass doch die Feuer, die hier entzündet werden, sich über die ganze Erde verbreiten würden!«

Als die beiden auseinandergingen, sagte Pastor Wang scherzhaft zu Samuel: »Man hat mir gesagt, dass die Regierung mich als Feind Nummer Eins betrachtet. Aber Samuel Lamb aus Guangzhou betrachten sie als Feind Nummer Zwei!« Mit einem breiten Lächeln fügte er hinzu: »Wie du weißt, bin ich schon hoch in den Achtzigern und muss mich bald zurückziehen. Es wird Zeit, dass du mich überholst und mein Erbe in der Liste antrittst.«

Das in diesen gemeinsamen Augenblicken angezündete Feuer gab Samuels Entschlossenheit neuen Auftrieb. Er hatte natürlich noch keine Ahnung von dem Wachstum, das seiner soeben flügge werdenden Gemeinde bevorstand. Es kam ihm nicht in den Sinn, der Größe eines Wang Ming-tao nachzueifern. Ganz gewiss trug er sich auch nicht mit dem Gedanken, der Regierung oder gar der Drei-Selbst-Bewegung die Stirn zu bieten.

Eines Morgens wurde er sehr bewegt, als er in Apostelgeschichte 9 einen Bericht über das Gemeindewachstum in Judäa, Gali-

78 Matthäus 10,16
79 Titus 2,15
80 Philipper 1,27

läa und Samaria las: »… und wurde erbaut und wandelte in der Furcht des Herrn und mehrte sich durch die Ermunterung des Heiligen Geistes.«[81]

Samuel betete: »Bitte, himmlischer Vater, lass es auch so mit meinem Dienst sein!«

Drei Monate nach Wang Ming-taos Besuch begleitete Samuel zehn Täuflinge zu einem abgelegenen Flussufer, wo ein Taufgottesdienst stattfinden sollte. »Es war bitterkalt«, erinnert er sich. »Einer von den zehn Täuflingen war eine Frau über siebzig. Unsere Herzen wurden durch die Gnade Gottes und die Liebe zueinander so erwärmt, dass es uns so vorkam, als wäre es Juli.«

Ein paar Tage später bekam Samuel eine Vorladung von der Polizei. Der Diensthabende sagte zu ihm: »Das hier ist eine offizielle Mitteilung. Sie haben jetzt rund einhundert Leute, die zu Ihrer illegalen Kirche gehören. Sie veröffentlichen Bücher unter direkter Missachtung der chinesischen Gesetze. Was Sie tun, entspricht nicht den Vorschriften und Gesetzen. Sie werden jetzt sofort mit diesen Aktivitäten aufhören!«

Er reichte Samuel das Schreiben. Ein kurzer Blick darauf genügte ihm, um festzustellen, dass die Gemeinde in Da Ma Zhan 35 auf Dauer zu schließen war.

»Aus welchem Grund?«, fragte Samuel.

»Sie sind illegal.«

Samuel fasste Mut in seinem Herzen. Er spürte förmlich, wie ihm Hilfe von außen zuteilwurde. »Es gibt in ganz China Hunderte solcher Hausgemeinden«, wandte er höflich ein. »Vielerorts bekommen sie sogar die Empfehlung von Regierungsmitgliedern.«

»Ihre Hausgemeinde ist und bleibt verboten!«

Ein halbes Jahr lang fügte sich die Gemeinde – zumindest dem Anschein nach. Tatsächlich waren die Gläubigen eifriger als je zuvor. Offiziell war die Gemeinde geschlossen, aber die Gemeindemitglieder kamen, um sich Rat zu holen und um Gemeinschaft zu pflegen. Meistens waren es kleinere Gruppen, aber manchmal waren auch dreißig Leute gleichzeitig zusammen.

81 Apostelgeschichte 9,31

Samuel wusste, dass man sie beobachtete. Aber anstatt sich dadurch gestört zu fühlen, war es ihm eher ein zusätzlicher Antrieb. Obwohl die nicht-offiziellen Treffen nun jeden Abend stattfanden, kamen weder Polizei noch Beobachter der Drei-Selbst-Bewegung. Nach Ablauf von sechs Monaten wurden die Gemeindeglieder immer mutiger. Aus den Gemeinschaftstreffen wurden Treffen zum Bibelstudium und dann regelrechte Gottesdienste.

»Ich wollte der Regierung nicht ungehorsam sein«, sagte Samuel. »Aber die Handlungsweise der Behörden war so unklar.« Sie hatten zwar im Dezember die Schließung der Gemeinde offiziell angeordnet, aber den Befehl nie durchgesetzt. Allmählich nahm man die Gottesdienste in Da Ma Zhan 35 wieder auf. Nicht nur der Pastor zeigte Mut, auch die Gläubigen wurden kühner.

Dann kam Samstag, der 28. Mai 1983. Samuel war wieder bei der Polizei vorgeladen worden. Am nächsten Tag würde seine fünfjährige Bewährungszeit auslaufen. War der Zeitpunkt absichtlich gewählt oder reiner Zufall?

»Einer unserer Beauftragten hat Ihre Wohnung einer Kontrolle unterzogen«, sagte der Polizist. »Sie befolgen unsere Anweisungen nicht! Von heute an werden Sie keine einzige Versammlung mehr durchführen, bis Sie die offizielle Genehmigung dafür bekommen. Haben Sie das verstanden, Herr Lamb?« Wie schon oft vorher – und dabei folgte er dem Beispiel Jesu – schwieg Samuel.

Am nächsten Morgen – es war ein Sonntag und der letzte Tag seiner fünfjährigen Bewährung – kamen über fünfzig Personen zum Gottesdienst. Am Montag wartete Samuel auf einen weiteren Besuch oder eine weitere Vorladung. Aber nichts dergleichen geschah – auch nicht am Dienstag oder an einem der darauffolgenden Tage. Am nächsten Sonntag waren wieder mehr als fünfzig Personen zusammen.

»Ich fühlte mich diesen Menschen gegenüber verpflichtet«, sagt er. »Indem ich weiterhin entgegen behördlicher Anordnung predigte und lehrte, ging ich natürlich ein Risiko ein. Aber die Anwesenden waren genauso in Gefahr.« Was sollte er tun?

Er schrie zum Herrn und bat ihn um Weisheit. Er bat um ein untrügliches Gespür für die Missbilligung Gottes, wenn das, was er tat, nicht rechtens war. Es war offensichtlich, dass die Behörden keine festgelegte Strategie verfolgten. Vielleicht standen sie zwischen der Pflicht, das Gesetz durchzusetzen, und dem Druck, der von der Drei-Selbst-Bewegung ausging.

Die Bibel lehrt unmissverständlich den Gehorsam gegenüber der Regierung. Aber die Bibel ermahnt auch Leute wie Samuel Lamb: »Predige das Wort, halte darauf zu gelegener und ungelegener Zeit; überführe, weise ernstlich zurecht, ermahne mit aller Langmut und Lehre.«[82] Der im Gefängnis sitzende Apostel Paulus hatte auch gesagt: »Eine große und wirkungsvolle Tür ist mir aufgetan, und die Widersacher sind zahlreich.«[83]

»Führe mich, Herr!«, betete er. »Ich brauche Unterscheidungsvermögen, das über meine eigene Weisheit hinausgeht!«

Als er am nächsten Sonntag vor seiner Gemeinde stand, war sich Pastor Samuel Lamb der Führung und Bestätigung seines Herrn so sicher wie nie zuvor. Beim Anblick dieser lieben Menschen und beim Hören ihres Gesangs wusste er mit unmissverständlicher Sicherheit, dass er weiterhin ihr Pastor sein musste. Vor dem Rachen des Löwen musste das sanfte »Lamm« mutig auf die Führung und den Schutz des Großen und Guten Hirten vertrauen.

Als die Zeit für das Schlusslied gekommen war, sagte er den Gottesdienstbesuchern, sie sollten laut »*Dai sang cheung*!« singen.

Und so war es auch am nächsten Sonntag. Und am darauffolgenden auch.

»Irgendwie müssen wir wohl unsere Wohnung vergrößern«, sagte er zu Ai Ling. Kurz darauf erhielten jene Bewohner von Da Ma Zhan, deren Wohnung an die Nummer 35 grenzte, die Aufforderung, ein Gebäude abzubrechen, um Raum für ein neues Bauwerk zu schaffen. Wegen einer eventuellen Gefährdung seiner Wohnung erhielt Samuel eine Entschädigung von dreitausend Dollar.

---

82 2. Timotheus 4,2
83 1. Korinther 16,9

»So sorgt der Herr für uns!«, rief er aus. »Das Geld werden wir für unsere Renovierungsarbeiten nehmen.« Das Wachstum stand erst an seinem Anfang.

Die damit verbundenen Konsequenzen aber auch.

DIE GEMEINDE OHNE NAMEN. Diese Bezeichnung passte äußerst gut für die Gruppe von Gläubigen, die eine der bekanntesten Hausgemeinden Chinas werden sollte.

Die Gemeinde in Da Ma Zhan 35 funktionierte ohne offizielle Registrierung und ohne offizielle Mitgliederliste. Es gab keinen Vorstand, keine gesonderten Treffen für Ehepaare, keine Männerversammlungen, keine Nähkreise, keine Mitgliederwerbung, keine Ausschüsse, die für die Beschaffung von Geld zuständig gewesen wären.

Ihre einzige Zielsetzung bestand darin, miteinander zu beten, zu singen und dreimal wöchentlich mindestens neunzig Minuten zusammen zu sein, um eine bibeltreue, evangelikale Predigt oder einen Lehrvortrag zu hören. Mit weiter wachsender Zuhörerschaft war selbst der Raum nicht mehr ausreichend, der durch den Umbau entstanden war.

»Wenn die Roten Garden doch nur unser Haus in Ruhe gelassen hätten, dann würde uns außer dem Obergeschoss auch noch das Erdgeschoss zur Verfügung stehen«, sagte er zu seiner Schwester.

»Und das von unserem Onkel auch noch«, fügte Ai Ling hinzu und bezog sich damit auf die angrenzende Wohnung ihres Onkels, die auch beschlagnahmt worden war.

Eines Tages, als er die Sanierung ihrer Wohnräume begutachtete, stieg er auch zum Dachboden hinauf. Er sah sich die Bauweise der Zwischendecke an und stellte fest, dass es auf der gesamten Fläche keine störenden Säulen oder Wände gab. Wie wäre es, wenn man …?

Er teilte seine Beobachtung seinen Schwestern und den Gemeindeältesten mit. Wenn sie das Dach anheben würden, könnten sie ein drittes Stockwerk schaffen, wodurch sie einen Gemeinderaum bekämen, der noch um die Hälfte größer wäre als der Umbau im zweiten Stockwerk.

»Ob uns die Stadtverwaltung das aber genehmigt?«, fragte einer der Ältesten.

»Wir werden einfach eine Baugenehmigung beantragen«, entgegnete Samuel. »Ich werde angeben, dass meine Schwestern und ich den Wunsch haben, die Wohnung zu vergrößern. Wenn man mich nach meiner Zielsetzung fragt, dann sage ich einfach die Wahrheit und überlasse Gott die Folgen.«

Nachdem Samuel die ganze Gemeinde zusammengerufen hatte, damit sie seine Bemühungen im Gebet unterstützen konnten, begab er sich zur Behörde für Stadtplanung und bekam ohne Schwierigkeiten die offizielle Genehmigung! Die Gemeinde war wie elektrisiert! Mit einer Begeisterung, wie es typisch ist für solche Bauvorhaben, gaben sie nicht nur ihre Zeit und ihr Geld, sondern begannen auch mit einer Gebets- und Lobpreisnachtwache.

»Wir wussten, dass wir das Obergeschoss von der Stabilität her so bauen mussten, dass dreihundert Personen gefahrlos untergebracht werden konnten«, sagt Samuel. Um das verwirklichen zu können, musste das Bauunternehmen Stahlstützen einbringen, die allerdings auf dem Boden des beschlagnahmten Erdgeschosses stehen mussten und bis zum dritten Stockwerk reichen würden.

»Da wir offiziell kein Anrecht mehr auf das Erdgeschoss hatten«, sagte Samuel, »haben wir wieder gebetet. Und ich bin ein zweites Mal zu der Behörde gegangen.«

Gegen eine Gebühr von 1000 Dollar erhielt er die Genehmigung. Bei einer Gelegenheit erklärte Pastor Lamb seinen Besuchern: »Wir mussten 1000 Dollar dafür bezahlen, dass wir unser Eigentum betreten und benutzen durften!«

Im Herbst 1983 war es so weit. Die Bautruppe war bereit, den

Beton für die Fußböden zu gießen. Aber am frühen Mittwochmorgen – es war der 10. Oktober – wurde Samuel von einem lauten Scheppern geweckt. Jemand klopfte an die metallene Sicherheitssperre, die auf halber Höhe im äußeren Treppenhaus angebracht war. Schlaftrunken wankte er zur Tür, schaltete das Licht an und sah nach unten. Zehn Männer standen im Schatten unterhalb der Sperre.

»Aufmachen!«, riefen sie.

»Wer sind Sie?«, wollte Samuel wissen.

»Wir sind Chinesen, die ihrem Vaterland treu ergeben sind und deshalb denen nachstellen, die ihrem Vaterland untreu sind!«

Zögernd öffnete Samuel die Sperre. Waren sie eine Bande von Straßenräubern? Aber selbst auf den Landstraßen trieben die Diebe ihr Unwesen nicht mit so vielen auf einmal.

Als er die nächtlichen Besucher besser erkennen konnte, stellte er fest, dass sie alle Uniform trugen. Es waren zehn Polizisten. Sie betraten sein Haus so, als hätten sie die ganze Aktion einstudiert. Wie Soldaten beim Manöver warfen sie Möbelstücke um, rissen Schubladen und Schränke auf, sammelten Bibeln, Gesangbücher und christliche Literatur ein.

Es war wieder ganz so wie bei den Roten Garden.

»Haben Sie einen Durchsuchungsbefehl?«, protestierte Samuel. Seit der Festnahme der Viererbande, die von Jiang Qing, der Witwe Mao Tse-tungs, angeführt worden war, hatte es kaum noch Hausdurchsuchungen gegeben.

»Darf ich den Durchsuchungsbefehl sehen?«, hakte er vorsichtig nach.

Die Antwort war Schweigen. Zu hören waren nur die Geräusche der Eindringlinge, während sie die Wohnung Zentimeter für Zentimeter durchsuchten. Sie beschlagnahmten alle Bibeln und Gesangbücher, mehr als 8000 vervielfältigte Schriften, einen Verstärker, einen Kassettenrekorder und 240 Kassetten. Eine Packung Bleistifte nahmen sie auch noch mit.

Der Anführer der Truppe kritzelte eine Quittung hin und gab sie Samuel. Zehn Tage später wurde er zum Verhör vorgeladen. In der Vorladung forderte man ihn auf, die Quittung mitzubringen.

Das Verhör war fast so wie immer. Die Quittung wurde ihm abgenommen und die gestohlene Ware blieb für immer verschwunden. Aber Samuel Lamb durfte wieder zurück an den Ort, wo er wohnte und diente. Diese Prüfung frustrierte und verwirrte ihn zugleich. War es nur eine Vorahnung von dem, was noch kommen sollte?

Unter den entsprechenden Vorsichtsmaßnahmen hieß Samuel seine Gemeinde wieder willkommen. Und sie kamen – überzeugt und freudig. Auf ihr Drängen als auch auf sein eigenes wurden die Umbauarbeiten wieder aufgenommen. Am Dienstag, dem 29. April 1984, wurde das Projekt mit Lobgesängen und Freudentränen eingeweiht.

Die Besucherzahlen stiegen wieder stetig an. Zunächst waren es dreihundert, dann vierhundert und mehr, und bald waren der Gemeinderaum und die Räume im zweiten Stock voll besetzt. Ob es draußen stürmte oder ob die Sonne schien – am Gemeindebesuch änderte das nichts. Die Gemeinde installierte eine Lautsprecheranlage, sodass Predigten und Lehrvorträge von dem oben gelegenen Gemeinderaum in das Stockwerk darunter übertragen werden konnten. Man baute auch Bänke ein und sorgte für Sitzgelegenheiten für die Besucher, die in den Gängen und auf den Treppen sitzen mussten. In den USA würde keine Obdachlosenmission den von der Straße Aufgelesenen solch armselige Räume angeboten haben. Aber auch keine Gemeinde auf der ganzen Erde, und wenn die Räumlichkeiten noch so nobel wären, hätte mehr Stolz und Dankbarkeit zum Ausdruck bringen können als die Studenten, Ärzte, Rechtsanwälte, Lehrer und Arbeiter, die eine Stunde früher kamen, um sich einen guten Platz zu sichern. Da nicht alle Gottesdienstbesucher gleichzeitig in das Gebäude passten, wurde die Sonntagspredigt auch am Mittwoch- und am Samstagabend wiederholt.

Weil es in den Sommermonaten drückend heiß wird, sorgte eine Reihe von Ventilatoren für den nötigen Luftaustausch. Der Einbau einer Klimaanlage wurde jedoch nie erwogen.

Es kam ständig zu Bekehrungen – in der Regel sonntags, häufig aber auch in den anderen Gottesdiensten und oft in persönlichen Begegnungen unter vier Augen. Unaufhörlich kamen Anfragen, weil jemand getauft werden wollte. Es kam vor, dass nur eine Handvoll Neubekehrter an einem Flussufer getauft wurde, aber es war eher die Regel, dass sich Dutzende von Anwärtern zur Taufe meldeten.

Eines Nachmittags kam ein Mann aus der Gemeinde zu Pastor Lamb und fragte: »Wie viele haben sich zur Taufe angemeldet?«

»Über dreißig«, antwortete der Pastor.

»Ist es nicht ein bisschen riskant, dass wir mit so großen Gruppen von Taufwilligen immer noch in der Öffentlichkeit taufen?«

»Manchmal sind die Täuflinge ja etwas nervös«, entgegnete Samuel dem Mann, »aber meistens sind sie tapfer und wollen unbedingt so getauft werden, dass es ein Zeugnis für Fremde ist.«

»Allerdings könnten die Taufen unter offenem Himmel verboten werden.«

»Das wollen wir in Gottes Hand legen. Die Taufe ist seine unmittelbare Anweisung. Unser Gehorsam gilt zuerst ihm. Mach dir wegen der sich daraus ergebenden Konsequenzen keine Gedanken.«

Der Mann fuhr fort: »Ich habe mich mit einigen in der Gemeinde unterhalten. Wir meinen, dass wir ein aufblasbares Schwimmbecken aufstellen und dann die Taufen im Gemeinderaum durchführen könnten.«

Diese Möglichkeit war für den Pastor etwas völlig Neues, aber sie fand sofort seine Zustimmung. Und so nahmen achtunddreißig Personen an der Einweihung des Taufbeckens teil.

Als die Gemeinde in Da Ma Zhan weiter wuchs, wurde die Botschaft auch weiter nach außen getragen. Bald entstand eine zweite Hausgemeinde am Stadtrand. Als die Arbeit sich ausdehnte, kamen noch weitere Gemeinden hinzu.

»Die Gemeinde in China ist in gewisser Hinsicht vergleichbar mit dem Leib Christi im Neuen Testament«, erklärt Samuel. »Wer errettet werden möchte, stammt meist nicht aus einem christlichen Umfeld. Diese Leute haben heidnische und oft atheistische Wurzeln. Sie hatten vorher keine entsprechenden Grundkenntnisse und waren keinem christlichen Einfluss ausgesetzt. Es ist höchst unwahrscheinlich, dass sie je einen Bibelvers oder etwa eine biblische Geschichte gehört haben. Die meisten von ihnen müssen nach ihrer Wiedergeburt erst einmal die elementarsten Dinge des christlichen Glaubens lernen.«

Unter solchen Menschen zeigt sich der souveräne Gott und wirkt Wunder, um der biblischen Wahrheit Nachdruck zu verleihen. Und das war der Fall in den Hauskirchen Chinas. Die Gemeindeglieder erlebten in besonderer Weise, wie sich die göttliche Macht in ihrem Leben äußerte. So wurde zum Beispiel die Gemeinde in Da Ma Zhan Zeuge mehrerer Fälle von Dämonenaustreibungen. Meistens aber war es so, dass Heilungen im privaten Rahmen stattfanden, wo der Pastor oder die Ältesten hinzugezogen worden waren, um zu helfen. Es kam aber auch zu Heilung und Wiederherstellung, wenn jemand völlig allein war und ohne dass ein Pastor, die Ältesten oder andere Christen vermittelt hätten. Das bedeutendste Ergebnis dieser Wunder war jedoch, dass Menschen, die sich hartnäckig und widerspenstig geweigert hatten, an Jesus zu glauben, danach ihm ihr Leben übergaben und den christlichen Glauben annahmen.

Eine Frau Anfang sechzig war krank geworden. Ihr Mann und sie selbst gehörten beide zu einer Tochtergemeinde in Guangzhou, sie hatten jahrelang für ihre Söhne und Töchter gebetet, damit auch sie Christen würden. Die Kinder jedoch hatten sich ungöttlichen Mächten ausgeliefert und zeigten sehr wenig Interesse für den Glauben ihrer Eltern.

»Koste es, was es wolle«, sagte die bekümmerte Mutter zu ihrem Mann, »aber ich muss noch die Errettung meiner Kinder miterleben!«

Der Gesundheitszustand der Frau verschlechterte sich rapide, und schließlich konnte sie sich überhaupt nicht mehr bewegen. Der Tod stand vor der Tür. Als die Familie sich um ihr Bett versammelt hatte, drückten ihre Söhne und ihre Töchter unter Tränen aus, wie lieb sie ihre Mutter hatten.

»Ich möchte, dass ihr alle im Reich Gottes seid«, sagte sie unter großer Anstrengung.

Als es Nacht wurde, fiel sie ins Koma und im frühen Morgengrauen sah es so aus, als wenn sie gestorben wäre. Während ihr Körper still dort lag – ohne Atem, ohne Puls – und langsam steif und kalt zu werden drohte, fiel der trauernde Ehemann an ihrem Bett auf die Knie und schrie zum Herrn. Er gab seinem Glauben neu Ausdruck und bat Gott, ihm zu vergeben, dass er so versagt hatte in seinem Vorbild für seine Kinder. Die Ehrlichkeit ihres Vaters und die Tatsache, dass er mit der traditionellen chinesischen Kultur brach, indem er sich vor ihren Augen demütigte, überzeugte und berührte sie so tief, dass sie neben ihm auf die Knie gingen.

»Oh Gott!«, betete einer seiner Söhne. »Vergib uns unsere Sünden, damit wir Mutter im Himmel wiedersehen!«

»Wenn unsere Mutter doch nur noch so lange gelebt hätte, um Zeugin unserer Umkehr zu werden!«, betete ein anderer.

In diesem Augenblick richtete sich die vermeintlich Tote auf! »Ich habe Hunger«, sagte sie ganz ruhig. »Würdet ihr mir etwas Reis bringen?«

Ein Arzt in Peking berichtete von einem ähnlichen Vorfall. Er hatte selbst den Totenschein für einen Mann ausgestellt, der sich einige Stunden später aufrichtete, Nahrung zu sich nahm und sich mit seinen Familienangehörigen unterhielt.

Wenn man Samuel über Wunder wie dieses befragte, antwortete er: »Wunder geschehen nach dem Ermessen Gottes und nicht nach dem unseren. Es handelt sich hier um ganz besondere Vorkommnisse, die er dazu benutzt, dem Atheismus einen Verweis auszusprechen und seine Gemeinde zu stärken. Wenn jemand theologische Schwierigkeiten bezüglich der Heilungen hat, dann streiten wir uns nicht deswegen. Wir führen keine öffentlichen Heilungsgottesdienste durch. Aber wenn jemand in Not ist, dann gehen wir zum Herrn und bitten ihn, seine Gnade über uns auszugießen. Besonders beten wir dafür, dass wir seinen Willen erkennen. Und das geschieht im häuslichen Rahmen, nie als öffentliche Zurschaustellung. Die Leute beten in ihren Häusern und mit ihren Freunden. In Notzeiten rufen sie zu Gott, und Gott antwortet auf ihr Rufen!«

Der allseits geliebte Pastor lebte selbst täglich aus der Gnade des Großen Arztes. Wenn man ihn nach chronischen Krankheiten fragte, welche die Folge seiner vielen Jahre in der Kohlengrube waren, wechselte er das Thema. Nach außen hin legte er eine übersprühende Energie an den Tag, aber er bestimmte auch selbst das Tempo. Jeden Nachmittag machte er ein einstündiges Schläfchen und ließ sich auch von dieser Gepflogenheit nicht abbringen.

»Gott gibt mir die Kraft, die ich brauche«, sagte er.

Die tägliche Fürsorge durch den Großen Arzt stellte für Samuel ein genauso großes Wunder dar wie eine aufsehenerregende Heilung.

Das Thema der Krankenheilung kam in Samuels Predigten und Lehrvorträgen kaum vor. »Es besteht gar keine Notwendigkeit, hinter solchen Heilungen her zu sein«, hob er mit Nachdruck hervor. »Unser Glaube reicht voll und ganz aus. Im Glauben ruhen wir in den Verheißungen Gottes und lassen ihn entscheiden, was für uns am besten ist.« Als Samuel zwischen den schwarzen Wänden der Kohlengrube gefangen war, hatte Gott kein Erdbeben gesandt, um deren Wände niederzureißen und ihn zu befreien. Aber er hatte Samuel den Glauben daran gegeben, das anzunehmen, was er in seinem Leben geschehen ließ.

Samuel glaubte, dass Gott manchmal mehr durch Krankheit und Armut verherrlicht wird als durch Gesundheit und Wohlstand. So war eine seit zwanzig Jahren bettlägerige Frau nicht geheilt worden, aber ihre Gebete für andere waren ein sehr wirkungsvoller Dienst gewesen. Gott allein weiß, wie viele Menschen auf ihre Gebete hin gläubig wurden. Auch Samuel war auf ihre tägliche Fürbitte für ihn angewiesen.

In seinen Schriften fährt er fort: »Ich sehe, dass viele Christen im Westen wohlhabend sind. Gott segne sie! Wir beneiden sie jedoch nicht um ihre Lebensverhältnisse, sondern beten dafür, dass der irdische Wohlstand nie anstelle des geistlichen Wohlergehens im Mittelpunkt ihres Glaubens steht. ›Trachtet zuerst nach dem Reich Gottes‹, ermahnt uns der Herr Jesus. Es ist genauso verkehrt, bedürftig zu sein und sich darüber zu beschweren, wie wenn man großen Reichtum hat und es zulässt, dass er alles bestimmt!«

Was das Für und Wider der beiden bestehenden theologischen Positionen angeht, sagt er: »Unser Dienst ist es, Seelen zu gewinnen und Gläubige zu einem Leben als Jünger anzuleiten. Lehrauffassungen, die sich widersprechen, gehen wir aus dem Weg. Es ist möglich, sich so sehr mit lehrmäßigen Unterschieden zu befassen, dass uns das Wesentliche an der Bibel entgeht: ›*Alle Schrift ist von Gott eingegeben und nützlich zur Lehre, zur Überführung, zur Zurechtweisung, zur Unterweisung in der Gerechtigkeit, damit der Mensch Gottes vollkommen sei, zu jedem guten Werk völlig geschickt.*‹ Wenn unser Bibelverständnis uns nicht hilft, mehr zu lieben und andere besser zu ertragen, dann haben wir das Wesentliche an ihrer Botschaft nicht begriffen!«

In seiner Predigt betonte Samuel stark die Reinigung und Erfüllung durch den Heiligen Geist. Der Da-Ma-Zhan-Gemeinde war es wichtig, dem Heiligen Geist Raum zu geben. Samuel lehrte, dass ein Christ den Heiligen Geist dann empfängt, wenn er errettet wird, es aber ein Prozess bleibt, vom Heiligen Geist erfüllt zu leben. Er wünschte, dass die Gläubigen wirklich den Wunsch nach den größten Segnungen Gottes in ihrem Leben verspürten.

In diesen Tagen des Wachstums und des Segens setzten auch die Überwachungsaktivitäten der Drei-Selbst-Bewegung wieder ein. »Häufig registrierten wir Fremde in der Gemeinde, die nur deswegen zu den Gottesdiensten kamen, um ihre Ermittlungen anzustellen«, sagte Samuel. »Und es war herrlich zu sehen, wie der Herr einige von ihnen angesprochen und ihnen verständlich gemacht hat, was unsere tatsächlichen Zielsetzungen sind.«

In ganz China kam es wiederholt vor, dass das eine oder andere Mitglied der Drei-Selbst-Bewegung sich dort verabschiedete und sich einer Hauskirche anschloss. So gut die Absichten von solchen Führern wie Samuel Lamb auch waren, der Vorwurf, man wolle Anhänger für sich gewinnen, führte nur dazu, dass die Gräben zwischen der Drei-Selbst-Bewegung und den Hausgemeinden noch tiefer wurden. Auch in den schwierigsten Jahren wuchsen die Hausgemeinden schneller als die Kirchen der Drei-Selbst-Bewegung.

Und doch waren diese Hausgemeinden während der Achtzigerjahre des letzten Jahrhunderts in ihrem Dienst ständig von einer großen Ungewissheit umgeben. Ihre Duldung hing nur an einem seidenen Faden, und das Schwert der Unterdrückung konnte sie wieder mit voller Wucht treffen. Das sollte Samuel auch bald zu spüren bekommen.

Eines Morgens kam ein Polizist die Treppe herauf und verlangte den Pastor von Da Ma Zhan 35 zu sprechen.

»Das bin ich«, sagte Samuel.

Nach einem kurzen Blick auf das umgebaute zweite Stockwerk ging der Besucher die zweite Treppe hoch. Samuel folgte ihm. Der Polizist schaute sich den Gemeinderaum einen Augenblick lang schweigend an. Samuel schaute den Polizisten an – und betete.

Dann sagte der Uniformierte: »Das hier ist illegal! Das ist eine nicht-registrierte Kirche. Sie werden sie sofort schließen!«

»Das kann ich nicht«, antwortete Samuel so freundlich, wie er konnte. »Es ist nämlich Gottes Sache, und er hat mich berufen, dass ich mich darum kümmere.«

»Sie haben keine andere Wahl. Hören Sie auf, oder Sie werden die Konsequenzen zu tragen haben.«

Einen Augenblick lang sahen sich die beiden Männer an – der Polizist unnachgiebig, Samuel resolut.

»Herr Wachtmeister!«, sagte Samuel bedächtig, »ich möchte gern ein Bürger sein, der die Gesetze befolgt. Und dazu halte ich auch meine Leute an. Aber diese Arbeit hier kann ich nicht aufhalten, weil es Gottes Arbeit ist.«

»Dann werden Sie eben die Konsequenzen tragen müssen!«

»Ich habe zwanzig Jahre im Gefängnis gesessen, weil ich das Evangelium meines Herrn Jesus gepredigt habe«, sagte Samuel. Er zögerte, wusste er doch, wie sehr er jedes Wort abwägen musste. »Und ich bin auch bereit, wieder ins Gefängnis zurückzukehren.«

Der Polizist zögerte, so hatte ihn die Kühnheit des Pastors überrascht. Dann drehte er sich um, ohne ein Wort zu sagen, und ging.

Er kam auch nie wieder.

Aber jemand anders kam …

Ah Leng stieg bei Zhong Shan 5 aus dem Bus und blieb einen Augenblick stehen. Eine Reihe Lastwagen und Taxis fuhren an ihm vorüber. Wie in allen Städten Chinas nahmen auch hier in Guangzhou die Autofahrer wenig Rücksicht auf die Fußgänger.

»Da Ma Zhan ist ein ziemlich enges Sträßchen«, hatte ihm Wu San gesagt, sein Freund, den er vom Chemie-Labor der Universität her kannte. »Für Autos ist es nicht breit genug. Fußgänger wie du müssen durch ein kleines Tor gehen.«

Ah Leng konnte das Tor sehen und setzte vorsichtig einen Fuß auf die Straße, als gerade wieder eine Reihe Taxis herangefahren kam. Ein Bus tauchte auf, hielt an, Fahrgäste stiegen ein. Radfahrer machten sich mit ihren Klingeln bemerkbar. Ein Taxi wechselte die Fahrspur und kam ihm bedrohlich nahe. Ah Leng musste zur Seite springen und wäre fast von einem Fahrrad gestreift worden. Der Radfahrer, der beinahe selbst das Gleichgewicht verloren hätte, schimpfte auf ihn los.

Jetzt erreichte Ah Leng das Tor, von dem Wu San ihm erzählt hatte, und dahinter konnte er die Da-Ma-Zhan-Straße erkennen. Die Straße schien so alt zu sein, als stamme sie aus der Zeit der Mandschuherrschaft.

Schon seit seiner Kindheit hatte Ah Leng eine Vorliebe für solche alten und engen Sträßchen.

Er eilte weiter. Über ihm ragten Stangen aus den Fenstern heraus, an denen Wäsche im Abendwind flatterte. Die Leute saßen vor ihren Häusern. Großväter schauten mit leerem Blick hinaus auf den Weg und gleichzeitig zurück in die Vergangenheit. Mütter siebten Reis, und Hunde dösten vor sich hin.

Einige Männer standen in Gruppen beieinander. Die einen spielten Mah-Jongg – ein Spiel, das auf den ersten Blick wie Domino aussieht, aber doch wesentlich anspruchsvoller ist – und die anderen schauten der lautstark ausgetragenen Partie zu. Winzige Läden boten Kleidung, Tabak und Krimskrams an. Der Geruch von Schweinefleisch wehte von den Ständen der Straßenhändler herüber und vermischte sich mit dem von Fisch, gedünstetem Reis und Gemüse. Ah Leng ging weiter, ohne den Stimmen und Gerüchen Beachtung zu schenken, seine Augen konzentriert auf die Hausnummern gerichtet – 63, 49 …

»Du musst aufpassen, es ist leicht zu verfehlen«, hatte Wu San ihn gewarnt. »Der Eingang liegt etwas versteckt. Du musst dich also schon etwas anstrengen, wenn du die Nummer 35 in der Da-Ma-Zhan-Straße finden willst.«

Ah Leng verlangsamte seine Schritte: Dort war es – Hausnummer 35! Auch wenn er die kleine Nummer nicht gesehen hätte, das Haus selbst war nicht zu verfehlen. Denn aus dem ersten und zweiten Stock drang der Gesang vieler Menschen auf die Straße.

Leiden heißt, dem Herrn zu dienen.
Unser Weinen wird wie seins erhört.
Weil wir durch sein Wort geboren,
wird uns keine Gnad verwehrt.

Der Text und die Musik riefen in dem Studenten eine sonderbare Reaktion hervor. Konfuzius hatte einmal gesagt: »Die Dichtkunst erhebt uns, die Krönung jedoch ist die Musik.« Was würde der Ehrwürdige wohl gesagt haben, wenn er den Gesang dieser Christen gehört hätte?

Dabei war es sehr ungewöhnlich für Ah Leng, überhaupt solchen Gedanken nachzuhängen, war er doch ein Student, ein Naturwissenschaftler, Materialist und Atheist – in den späten Achtzigerjahren des letzten Jahrhunderts.

Seine Schritte führten ihn durch ein kahles und enges Treppenhaus. Zuerst fühlte er sich unsicher, aber seine Augen gewöhnten sich rasch an die Dunkelheit. Oben an der Treppe brannte eine kleine Neonlampe und bot gerade ausreichend Licht, um die Umrisse von etwa zehn Leuten zu erkennen, die auf den Betonstufen saßen.

»Ich suche eine Kirche«, sagte Ah Leng zu einem von ihnen. »Meine Freunde haben mir gesagt, ich müsse diese Treppe hochgehen, um zu einer Kirche zu kommen.«

»Da haben Sie ganz recht. Herzlich willkommen!«, antwortete eine Frau, die irgendwo am Fuß der Treppe saß. »Der Herr sei mit Ihnen an diesem schönen Abend, den er gemacht hat.« Sie bedeutete ihm mit den Händen, er solle sich auf die Stufe unmittelbar zu ihren Füßen setzen. Da es Ah Lengs erster Besuch hier war, konnte er nicht wissen, dass diese Leute wie er zu spät gekommen waren. »Willkommen«, sagte die Frau noch einmal.

»Komm, setz dich doch zu uns«, rief ein Mann, der oben auf der Treppe saß. »Noch weiter oben ist allerdings schon alles besetzt.«

»Die jungen Leute finden immer noch irgendwie einen Platz«, sagte die Frau freundlich. Mit ihren Füßen fest gegen die Wand gedrückt machte sie Ah Leng ein Zeichen, er solle weiter nach oben steigen. Er musste sich an den anderen vorbeizwängen und kam nur langsam vorwärts.

Als das Singen unterbrochen wurde, hörte Ah Leng eine Männerstimme aus dem Lautsprecher. Es war eine laute Stimme, die Autorität ausstrahlte und doch freundlich war. »Wir heißen dich im Namen unseres Herrn Jesus willkommen. Und wenn du das erste Mal hier bist, heißen wir dich doppelt willkommen! Du wirst sehen, dass wir nur zu einem Zweck hier zusammen sind: Wir wollen das Evangelium predigen und gemeinsam lernen, wie man ein christliches Leben führt.«

Ah Leng hielt sich dicht an der Wand des Treppenhauses und kam schließlich oben in einem kleinen Flur an, der dicht mit weiteren Besuchern besetzt war. Einige saßen auf einer schmalen Bank, die meisten aber auf Hockern, die gerade einmal die Größe eines Fahrradsattels hatten. Eine elegant wirkende Frau, obwohl nur mit einer schlichten Mandarinjacke und einer Bauernhose bekleidet, sah zu ihm auf und lächelte. Hatte er sie nicht während einer Studentenversammlung unter den Hochschullehrern gesehen? Neben ihr studierte ein Mann, dessen Frau sie vermutlich war, so intensiv einige hektographierten Aufzeichnungen, dass er Ah Leng nicht einmal bemerkte.

Ein Mädchen im College-Alter trat aus einer angrenzenden Tür und lenkte Ah Lengs Aufmerksamkeit auf ein kleines Zimmer, in dem sich über hundert Leute auf einer Fläche zusammendrängten, die für fünfzig gedacht war. Es war eine attraktive junge Frau mit wissbegierigen, klugen Augen. Sie war gekleidet wie eine Studentin und ihr Zopf hing lang auf ihrem Rücken herunter. Sie lächelte ihn so freundlich an, als ob sie sich bereits kannten, was aber nicht stimmte.

»Du bist das erste Mal hier«, flüsterte sie, nicht als Frage, sondern als eine Begrüßung. »Wie du siehst, haben wir auf dieser Ebene eine interne Fernsehanlage. Aber vielleicht möchtest du weiter nach oben gehen. Heute Abend sind nämlich wieder viele Studenten da.« Sie lächelte ihn an, ihre Augen blinzelten freundlich. »Irgendwie gelingt es ihnen immer, doch noch einen Platz zu schaffen.«

Ah Leng sah zu dem Bildschirm auf, von wo der Mann zu hören war. »Unser nächstes Lied, mit dem wir den Herrn loben wollen, ist die Nummer 63 in unserem Gesangbuch *Spiritual Voice (Geistliche Stimme).*«

»Hier lang«, winkte ihm das Mädchen zu. Sie hatte sich selbst einen Weg bis zum Fuß einer weiteren Treppe gebahnt.

Lobt ihn! Preist ihn!
Jesus ist unser Erlöser!

Die Leute um Ah Leng herum fingen an zu singen, und es gelang ihnen sogar, das gleiche Tempo zu halten wie die Besucher, die ihm Obergeschoss saßen. Das war eine völlig neue Erfahrung für ihn, obwohl sie ihn andererseits auch nicht gerade überraschte. Er hatte nämlich schon davon gehört, dass das Christentum eine Religion ist, deren Inhalte auf ganz unterschiedliche Weise vermittelt werden. Außerdem hatte er, bevor er sich ganz der wissenschaftlichen Arbeit verschrieb, Kontrabass gelernt und dazu die abendländische Musik studiert.

Sing, ganze Erde,
und verkünde seine wunderbare Liebe!

Die musikalische Darbietung war nicht gerade überzeugend; ja, sie sangen sogar ziemlich schief. Aber was sie sangen, kam aus tiefstem Herzen.

Jemand zog Ah Leng am Arm und zeigte auf das Mädchen, das am Fuß der Treppe saß. Was sollte sie nur von ihm halten? Er hatte sie einen Augenblick lang glatt vergessen. Er versuchte, ihr zu zeigen, dass es ihm leidtat. Sorgfältig darauf bedacht, niemandem auf die Füße zu treten, ging er weiter hinter ihr her.

Er warf einen Blick in ein kleines Zimmer, das vom Fuß der unteren Treppe abzweigte. Die Leute dort saßen so eng, als hätte eine Maschine sie zusammengepresst. Wie er später erfuhr, wurde das Zimmer nach jeder Versammlung mithilfe von Stellwänden so umgebaut, dass der Pastor zum Schlafen eine gewisse Privatsphäre bekam. Das Zimmer war spärlich ausgestattet und erinnerte eher an einen kleinen Lagerraum. Um den Videobildschirm besser sehen zu können, hatte man den Kühlschrank sogar verschieben müssen. Eine einfache Metallpritsche, das Bett des Pastors, bot Sitzgelegenheit für fünf Frauen und ein Kind. Dieses hatte das Gesangbuch *Spiritual Voice* in der Hand. Zwar hielt es das Buch verkehrt herum, aber das hinderte das Kind nicht daran, mit gleichem Ernst zu singen wie die anderen.

Krönt ihn! Krönt Ihn!
Den Propheten, Priester und König!

Ah Leng schien es, als sei die zweite Treppe noch dichter besetzt als die erste. »Versuche, nicht auf zu viele Leute zu treten«, mahnte ihn das Mädchen. Sie reichte ihm eine Kopie der Predigtnotizen und ließ ihn dann stehen, weil sie sich um weitere Spätankömmlinge kümmern musste.

Wie ein Hirte
schützt Jesus seine Leute.

Während Ah Leng sich bemühte, die Stufen der zweiten Treppe hinaufzusteigen, schaute er sich nach unten und nach oben um. Dabei bemerkte er eine Art Lagerraum, der sich oberhalb der ärmlichen Unterkunft des Pastors befand. Jetzt diente er als Empore und bot rund dreißig Leuten Platz.

In der ersten Reihe dieser Empore saß eine junge Familie. Ihrer Kleidung nach waren sie Geschäftsleute, und sie hatten es sich dort so gemütlich gemacht, als säßen sie in einer Theaterloge.

Lobt ihn! Preist ihn!
Berichtet von seiner Größe!
Lobt ihn! Preist ihn!
So wollen wir freudig ihm singen.

Tief im Innern spürte Ah Leng, dass diese Augenblicke von weitreichender Bedeutung für sein zukünftiges Leben sein würden. Er war nicht nur aus Neugierde hier. Irgendwie empfand er sogar Freude daran, dass er gekommen war. An der obersten Stufe angekommen, sah er den Pastor, von dem ihm Wu San so begeistert erzählt hatte. Die Stimme des Pastors an sich schon übertönte den Gesang der anderen und wurde von dem Mikrofon auf der Bühne noch verstärkt. Er war nicht einmal 1,70 m groß und dazu noch sehr mager. Aber trotz dieser Erscheinung wurde Ah Leng von seiner warmen und vollen Stimme angezogen. Er strahlte eine freundliche Autorität aus. Ah Leng musste an einen seiner Lieblingsprofessoren denken, der Sozialphilosophie lehrte.

»Wir wollen diese Strophe noch einmal singen«, sagte der Pastor. »Wer von uns hätte nicht Grund genug, den Herrn zu loben?«

Ah Leng sah, dass viele der Anwesenden zustimmend nickten. Einige Leute, die in seiner Nähe saßen, antworteten mit einem gedämpften »Amen«. Nun bemerkte Ah Leng, dass die Musikbegleitung nicht von einem Klavier stammte, wie er ursprünglich angenommen hatte, sondern von einem großen Kassettenrekorder. In diesem voll besetzten Raum wäre nicht auch noch Platz für ein Klavier gewesen – selbst, wenn man es unter der Decke befestigt hätte.

Eine andere Platzanweiserin zog Ah Lengs Aufmerksamkeit auf sich. Die junge Frau überredete eine ganz Bank voll junger Leute, noch dichter zusammenzurutschen. Dabei bemerkte er auch, dass jede Bank zum Gang hin eine herausziehbare Vorrichtung hatte, durch die ein weiterer Sitzplatz geschaffen werden konnte. Der Gang war somit blockiert, und die Leute auf den Bänken der rechten und linken Seite bildeten eine zusammenhängende Menschenreihe.

Er nahm Platz und warf einen Blick auf die Kopie mit den Predigtnotizen. Das Thema dieses Abendvortrags lautete: »Der lebendige Gott«. Das war ein sonderbares Thema in einem Land, das sich dem Atheismus und gleichzeitig einem Gott verschrieben hatte, der nur im Reagenzglas und im Beobachtbaren existierte! Interessierten sich diese vielen Leute tatsächlich für ein solches Thema?

»Der lebendige Gott« – ein Schaudern durchlief Ah Leng. Wenn Wu San während ihrer wenigen Gespräche auf dem Campus von Gott geredet hatte, so war die Existenz einer solchen Gottheit für Ah Leng nicht wirklich in Betracht gekommen. Aber hier, mitten unter diesen fröhlichen Menschen, fing er an zu überlegen, ob Wu Sans Gott nicht doch existierte.

Ah Leng warf einen Blick auf die Predigtnotizen, die wie eine Broschüre im A5-Format gefaltet waren:

1. Wer Zweifel im Innern hat, sollte keine äußeren Beweise suchen.

2. Gott wird Wirklichkeit, wenn der Glaube Wirklichkeit wird.

3. Nur Gottes Kinder wissen, was wirkliche Sicherheit bedeutet.

4. Jeder Mensch hat das Recht, an einen wahren und lebendigen Gott zu glauben.

Er war gespannt darauf, den Pastor reden zu hören.

Die kleine Bühne war so dicht besetzt, dass der Pastor gerade Platz fand, wo er stehen konnte. Sein Podium stand auf einem Sockel, der unten zwischen den Zuhörern stand.

Ah Leng hatte früher schon andere Kirchengebäude gesehen, aber mit Sicherheit gab es keines mit einem solchen Inneren wie dieses. »Soll das hier eine Kirche sein?«, wandte er sich flüsternd an den jungen Mann neben ihm.

»Eine Hauskirche«, antwortete dieser. »Es soll die größte in ganz China sein, wie ich gehört habe. Auf jeden Fall ist sie die bekannteste. Das Gebäude ist schon seit Jahren Pastor Lambs Wohnung. Er selbst würde übrigens nie von Größe oder Bekanntheitsgrad sprechen«, fügte der junge Mann hinzu. »Er ist ein bescheidener Mann, und dafür ist er auch bei vielen hoch angesehen.«

Nun trat der Pastor ans Mikrofon. »Wir wollen beten«, sagte er und schloss die Augen. Viele der Anwesenden schlossen ebenso die Augen und senkten die Köpfe. Ah Leng sah sich um.

»Unser Gott, wir loben dich!«, begann der Pastor.

»Amen«, flüsterte der junge Mann neben ihm.

»Betest du mit?«, fragte Ah Leng.

Der junge Mann sah auf. Er schien sich gestört zu fühlen.

»Oh«, sagte Ah Leng jetzt mit Flüsterstimme. »Entschuldigung.«

»Wir reden zusammen mit Gott.« Erneut senkte der junge Mann den Kopf und verschwand sozusagen hinter seinen geschlossenen Augenlidern.

Als der Pastor sein Gebet beendet hatte, begann er zu predigen. »Wir haben wirklich einen lebendigen Gott. Sein lebendiges Wort ist ewig unveränderlich und ewig wahr.«

An diesem Abend überlegte Ah Leng, ob nicht doch etwas dran war an dem, was er hier zum ersten Mal in seinem Leben erfuhr. Er kannte Leute, die regelmäßig in den Tempel gingen. Aber sie gaben nie einer solchen Freude Ausdruck, wie er sie in den Räumen von Da Ma Zhan gesehen hatte. Schon früher hatte er Priester reden hören, aber keiner von ihnen hatte seine Überzeugungen mit einer solchen Autorität vermittelt, wie dieser Pastor sie ausstrahlte.

Der Pastor fuhr fort: »Die Bibel sagt uns: ›Alle haben gesündigt und erlangen nicht die Herrlichkeit Gottes.‹[84] Seine Zweifel wird man nur los, wenn man seine Sünden losgeworden ist. Glauben kann man erst dann finden, wenn man Gerechtigkeit gefunden hat.«

Ah Leng verglich in Gedanken diese Worte mit dem, was einer seiner Professoren gesagt hatte: »Die Vorstellung, die sich die Menschheit von Religion gemacht hat, ist gestorben und muss beerdigt werden. Die Leiche muss weggeschafft werden, auch wenn wir noch so sehr an der Illusion hängen, von der wir dachten, dass sie das Leben sei.«

Ah Lengs Gedanken gingen zurück in seine Kindheit, als seine Mutter ihm im Schutz der heimischen Wohnung beigebracht hatte, Weihrauch vor dem Foto seines verstorbenen Vaters niederzulegen. Er erinnerte sich an den Schmerz, den er eines Tages seiner Mutter zufügte, als er von der Grundschule nach Hause kam und berichtete, der Lehrer habe sich vor der Klasse über ihn lustig gemacht, weil er, Ah Leng, sich auf solch einen Aberglauben einließ. Der Lehrer war ärgerlich geworden und hatte ihm gesagt, er solle die Religion aus seinem Denken verbannen.

»Es kann natürlich vorkommen, dass man Zweifel durchlebt«, fuhr der Pastor fort. Gott belohnt den, der mit aufrichtigem Herzen auf der Suche ist. ›Prüft alles‹, mahnt uns die Bibel. ›Haltet fest an dem Guten.‹[85] Wenn du diese Art von Zweifel hast, dann gibt es Hoffnung für dich! Aber es kommen auch junge Menschen zu uns, deren Denken regelrecht auf den Zweifel hin programmiert ist. Über zwanzig Jahre lang habe ich selbst diese Art von Beeinflussung im Gefängnis erleben müssen. Aber Gott war Wächter über meinen Verstand. Nicht ein einziges Mal kam mein Glaube ins Wanken – nicht ein einziges Mal!«

Zwanzig Jahre Gefängnis? Davon hatte ihm Wu San nichts gesagt.

Ah Leng wurde misstrauisch. Wurden hier regierungsfeindliche

84 Römer 3,23
85 1. Thessalonicher 5,21

Reden geschwungen? Waren diese Leute am Ende sogar Umstürzler, die die Religion nur als Deckmantel benutzten? Hatte Wu San ihn hinters Licht geführt, als er ihn dazu gebracht hatte, nach Da Ma Zhan 35 zu kommen?

Ah Lengs ältere Schwester war einmal bei den Rotgardisten gewesen, was für sie letztlich viele Probleme und Enttäuschungen mit sich gebracht hatte. Nein, damit wollte er nichts zu tun haben. Niemals!

Aber der Pastor redete weiter. »Als unser souveräner Schöpfer uns plante, ließ er uns – um mit den Worten eines französischen Philosophen zu reden – mit einem inneren Vakuum zurück, das die Form Gottes hatte.«

Ah Leng wollte den Arm des jungen Mannes berühren, der neben ihm saß. Dann ließ er aber wieder davon ab.

»Hebräer 11 sagt uns, dass der Glaube eine Verwirklichung dessen ist, was man hofft, und ein Überführtsein von Dingen, die man nicht sieht.[86] Wahrheit, die nicht geglaubt wird, bedeutet noch lange keinen Irrtum. Und Glaube, der abgelehnt wird, verleiht dem Zweifel noch lange keine Gültigkeit. In seinem Wort zeigt Gott uns eine bestimmte Vorgehensweise, wie man sich aus der Grube des Zweifels auf die sichere Höhe eines lebendigen Glaubens erheben kann. Den Schlüssel dazu finden wir in Römer 10.«

Während der ganzen Zeit hatten die Zuhörer in ihren Bibeln geblättert. Ah Leng hatte noch nie eine Bibel in der Hand gehalten, und das Buch »Römer« sagte ihm überhaupt nichts.

»Wir wollen den Text zusammen lesen«, sagte der Pastor.

Mit gedämpfter Stimme fragte Ah Leng den jungen Mann neben ihm: »Bist du Christ?«

»Seit drei Monaten jetzt«, antwortete der junge Mann. »Möchtest du auch gerne Christ werden?«

»Ich weiß nicht so recht.«

»Am Ende dieser Versammlung gibt es Gesprächsgruppen. Solch eine Gruppe hat mir auch sehr geholfen. Ich könnte dir da weiterhelfen, wenn du möchtest.«

---

86 Hebräer 11,1

Einige Minuten lang verharrte Ah Leng still auf seinem Stuhl. Die Predigt wurde fortgesetzt, aber während er über das Angebot des jungen Mannes nachdachte, konnte er nicht weiter zuhören.

»Aber wirklich nur, wenn du willst«, sagte der junge Mann.

Und so kam es, dass Ah Leng, der Student, der Enttäuschte und Suchende, auch einer von denen wurde, die zu der immer größer werdenden Menge junger Chinesen zählten, für die eine Adresse wie Da Ma Zhan 35 zu einem Zufluchtsort wurde, wo sie das fanden, was sich ihnen bis dahin immer entzogen hatte: Licht und Lebenssinn.

In der Morgenausgabe der *Washington Post* vom 19. November 1988 erschien ein dreispaltiger Artikel über die Gemeinde in Da Ma Zhan 35 zusammen mit einem Foto von Lin Xiangao, wie Samuel Lambs chinesischer Name lautet. In dem Artikel ging es um den Druck vonseiten der Regierung und der Drei-Selbst-Bewegung, um Samuels hartnäckigen Widerstand und um die Bedeutung prominenter Besucher für das Fortbestehen der Arbeit.

Zwischen Ende 1983 und 1986 wuchs die Gemeinde auf »rund 1300 Anhänger aus Guangzhou und Umgebung«, wie Daniel Sutherland von der *Washington Post* festhielt. Während dieser Jahre ließ China die Jahrzehnte der Isolierung langsam hinter sich und öffnete die Türen für die Welt. Sie sollte kommen und sehen. Zuerst kam die Ping-Pong-Diplomatie, dann folgten Präsidentenbesuche, und dann kamen die Touristen in großen Scharen.

Zu diesen Besuchern gehörten auch der angesehene China-Experte David H. Adeney, dessen Buch *China: The Church's Long March* [deutsch so viel wie »China: Der lange Marsch der Kirche«] vielen die Augen für das »neue« China öffnete. Mit knappen Worten fasst Adeney zusammen: »Gott hat sich in der meistbevölkerten Nation der Erde ein ungewöhnliches Zeugnis erweckt.«

Dr. James H. Taylor, der damals der *Overseas Missionary Fellowship* vorstand (die früher »China-Inland-Mission« hieß und von seinem Urgroßvater J. Hudson Taylor gegründet worden war), bereiste China ebenfalls ausgiebig. Dr. Taylors Besuche wurden genauestens überwacht. Einmal wurde er eine Woche lang festgehalten und verhört. Regierungsvertreter wussten, dass der Name »Taylor« noch immer hohe Achtung bei den Christen im ganzen Land genoss. Bemerkenswerterweise wurde aus dem Verhör eine Möglichkeit zum Glaubenszeugnis.

Dr. Taylors Besuche belegten unmissverständlich, dass es seine erklärte Absicht war, Gemeinschaft mit den chinesischen Christen zu pflegen und nicht mit Vorschriften zu kommen. Er hat regelmäßig auch Drei-Selbst-Kirchen besucht und dabei eine neutrale Position bewahrt. Den Hausgemeinden Chinas gegenüber hat er jedoch ein Interesse bekundet, welches über das eines neutralen Beobachters hinausging. »Wie sehr hätte Hudson Taylor sich über die riesige Zahl so herrlicher Gemeinden im Inneren Chinas gefreut!«, rief er seinen Zuhörern überall auf der Welt zu. »Das war seine Vision – die unerreichten Menschen im Inneren des Landes zu erreichen!«

Am 2. Januar 1986 erhielt Pastor Lamb Besuch von einem Mitglied des Weißen Hauses. Frau Sundseth überbrachte offiziell einen Füllfederhalter aus dem *Oval Office* von Ronald Reagan. »Präsident Reagan bittet Sie, für ihn zu beten, wenn Sie diesen Füller benutzen«, sagte sie. Dabei befand sich eine von Ronald Reagan signierte Bibel, die heute einer von Samuels bestgehüteten Schätzen ist. Als George H.W. Bush Präsident wurde, zeigte auch er sein Interesse, was lautlos, aber spürbar eine Auswirkung auf die Haltung hatte, die man von offizieller Seite Pastor Lamb gegenüber an den Tag legte.

Nach diesem zweiten Kontakt mit dem Weißen Haus wohnten Billy Graham und seine Frau einem Gottesdienst in Da Ma Zhan bei. Graham brachte ein Grußwort (Ausländer predigen nur selten auf chinesischen Kanzeln) und war so beeindruckt, von dem, was er dort erlebte, dass er Pastor Lamb und seine Gemeinde später in einer Sendung über China zu Wort kommen ließ, die von der *Billy Graham Evangelistic Association* in ganz Nordamerika ausgestrahlt wurde.

Am 5. Juni 1988 kam der Astronaut James Irwin zu Besuch. Eine große Menschenmenge war anwesend, um Pastor Lambs Predigt »Wenn ich anschaue deine Himmel« zu hören sowie das Zeugnis des Astronauten, in dem er davon berichtete, wie er Gott angebetet hatte, als er auf dem Mond stand. Mit einem Blick auf den kleinen Wuchs des Pastors meinte James Irwin scherzhaft: »Sie sollten sich dem Raumfahrtprogramm anschließen, Pastor Lamb. Sie haben nämlich genau die richtige Größe.«

Außer den Berühmtheiten, die Da Ma Zhan schon besucht haben, kam ein ständiger Strom von Christen aus Europa, Nordamerika und anderen Teilen Asiens – besonders aus Hongkong.

»Gott benutzt Pastor Lamb als Hilfe für uns, damit wir uns auf 1997 vorbereiten können, wenn Hongkong unter die Regierung Chinas gestellt wird«, sagte ein prominenter Führer. »Wir Christen in Hongkong leiden an denselben materialistischen Krankheiten wie die Christen in anderen wohlhabenden Ländern. Wir lassen uns so schnell in die Selbstzufriedenheit treiben. Pastor Lamb hingegen verhilft uns zu einem anderen Blick: Wenn Hongkong wieder unter chinesische Verwaltung kommt, dann werden wir wohl eine Freude und einen geistlichen Reichtum erfahren, wie wir es noch nie gekannt haben.«

Was immer sich Regierungsvertreter und Beobachter der Drei-Selbst-Bewegung bei diesem Strom von Besuchern gedacht haben mögen – am 5. August 1988 fand das erste Treffen zwischen Samuel und den Behörden von Guangzhou statt. Anwesend waren Polizei und Vertreter der Drei-Selbst-Bewegung.

Bei diesem ersten Treffen zeigte man Samuel ein Schreiben der Bezirksverwaltung von Guangzhou, in dem »33 Regeln und Vorschriften für religiöse Vereinigungen« enthalten waren. In Artikel 9 hieß es: »Für religiöse Aktivitäten genutzte Versammlungsräume sind bei den örtlichen Behörden unter dem Dach der Drei-Selbst-Bewegung zu registrieren.«

»Das ist doch eigentlich klar genug, oder?«, stellte der Diensthabende fest.

»Mit Verlaub gesagt«, entgegnete Samuel, »bin ich als chinesischer Bürger der Meinung, dass viele dieser dreiunddreißig Vorschriften im Widerspruch zu dem in der chinesischen Verfassung ausgedrückten Geist religiöser Freiheit stehen.«

»Ihre Bibel lehrt, dass Christen ihrer Regierung gehorchen sollen!«

»Das gilt für die Besteuerung und für staatsbürgerliche Fragen. In geistlichen Dingen haben wir keine andere Wahl – da müssen wir Gott gehorchen.« Und mutig fügte er hinzu: »Deshalb habe ich ja auch in der Vergangenheit schon so einiges an Leiden durchgemacht. Und das kommt davon, dass Christen Gott dort gehorchen, wo menschliches Gesetz dem göttlichen widerspricht.«

Der Polizist fuhr zusammen, hielt das Schreiben hoch und sagte: »Dieses Schreiben werden wir in Ihrer Nachbarschaft öffentlich aushängen. Es steht in Ihrer Verantwortung, alle Mitglieder Ihrer Organisation daraufhin zu belehren, sich danach zu richten.«

Die Medien in Hongkong erfuhren von dieser Begegnung und strahlten weltweit eine Nachricht aus – aber mit verdrehtem Inhalt. In dieser Falschmeldung wurde behauptet, Lin Xiangao sei verhaftet worden und befinde sich im Gefängnis, dreihundert Mitglieder seiner Gemeinde hätten seine Freilassung gefordert und ihren schwer mitgenommenen Leiter zurück nach Da Ma Zhan eskortiert.

»Wir sind dankbar dafür, dass die vielen Zeitungen, Radio- und Fernsehsender in der ganzen Welt über unsere Gemeinde berichtet haben«, sagte Samuel einem Freund aus dem Westen, der ihn kurz nach dem Ereignis besuchte. Er lachte und fügte hinzu: »Was allerdings wirklich an diesem Tag hier geschah, war, dass vier meiner Mitarbeiter zu mir kamen und mir sagten, das Mittagessen sei fertig!«

Samuel wurde ein weiteres Mal am 1. September 1988 vorgeladen. Die Begegnung war kurz und knapp.

»Sie sind aufgefordert worden, sich an die geltenden Vorschriften zu halten oder Ihre Aktivitäten einzustellen«, rief ihm der Polizist ins Gedächtnis. Samuel schwieg. Barsch fügte der Uniformierte hinzu: »Jetzt bleibt Ihnen nichts anderes mehr übrig: Die Kirche wird geschlossen!«

»Unserer Verfassung nach«, sagte Samuel mit gut abgewogenen

Worten, »verhalte ich mich in Übereinstimmung mit den Gesetzen meines Landes.«

»Diese Vorschriften sind von der Drei-Selbst-Bewegung herausgegeben worden!«

Samuel spürte wieder die »Gegenwart«, jenen Helfer, den er schon seit der Zeit vor seiner langen Haft kannte. Er empfand auch einen Hauch von Überlegenheit – wie die Katze mit einer Maus zwischen ihren Pfoten.

»Nun, ich gehe davon aus, dass sich die Drei-Selbst-Bewegung genauso im Rahmen der Verfassung zu bewegen hat, wie es von mir und meiner Gemeinde verlangt wird.«

Die Sitzung wurde sofort abgebrochen.

Am Freitag, dem 9. September, verbrachte Samuel einige Stunden mit Korrekturlesen in seinem winzigen Arbeitszimmer. Einer seiner Mitarbeiter kam mit einer Meldung herein. »Pastor, da sind zwei Frauen, die Sie sprechen wollen. Es handelt sich um Regierungsvertreter.«

»Oh nein!«, stöhnte Samuel. »Was wollen sie denn jetzt?«

»Vermutlich dasselbe wie das letzte Mal«, sagte der Mitarbeiter. »Sie machen einen freundlichen Eindruck und haben mir versichert, dass sie Ihre Zeit nicht zu sehr in Anspruch nehmen werden.«

Zuerst wollte Samuel sie nicht empfangen. Aber er wusste, dass er sich klug verhalten musste. Auch wollte er nicht wie ein Chauvinist auftreten. Er begrüßte die beiden Frauen und sagte: »Wenn Sie nichts Neues haben, worüber Sie sprechen wollen, würde ich meine Mitarbeiterin Schwester Weng bitten, sich mit Ihnen zu unterhalten.«

Samuel ging wieder an seine Arbeit zurück, und seine Mitarbeiterin erläuterte über eine Stunde lang den Dienst in Da Ma Zhan, wie das Evangelium präsentiert wird, wie die Christen zu einem beispielhaften Leben aufgefordert und diesbezüglich belehrt werden. Bei den Besuchern wuchs die Unruhe.

»Wir sind eigentlich mit der Anweisung hierhergekommen, mit dem Pastor selbst zu sprechen«, sagten sie. »Es geht um etwas von größter Wichtigkeit und betrifft ihn persönlich.«

Widerstrebend holte Schwester Weng Samuel herbei.

»Wir haben den Auftrag, Ihnen mitzuteilen, dass Sie sich ein paar große Kirchengebäude aussuchen können, wenn Sie sich einfach nur registrieren lassen.«

»Ich möchte nicht unhöflich sein«, sagte Samuel. »Aber ich muss sagen, dass ich mich nach dem richte, was ich in der Bibel als den Willen Gottes erkenne. Ich habe wirklich kein Interesse an irgendwelchen Ködern, die Sie für mich auslegen.« Dann ließ er die Besucherinnen sitzen und ging wieder an seine Arbeit.

Während der nächsten Wochen ging das Gerücht um, Pastor Lamb werde vermisst. Angeblich wüssten selbst seine engsten Vertrauten nicht, wo er war und was ihm zugestoßen sein könnte. Ein amerikanischer und ein deutscher Pastor, die sich in Hongkong getroffen hatten, erfuhren von diesen Behauptungen und beschlossen, die Sache zu untersuchen.

»Als sie mich ›fanden‹, war ich gesund und munter«, erklärte Samuel später. »Sie waren glücklich, dass ich so viel im Dienst für den Herrn tun kann.« Mit seinem ihm eigenen Humor fügte er hinzu: »Ich glaube, ich sollte mich geehrt fühlen, dass man so viele Gerüchte über mein Wohlergehen in die Welt setzt.« Dann wurde er wieder ernst und sagte: »Ich danke Gott für die vielen Menschen, die von unserer Arbeit wissen und für uns beten.«

Am Mittwoch, dem 7. Dezember, erhielt Samuel wieder eine offizielle Vorladung. »Diesmal ging es um finanzielle Fragen«, erzählte er später den Ältesten und seinen Mitarbeitern. »Sie fragten, wie hoch mein Gehalt ist und wie viel wir für Menschen spenden, die in Not sind.«

»Und was haben Sie gesagt?«, wollten sie wissen.

»Ich habe den Spieß umgedreht und ihnen gesagt, dass die Pastoren in der Drei-Selbst-Bewegung Geld aus dem Ausland bekommen. Sie wohnen in Häusern, in denen früher Missionare wohnten. Sie sind Pastoren von Kirchen, die mit fremdem Geld gebaut worden sind, und schicken ihre Kinder im Ausland zur Schule. Und ich? Ich stelle mein Privathaus als Gemeinderaum zur Verfügung. Meine Kinder und Enkelkinder sind alle in China geblieben. Als ich das letzte Mal in Hongkong war, und das war 1950, bot man mir eine lukrative Stelle an einem theologischen Seminar an. Aber obwohl ich wusste, dass man mich wahrscheinlich verhaften würde, ging ich nach Guangzhou zurück. Ich habe nie etwas gegen die Regierung gesagt. Ich habe meine Gemeinde immer dazu angehalten, loyale Bürger zu sein. Und dann habe ich sie gefragt, in welcher Hinsicht ich nicht patriotisch genug gewesen wäre.«

»Und was geschah dann?«, fragten sie.

»Es war nur ein sehr kurzes Treffen!«

Am 28. Dezember wurde Samuel noch einmal vorgeladen. Man sagte ihm: »Sie dürfen nichts mehr herausgeben, das mit Matrizen vervielfältigt worden ist. Sie haben keine Genehmigung für gewerbliche Aktivitäten.«

»Gewerblich?«, fragte Samuel. »Unsere Kassetten und Schriften werden nicht verkauft. Sie werden kostenlos abgegeben.«

»Irgendwoher muss das Geld aber kommen«, beharrte der Polizist.

»Es sind Gemeindeglieder, die das Material aus ihrer eigenen Tasche bezahlen.«

»Sie werden sich uns nicht dauernd widersetzen!«, drohte der Polizist. »Sie haben wohl vergessen, was früher passiert ist, als Sie sich Ihrer Regierung widersetzten!«

»Wir tun nichts, was gegen die Verfassung verstoßen würde. Das haben wir nicht getan, und das werden wir auch nicht tun.«

Als er an diesem Abend nach Da Ma Zhan 35 zurückkehrte, konnte er nicht widerstehen und sang leise vor sich hin:

Sein Banner über uns ist Lieben,
unser Schwert das Wort des Herrn.
Was einst die Heil'gen angetrieben,
dem folgen wir auch gern.

Ihr Glaube siegte lebenslang,
wie heiß der Kampf auch war,
ihr Glaube, der den Tod bezwang,
schützt uns auch in Gefahr.

Obwohl die chinesischen Hausgemeinden nur eingeschränkte Möglichkeiten zum Austausch und zur gegenseitigen Stärkung im Glauben hatten, wurden sie doch durch ein unsichtbares Band in einer glücklichen Gemeinschaft zusammengehalten. Die chinesischen Evangelisten und Lehrer reisten ganz wie Paulus und Barnabas im Neuen Testament von Gemeinde zu Gemeinde. Die Post funktioniert in China gut, aber man war doch zurückhaltend und vorsichtig mit dem, was man schrieb.

Ende der Achtzigerjahre des letzten Jahrhunderts war Samuel Lamb eine Art »Führer« für diese Hausgemeinden geworden. Die Hausgemeinden sangen seine Lieder. Sie brachten Tausende seiner Broschüren in Umlauf, hörten sich seine Kassetten an und reichten sie weiter an andere – von Kunming bis hinunter nach Hainan, hinauf bis Foochow, nach Osten und Westen, bis Hankow und Xian. Im Süden und Norden, im Osten und Westen – überall im Land sahen Hunderte von Gemeindegliedern und Pastoren Samuel Lamb als ihr Vorbild an.

Sogar Anhänger der Drei-Selbst-Bewegung blickten zu ihm auf. Von ihren über fünftausend etablierten Gemeinden stimmten viele Pastoren mit Samuels Botschaft und seinem Vorbild überein. Trotz der Not und des Leids, welches die Drei-Selbst-Bewegung über Männer wie Samuel Lamb gebracht hatte, war ihre Führungsriege der Auffassung, die Hausgemeinden müssten immer wieder auf ihre Rechtmäßigkeit überprüft werden.

Durch die vielen Menschen, die nach Guangzhou reisten, um dort Anleitung und Belehrung zu erhalten, erfuhr Samuel viel über die Gemeinden in ganz China. Dabei war die Lage der Gemeinden im unerbittlichen Norden Chinas besonders ungewiss, weil ständig die Gefahr der Unterdrückung bestand.

Wegen Samuels Vorbildfunktion reiste ein nicht enden wollender Strom von chinesischen Christen nach Guangzhou, um die bescheidenen und zur gleichen Zeit von Leben sprühenden Wohnräume von Da Ma Zhan 35 zu sehen. Einmal kam ein Ingenieur aus einer Kleinstadt an der Grenze zur Äußeren Mongolei in die Gemeinderäume. Er berichtete: »Die Gläubigen in meiner Heimat werden immer noch verfolgt. Viele müssen ihre Gottesdienste in Höhlen abhalten. Meine Frau und ich haben in einer dieser Höhlen einmal einen Taufgottesdienst besucht. Es waren rund dreißig Täuflinge und an die zweihundert weitere Gläubige anwesend. Wir kennen eine Kalksandsteinhöhle, in der jeden Sonntag und auch an den Wochentagen abends Hunderte zusammenkommen.«

Einem anderen Bericht zufolge standen die Christen in einer Gemeinde über Jahre hinweg Stunden vor dem Sonnenaufgang auf, um sich lautlos zu einem entlegenen Friedhof zu begeben, wo sie ungehindert ihren Gottesdienst feiern konnten. Andere Gläubige wanderten in die *shans* (die chinesischen Gebirgsketten), wo sie sich heimlich trafen, um miteinander zu beten und Gemeinschaft zu pflegen.

Samuel Lamb glaubte, dass die Christen sich nicht im Widerspruch zum Gesetz befanden, wenn sie sich trafen, um Gottesdienste zu feiern. Nach dem damals geltenden Recht hatte man dazu die Freiheit. »Das Gesetz besagt heute, dass wir unseren Glauben frei ausüben dürfen. Das heißt, dass die Behörden in Nordchina – und es gibt viele von ihnen – die Gesetze missachten, und nicht die Bevölkerung.«

In Wahrheit war es jedoch nicht gestattet, seinen Glauben offen zu bezeugen. Christen war es verboten, auf andere zuzugehen und sie, wenn auch noch so taktvoll, zum christlichen Glauben einzuladen.

Einige Christen kamen deswegen sogar ins Gefängnis. Und trotzdem ging das christliche Zeugnis weiter.

Man sagt, dass China ein Land der Gesetze ist. Aber in Zeiten der Umbrüche – und das gilt für jede Revolution – kommen auch Rechtsbrüche vor und können sogar überhandnehmen. Es ist aber falsch, wenn man im Westen nur auf das angeblich brutale Verhalten der Regierungsvertreter hinweist, ohne gleichzeitig das Verhalten derer anzuerkennen, die sich sehr wohl im Rahmen der Gesetze bewegen.

In den Achtzigerjahren des letzten Jahrhunderts bereisten Vertreter eines angesehenen Instituts von Hongkong ganz China aus und führten eine dreijährige Untersuchung durch. So unglaublich es auch klingen mag, aber der Schätzung nach wurden während dieser drei Jahre täglich über 20.000 Menschen Christen! Neunundneunzig Prozent dieser Neubekehrten wurden erreicht durch das gelebte christliche Zeugnis, das sie bei Laienchristen beobachtet hatten. Wenn auch die Zahl von sieben Millionen Bekehrten pro Jahr ein astronomisches Wachstum zu sein scheint, so ist es im Verhältnis zur Bevölkerung von 1.300.000.000 Menschen doch nicht so groß. Bei dieser Wachstumsrate würde es einhundertfünfzig Jahre dauern, bis alle Chinesen Christen geworden sind.

Im Nachfolgenden seien einige Beispiele dafür genannt, wie sich der christliche Glaube in diesem riesigen Land ausbreitet. Die Christen im Norden lassen sich nicht vom Widerstand der Regierung abhalten und legen einen unglaublichen evangelistischen Eifer an den Tag.

In einer Stadt in Nordchina nahmen einige Männer die Aufforderung im Gleichnis wörtlich: »Geh hinaus auf die Wege und an die Zäune und nötige sie hereinzukommen.«[87] Sie begannen einen Zeugendienst, in dem sie völlig fremde Menschen ansprachen und ihnen unverblümt sagten: »Alle haben gesündigt und errei-

87 Lukas 14,23

chen nicht die Herrlichkeit Gottes«[88], und: »Der Lohn der Sünde ist der Tod, die Gnadengabe Gottes aber ewiges Leben in Christus Jesus, unserem Herrn.«[89] Als die Polizei vor Ort sie verwarnte und verlangte, sie sollten damit aufhören, ignorierten sie die Warnung einfach. Dann versuchte die Polizei, sie mit Schlägen zum Schweigen zu bringen. Aber dabei fingen die Männer an zu singen. Polizei und Zuschauer waren perplex.

Am Kreuze starb der Gottessohn,
trug für mich meiner Sünde Lohn.

Einer von den Männern, die man so misshandelt hatte, Chen Chao, sang am lautesten, als sie zu diesen Zeilen kamen:

Ach, hätt' ich teil an seiner Pein
Und könnt' versteh'n die Leiden sein!

Dann befahlen die Polizisten den Männern, aufzustehen und nach Hause zu gehen.

»Ich hatte wirklich die Freude des Herrn in meinem Herzen!«, berichtete Chen Chao später seiner Frau. »Denk dir nur: Der kleine und unbekannte Chen Chao durfte zur Ehre des Herrn leiden! Wir müssen wieder dorthin!« Und nach ein paar Tagen waren sie auch wieder da.

Diesmal kam ein größeres Polizeiaufgebot. Jeder einzelne Polizist schwang drohend seinen Stock, jeder einzelne war bemüht, diesem illegalen öffentlichen Zeugnis schnell ein Ende zu bereiten. Und wieder sangen die Männer so freudig wie vorher davon, dass sie mit Christus leiden durften. Und Chen Chao sang am lautesten. Der Wachtmeister, der den Angriff anführte, entlud seine ganze Wut gegen Chen Chao. Er schlug diesen Glaubenseiferer nicht nur zu Boden, sondern hörte auch nicht auf zu schlagen, als dieser schon sich windend auf der Erde lag.

---

88 Römer 3,23
89 Römer 6,23

»Gott segne Sie, Herr Wachtmeister!«, rief Chen Chao. »Gott segne Sie und rette Ihre verlorene Seele!«

Die Männer wagten ein drittes Mal ihren Zeugendienst. Die Polizei erfuhr wieder davon, und als sie mit Stöcken bewaffnet ausrückte, griff sich der Wachtmeister einen noch längeren und dickeren Prügel. An dem Schauplatz des Geschehens angekommen, nahm sich der Wachtmeister Chen Chao direkt vor. Mit voller Wucht versetzte er ihm einen Schlag ins Genick. Chen Chao schwanden die Sinne, aber er drehte sich um und schaffte noch ein schwaches Lächeln. Dann holte der Wachtmeister zu einem erbarmungslosen Schlag auf Chen Chaos Rücken aus und er fiel reglos auf die Straße.

»Preist den Herrn!«, rief er unter großen Schmerzen aus.

Mit gedämpfter Stimme rief einer der anderen Polizisten: »Du bringst den ja um!«

»Vielleicht kann man diesen Kerl nur so zum Schweigen zu bringen!«, antwortete der Wachtmeister.

Chen Chao wurde von seinen Freunden untersucht. Einer von ihnen rang nach Luft und sagte: »Sie haben ihm das Rückgrat gebrochen!«

Der Verletzte blieb bei Bewusstsein, während seine Freunde ihn nach Hause trugen. Unterwegs hörte er nicht auf, Gott zu loben und ihm für das Vorrecht zu danken, dass er so viel leiden durfte.

Vor den Augen seiner Frau wurde Chen Chao behutsam von seinen Freunden auf das Ehebett gelegt. »Danke, Herr!«, rief er immer wieder. »Danke, danke!«

Plötzlich hörten alle im Raum ein deutlich vernehmbares Knacken, so als wären zwei Steine gegeneinandergeschlagen.

Sofort schwieg Chen Chao. Dann setzte er sich auf, seine Augen weit geöffnet, seine Lippen suchten nach Worten, seine Hände griffen nach hinten. Seine Frau wollte ihn zurückhalten.

»Nein, *tai tai!*«, protestierte er.

Dann stellte er sich auf und blieb neben seinem Bett stehen. »Jesus hat ihn wieder gesund gemacht! Meinen Rücken, meinen Rücken – Jesus hat ihn wieder gesund gemacht!«

Als seine Freunde merkten, was geschehen war, stimmten sie

ein in den Lobpreis. Dann hob Chen seine Hand als Zeichen, dass sie schweigen sollten. Feierlich sagte er: »Kommt mit. Wir gehen jetzt zur Polizeiwache. Der Wachtmeister soll sehen, wie Jesus meinen Rücken wieder geheilt hat.«

Die Nachricht von diesem Wunder verbreitete sich wie ein Lauffeuer in der ganzen Volkskommune. Und der überraschte Polizeiwachtmeister zählte jetzt auch zu den vielen kommunistischen Funktionären, die von den Wunderwirkungen der Macht Gottes angerührt wurden, wie sie im China unserer Zeit so auffällig oft vorkommen, besonders im Norden.

In einer anderen Kommune kam es zu einem Konflikt, als sich die Frau eines Funktionärs tief beunruhigt zeigte wegen der Dinge, die ihr Mann in seinem Beruf tun musste.

»Hast du auch schon Menschen verwundet?«, fragte sie.

»Ich befolge nur meine Befehle«, antwortete er.

Sie blieb hartnäckig. »Hast du schon einmal jemanden getötet?«

Das Bewusstsein seiner Schuld überzog wie eine dunkle Wolke sein Gesicht. Unbeholfen streckte er seine Hände aus, um seine Frau zu umarmen. Sie aber schrie auf, stieß ihn von sich und fiel schluchzend auf die Erde. Ihr Mann konnte nichts tun, um sie zu besänftigen.

Es war ein beträchtliches Risiko für seine Position und seine persönliche Sicherheit, aber der Polizist bat um eine Stelle, die es ihm erlauben würde, weniger hart durchgreifen zu müssen. Doch es war schon zu spät. Seine Frau war zu sehr traumatisiert. Sie litt an Identitätsverlust, wurde manisch-depressiv und wollte sich das Leben nehmen. Der Arzt war ein langjähriger Freund der Familie und sagte: »Entweder muss sie in ein Heim gebracht oder zu Hause rund um die Uhr versorgt werden.«

Der Mann war außer sich, aber durch den Verkauf von Familienerbstücken und sonstigen Wertsachen gelang es ihm, diese Pflege ein Jahr lang aufrechtzuerhalten. Während dieser Zeit verschlechterte sich der Zustand seiner Frau, bis er sich nicht mehr sicher war, ob sie überhaupt noch wusste, dass sie miteinander verheiratet waren.

Als sein Geld aufgebraucht war, beschloss er, sie in einem Zimmer einzusperren. Zuerst machte sie noch Fluchtversuche, dann aber blieb sie zusammengekrümmt auf der Erde liegen. Wenn ihr Mann abends vom Dienst nach Hause kam, zwang er sie, etwas zu essen, aber ihre Augen waren ausdruckslos geworden. Sie gab keinen Laut mehr von sich. Ihr Körper welkte dahin.

»Ich muss etwas unternehmen«, vertraute er sich einem Kollegen an. »Ich bringe es nicht über mich, sie in eine geschlossene Anstalt zu bringen, aber es tut mir genauso weh, wenn ich sie wie ein Tier einsperren muss.«

Der Mann sah sich um. Er wollte sichergehen, dass sie unbeobachtet waren. Dann sagte er: »Ich mache dir einen Vorschlag. Aber nur in absolutem Vertrauen. Wenn du es weitererzählst, bin ich erledigt.«

»Du kannst mir vertrauen. Erzähl!«

Der Kollege zögerte noch.

»Los, rede doch!«

Sein Freund sprach mit gedämpfter Stimme. »Meine Frau hat sich völlig verändert. Früher war sie ein Teufel. Sie hat so viel Geld ausgegeben, bis wir Schulden hatten, und interessierte sich für niemand anders, nur für sich selbst. Aber jetzt ist sie ganz verändert. Bis jetzt habe ich es noch verheimlichen können.«

»Warum willst du es denn verheimlichen? Das muss doch die ganze Welt wissen!«

»Meine Frau ist Christin geworden.«

Zuerst sagte der verwirrte Ehemann kein Wort. Dann fragte er: »Wäre es nicht besser gewesen, du hättest deine Frau sterben lassen?«

»Das habe ich auch einmal gedacht. Aber wenn du sehen könntest, wie meine Frau sich verändert hat, dann würdest auch du umdenken. Vielleicht kann die alte Frau, die uns geholfen hat, dir auch helfen.«

»Ist die Frau eine Hexe?«

»Aber nein! Auf keinen Fall.«

»Dann will ich sie sehen.«

Als die alte Frau ihren Gästen Tee serviert hatte, griff sie nach ihrer Bibel. »Gerade bevor Sie kamen, hatte ich meine Bibel gelesen. Und ich habe dort einen ganz besonderen Vers gefunden.« Sie fand die Stelle und las vor: »›Wie wir Gelegenheit haben, lasst uns das Gute wirken gegenüber allen.‹[90] Ich wusste, dass der Herr heute eine besondere Aufgabe für mich hat. Womit kann ich Ihnen helfen?«

Der Polizist und sein Freund erzählten der alten Dame von der verstörten Ehefrau. Die alte Frau bat den Mann, seine Frau zu ihr bringen, damit sie bei ihr wohnen konnte. »Sie dürfen Ihre Frau erst dann wieder sehen, wenn ich Sie holen lasse«, sagte die Gläubige. Als der Polizist widersprechen wollte, sagte sie mit Nachdruck: »Ich werde mich um sie kümmern, als wäre sie meine Tochter.«

»Du kannst ihr vertrauen«, versicherte ihm sein Freund.

Einige Monate lang betrachtete diese Christin die Frau als ihre persönliche Aufgabe. Sie sang ihr vor, las ihr aus der Bibel vor und erzählte ihr von der Liebe Gottes. Besonderen Nachdruck legte sie auf die Wunder Jesu. Sie verabreichte der kranken Frau Massagen und redete ihr zu, sich gründlich auszuruhen.

Nach einem halben Jahr ließ die Christin den Polizisten herbeirufen. Seine Frau kam ihm an der Tür entgegen. Ihre Augen waren klar, ihr Gesicht strahlte, und sie war hübscher, als er sich erinnern konnte, sie je gesehen zu haben.

»Mein Liebster!«, begrüßte sie ihn. »Ich glaube jetzt an den Herrn Jesus! Du musst auch zu ihm kommen.«

Und er kam; und mit ihm viele andere.

In einem ähnlichen Fall war in einer Universitätsstadt im Norden die Frau eines Professors der Naturwissenschaften zu einem Hauskreis eingeladen worden.

»Darf ich hingehen?«, fragte sie ihren Mann.

»Tu, was du willst«, sagte er.

»Aber du bist doch gegen das Christentum.«

»Ich weiß einfach sehr wenig darüber«, antwortete der Wissenschaftler. Erzogen im Geist des Maoismus, war er einer der weni-

90 Galater 6,10

gen, die schulische Bildung statt Verbannung in eine Straf-Kommune erfahren hatten. Seine atheistischen Lehrer hatten ihn entsprechend tiefgründig indoktriniert. Seltsamerweise aber hatten die atheistischen Lehren wenig Wirkung auf ihn gehabt. Folgerichtig zeigte er das gleiche Interesse wie seine Frau, als sie von den Hauskreisabenden nach Hause kam und ihre Entdeckungen mit ihm teilte. Zusammen wurden sie Christen.

Zunächst stellten seine Studenten und Fakultätskollegen keine Veränderung bei dem beliebten Professor fest. Als er aber die Bibel immer besser kennenlernte und ihre Lehren mit seinen wissenschaftlichen Anschauungen verglich, begann er, seine Entdeckungen auch im Hörsaal weiterzugeben. Die Studenten kamen in Scharen zu ihm – in sein Büro und in sein Zuhause. Er und seine Frau zeigten vielen von ihnen den Weg zu dem Erretter.

Als man in der Verwaltung der Hochschule hörte, der Professor habe den christlichen Glauben angenommen, fing man an, sich Gedanken zu machen. Zehn Jahre zuvor hätte man den Wissenschaftler unter Zensur gestellt oder sogar verhaftet. Da er aber so beliebt war bei seinen Studenten, sah man darüber hinweg.

Es gibt viele solcher Begebenheiten. Und was die Besucher aus dem Norden in Da Ma Zhan 35 berichteten, war ja nur ein kleiner Ausschnitt. Sollte von einem Gulag in China berichtet werden, so würden viele Leser eines solchen Berichts ihn als offenkundige Übertreibung abtun. In Wirklichkeit braucht die Berichterstattung über China keine Superlative. Seit dem ersten Jahrhundert des Christentums ist nie wieder ein Volk so mit den durch einen aktiven Glauben gelebten Grundwahrheiten des Christentums gesegnet worden.

Ein Besucher aus dem Norden, der nach Da Ma Zhan 35 kam, berichtete: »In unserer Gegend gibt es viele Touristen aus dem Westen. Sie haben Ladenbesitzer und Händler glücklich gemacht mit dem vielen Geld, das sie so großzügig ausgeben. Einmal habe ich einen Mann und eine Frau beobachtet, wie sie ein Stück Jade kauften, das so groß war, dass es nicht in meinen Rucksack gepasst hätte. Schöne Kleider, teure Kameras und wertvollen Schmuck – ihr Lebensmotto heißt Wohlstand. Ihr könnt euch vorstellen, dass sie von manchen Leuten bei uns beneidet werden. Aber ich bin dazu gekommen, Gott aufrichtig für die schweren Zeiten, für unsere begrenzten Mittel und für die Ungewissheit im Leben zu danken.« Er senkte die Stimme und schloss mit diesen Worten: »Das hält uns nahe bei Jesus.«

Was irgend meine Augen begehrten, entzog ich ihnen nicht;
ich versagte meinem Herzen keine Freude …
Und ich wandte mich hin zu allen meinen Werken, die meine Hände gemacht hatten,
und zu der Mühe, womit ich mich wirkend abgemüht hatte:
Und siehe: Das alles war Eitelkeit und ein Haschen nach Wind.[91]

91 Prediger 2,10.11

Bischof Ding, langjähriger Leiter und einer der Gründer der Drei-Selbst-Bewegung, war nachdenklich geworden, was die Bewegung der Hausgemeinden anging, die er früher einmal bekämpfte. »Wir können die Verfassung nicht dahingehend auslegen, dass die Bürger nur das Recht haben, in ihren Kirchen zu glauben und nicht auch in Privathäusern.« Er soll auch gesagt haben: »Solange Samuel Lamb frei in Guangzhou predigen darf, wissen wir, dass alle Christen in China frei sind.«

Wenn Samuel Lamb es auch schätzte, dass jetzt offensichtlich weniger Druck von den Menschen auf sie ausgeübt wurde, die sie früher einmal bekämpft hatten, so behielt er doch weiterhin eine unabhängige Haltung in seinem Dienst aufrecht. Er sagte: »Der Herr hat uns gewarnt, dass wir uns vor den falschen Propheten hüten sollen, ›die in Schafskleidern zu euch kommen, innen aber sind sie reißende Wölfe.‹«[92]

Wenn Besucher aus dem Westen Samuel bezüglich der Drei-Selbst-Bewegung befragen, antwortet er: »Ich sage nicht, dass jeder in der Drei-Selbst-Bewegung ein falscher Lehrer ist. Ich sage nur, dass unsere Generation nicht ausgenommen ist von falschen Propheten, genauso wie es falsche Lehrer und falsche Propheten zur Zeit des Alten und auch des Neuen Testaments gab. Petrus

92 Matthäus 7,15

schreibt: ›Es waren aber auch falsche Propheten unter dem Volk, wie auch unter euch falsche Lehrer sein werden.‹[93] Wenn wir versuchen, die Bibel in Übereinstimmung mit der modernen Wissenschaft und mit der Politik zu bringen, besteht schnell die Gefahr, dass wir es mit ›falscher Lehre‹ zu tun bekommen. Es ist bemerkenswert, dass vieles in der Bibel mit der Wissenschaft übereinstimmt. An erster Stelle jedoch erklärt die Bibel die ewigen Ratschlüsse Gottes. Sie gelten verlorenen Menschen, die durch den Glauben an Christus Gottes Kinder werden können! – Es ist keine Rücksichtslosigkeit, wenn falsche Propheten entlarvt werden. Es ist im Gegenteil rücksichtslos den uns anvertrauten Herden gegenüber, wenn wir uns dort taub und blind stellen, wo Lehre und Praxis im Widerspruch zur Bibel stehen. Samuel Lamb wird jeden Preis bezahlen, um im Umgang mit der Schrift wahrhaftig bleiben zu können – so wie er die Wahrheit versteht.«

Einige Beobachter unter den Evangelikalen haben ihn zurechtgewiesen und gesagt: »Wir sollten andere nicht richten oder als falsche Propheten angreifen, sondern nach Einheit und gegenseitiger Liebe streben.«

Ein Leiter aus Hongkong äußerte sich wie folgt über die Drei-Selbst-Bewegung: »Während der letzten Jahre hat es gute Pastoren und gute Gemeinden in der Drei-Selbst-Bewegung gegeben. Man hat nämlich drei unterschiedliche Ebenen in dieser offiziellen Organisation. An erster Stelle wären die vielen wahren Gläubigen, die einfach sonntags zum Gottesdienst kommen und in der Bibel unterwiesen werden wollen. Zweitens gibt es viele Pastoren, die Samuel Lambs Befürchtungen teilen, die aber wegen ihrer Gemeindeglieder in der Drei-Selbst-Bewegung bleiben. Und drittens haben wir die Führerriege der Drei-Selbst-Bewegung. Seit Jahren bereisen sie die Länder der Erde und treten auf als offizielle Stimme der chinesischen Christen. Sind sie wiedergeboren? Nun, das beurteilt Gott. Ich sage nur so viel, dass die meisten von ihnen immer mehr Politiker als Christen waren!«

War es denn nun die Drei-Selbst-Bewegung und nicht die Regie-

---

93 2. Petrus 2,1

rung, die Leute wie Samuel Lamb ins Gefängnis brachte? Bischof Ding räumte selbst einige »schwere Fehler« ein, die besonders in der Frühzeit der Drei-Selbst-Bewegung begangen wurden.

Als man Samuel Lamb fragte, wie er die Zukunft der Gemeinde in China sähe, sagte er: »Persönlich tendiere ich dazu zu glauben, dass wir auch weiterhin Freiheit in unserem Land haben werden. Die Regierung sieht jetzt, dass Christen gute Bürger sind. Selbst bin ich nie politisch motiviert gewesen und ich möchte, dass das auch so bleibt. Aber ich werde meine Leute dazu anhalten, gute ›Daniels‹ zu werden, ihrer Regierung zu gehorchen und anständige und zuverlässige Mitglieder in ihren Gemeinden zu sein.«

Als die Studentenproteste 1989 auch Städte wie Guangzhou erreichten, wollten die Studenten Rat von Pastor Lamb haben, dessen Gemeinde zu sechzig Prozent aus jungen Leuten bestand. Er zitierte Daniel als Beispiel: »Christen müssen ihrer Regierung gehorchen. Ihr wisst, dass Daniel auch die Gesetze Babylons befolgte, bis ihm der König befahl, nicht mehr zu beten. Dann galt sein Gehorsam einem höheren Gesetz, dem Gesetz Gottes. Im Römerbrief schreibt Paulus: ›Jede Seele sei den obrigkeitlichen Gewalten untertan; denn es gibt keine Obrigkeit außer von Gott.‹«[94]

Ein Gemeindeleiter aus Asien sagte über Samuel Lamb: »Samuel verbringt jede Minute seines Lebens damit, darüber nachzudenken, wie er das Reich Gottes ausdehnen kann, wie er jungen Leitern weiterhelfen und sie in das Wort und den Dienst tiefer hineinführen kann. Er ist kein Fanatiker, sondern ein ausgewogener konservativer Evangelikaler, der sich an erster Stelle an das hält, was die Bibel sagt. Er ist in einzigartiger Weise Gottes Mann im heutigen China. Und die besten Seiten seiner Lebensgeschichte sind noch gar nicht geschrieben!«

Im Oktober 1989 wurde Samuel Lamb nachdrücklich an die Zerbrechlichkeit seines Lebens erinnert. Im September hatte er wegen schwerer Kopfschmerzen ein Krankenhaus aufsuchen müssen. Da die Röntgenaufnahmen nichts Auffälliges an seinem Schädel zeigten, wurde er wieder entlassen.

94 Römer 13,1

»Der Herr hatte es mir aufs Herz gelegt, über die Taufe mit dem Heiligen Geist zu predigen«, sagte er. »Ich betonte wieder die Tatsache, dass alle Gläubigen diese Taufe schon haben, dass Sünde und Gleichgültigkeit es aber erforderlich machen, dass wir immer wieder Reinigung und neues Erfülltsein erfahren.«

Am Samstag, dem 9. Oktober, sprach er zu einer Zuhörerschaft, die so groß war, dass die Menschen auf der Straße stehen mussten. In dieser Nacht konnte Samuel nicht schlafen. Am nächsten Morgen würde er die Hauptpredigt für die nächste Woche das erste Mal halten, um sie am Mittwoch und Samstag darauf noch einmal zu wiederholen.

»Herr!«, betete er. »Ich bin so schwach – ich kann nicht predigen.«

Am Sonntagmorgen schleppte er sich im Vertrauen darauf, dass Gott ihm Kraft schenkt, in den Gemeinderaum. Während des Singens füllte sich sein Körper mit neuer Kraft, und er konnte die ganze Predigt so halten, wie er es schon immer getan hatte.

Aber sein Alter und seine nachlassende Kraft waren ihm bewusst, sodass er sorgfältige Vorkehrungen für die Zukunft traf. Er bildete einen Mitarbeiter heran, der seine Nachfolge antreten sollte, ebenso einen jungen redegewandten Mann, der in Zukunft weitere Verantwortung übernehmen sollte.

Als Samuel die behördliche Mitteilung bekam, dass die Regierung den Abriss von Da Ma Zhan plante, um an dieser Stelle neue Gebäude zu errichten, sagte er: »Kein Problem. Was auch geschehen mag, wir werden weiter für unseren Gott aktiv sein, und er wird uns den Weg frei machen.« Die Regierung versicherte ihm, dass die Mitarbeiter und die gesamte Gemeinde in ein Gebäude in der Nachbarschaft – Zhong Shan 6, Haus 48 – umziehen dürften, und alles auf Kosten der Regierung. Samuel erfuhr auch, dass die Regierung es ihnen gestatten würde, in drei bis fünf Jahren in die dann fertiggestellten neuen Gebäude in Da Ma Zhan zurückzukehren.

In der Zwischenzeit ging das Donnergrollen des Widerstands weiter. Bei den Vorbereitungen auf eine Taufe mit über einhundert Täuflingen wurde das Gerücht laut, dass man versuchen würde, den Gottesdienst zu stören.

Samuel wies die Gläubigen an, für diese Sache zu beten – und Gott ersparte ihnen jegliche Form von Störung.

Samuel führte auch weiterhin Gespräche mit der Polizei. Er zeigte sich so kooperativ wie möglich, und mit einigen Funktionären verhandelte er sogar auf einer fast freundschaftlichen Basis. Sein Mut, vermischt mit einem ihm eigenen Gefühl für Takt und Höflichkeit verschafften ihm einen einzigartigen Status bei den lokalen Behörden und bei den Gemeindeleitern.

Samuel Lamb hatte keine großartige Strategie für China und auch keine großartige Strategie für die *Gemeinde ohne Namen*. Größe bedeutete ihm nicht viel, und ganz sicher sah er sich nicht als einen neuen Wang Ming-tao. Er verfügte nicht über ein Netz von Radiosendern, er hatte kein Fernsehpublikum. Nur selten predigte er auswärts. Wenn er in Da Ma Zhan 35 auf der Kanzel stand, erstreckte sich der Einfluss von Samuel Lamb irgendwie von dort aus auf ganz China. Er kam aus dem Staunen nicht heraus, wenn er sah, wie aus ganz China Hunderte von Anfragen kamen und man nach seinen Schriften und Predigtkassetten verlangte. Ein Mann aus Nordchina schrieb: »Bitte schicke uns noch mehr, lieber Bruder. Die biblische Lehre haben wir noch nie so klar gehört, wie wenn du sie uns auf den Kassetten auslegst!«

Samuel machte den Christen Mut, das Priestertum aller Gläubigen auch zu praktizieren und das Wort Gottes zu predigen – nicht nur von den Kanzeln, sondern auch auf der Kirchenbank, in der Fabrik, auf den Märkten und Straßen. »Wenn ihr wisst, dass ihr errettet seid«, sagte Pastor Lamb seinen Leuten, »dann müsst ihr das Evangelium den Menschen bringen, von denen ihr wisst, dass sie es noch nicht sind!« Das war eine einfache Formel – und sie funktionierte.

Ein junger Mann aus Samuels Gemeinde arbeitete zum Beispiel zum Zeitpunkt seiner Bekehrung in einer Fabrik, in der einhundert Männer beschäftigt waren. Als die anderen Arbeiter von seiner Bekehrung erfuhren, machten sie sich über ihn lustig und versuchten, ihm bei seiner Arbeit das Leben schwer zu machen. Der junge Mann schwieg dazu. Er wusste, dass seine Gegner nur darauf warteten, dass er anfing zu »predigen«, damit sie ihn anzeigen konnten. Aber er lebte einfach sein Leben als christliches Zeugnis. Spott bekämpfte er mit einem Lächeln. Wenn ein Kollege Hilfe brauchte, bekam er sie von ihm. Wenn jemand Probleme hatte, zeigte er sein stilles Mitgefühl.

Es gelang dem jungen Mann immer besser, ein würdiger Vertreter seines Herrn zu sein, der »den Geruch seiner Erkenntnis an jedem Ort durch uns offenbart«[95]. Es dauerte nicht lange, und die Fabrikarbeiter kamen zu dem jungen Gläubigen, wenn sie Hilfe brauchten. Mit Bedacht erzählte er von seinem Glauben und lud seine Kollegen zu den Gottesdiensten in Da Ma Zhan ein. Das Ergebnis: Mehr als ein Drittel der Arbeiter in dieser Fabrik bekehrten sich!

Samuel Lamb durfte den Segen Gottes nicht nur in seinem Dienst, sondern auch in seiner Familie sehen. Seine beiden Schwestern wurden ihm eine immer größer werdende Hilfe. Seine Tochter Hannah und ihr Mann, sein Sohn Enoch und dessen Frau wuchsen im Glauben und wurden darin befestigt. Hannahs Sohn Zion wurde ein aktiver gläubiger Teenager, ebenso seine jüngere Schwester Si Un.

Über die Jahre war in Samuel Lamb die Überzeugung gereift, dass die Ernte in China der Anfang und nicht das Ende war in den souveränen Plänen Gottes. »Nicht nur hier in China, sondern überall auf der Erde sollten die Kinder Gottes sich darauf vorbereiten, dass Christus wiederkommt«, sagte Samuel Lamb. »Geld verdienen und sich um die Dinge dieses Lebens drehen – das ist etwas für die Ungläubigen. ›Siehe, der Ackerbauer wartet auf die köstliche Frucht der Erde und hat Geduld ihretwegen, bis sie den Früh- und den Spätregen empfängt‹, lesen wir im Jakobusbrief. ›Habt auch ihr Geduld, befestigt eure Herzen, denn die Ankunft des Herrn ist nahe gekommen.‹«[96]

Durch Gespräche mit Christen, die aus dem Westen zu Besuch kamen, wurde ihm der Würgegriff der Weltlichkeit und des Materialismus in der Wohlstandsgemeinde deutlich. »Wir dürfen un-

95 2. Korinther 2,14
96 Jakobus 5,7.8

seren wiederkommenden Herrn doch nicht mit einer solchen Gemeinde empfangen«, sagt er liebevoll. »Die Christen müssen Buße tun! Wie schrecklich ist es, wenn man in einem aktiv vom Evangelium geprägten Umfeld vom Glauben abfällt wie die Gemeinde in Laodizea!«

Als man versuchte, ihn für Reisen ins Ausland zu gewinnen, um der weltweiten Gemeinde Gottes in ihrer Not zu dienen, antwortete er: »Ich bin nur ein Glied am Leib Christi. Wenn die Gemeinde heute eine Erweckung erleben will, dann gehören dazu sehr viele Christen, die sich der Welt verweigern und sich völlig in Gehorsam und Dienst dem Herrn ausliefern.«

Gehorsam und Dienst für den Herrn!

Vielleicht kann man mit diesen Worten am treffendsten die Rolle beschreiben, die Samuel Lamb in seinem Dienst für andere Christen übernommen hat. Und sein Dienst besteht darin, dass er ihnen hilft, sich auf die Wiederkunft Christi vorzubereiten. Dieser kleine und freundliche Mann hat es unter Beweis gestellt: »Das Schwache der Welt hat Gott auserwählt, damit er das Starke zuschanden mache.«[97]

Ein sanftmütiger Mann.

Ja, das ist er.

Aber mutig wie ein Lamm!

---

97 1. Korinther 1,27

Drei Monate nachdem ich diese Kapitel fertiggestellt hatte, klopfte es um Mitternacht an der Tür von Da Ma Zhan 35. Schlaftrunken begab sich Samuel von seinem Schlafzimmer in den Korridor. Draußen standen vier Frauen. »Guten Abend, die Damen«, grüßte er unsicher.

Sie waren vom *Public Security Bureau*. »Wie Sie ja selbst wissen«, sagte eine der Frauen, »sind Ihre Aktivitäten in diesen Räumlichkeiten illegaler Art.«

»Ihre Hauskirche ist nicht ordnungsgemäß registriert«, sagte eine andere.

Samuel seufzte. Obwohl er diese Aussagen nun schon so oft hatte anhören müssen, blieb er ganz ruhig und war von Frieden und Vertrauen erfüllt.

»Wenn jemand zu dieser Nachtzeit kommt, dann ist das kein Zufall«, sagte er später. »Ich habe gelernt, dass unser Glaube um Mitternacht am stärksten sein muss!«

Die Frauen gingen eine Weile im zweiten Stock umher und sahen sich die Gesangbücher und Bibeln in den Kirchenbänken an. Sie flüsterten kaum hörbar miteinander. Dann gingen sie die Treppe zu dem Gemeindesaal im oberen Stockwerk hinauf. Samuel folgte ihnen und zuvorkommend, wie er war, schaltete er ihnen die Lichter an. Er stellte keine Fragen und gab auch keine Kommentare ab, als die Eindringlinge noch mehr Gesangbücher und Bibeln fanden. Sie nahmen auch Notiz von der

Videokamera, den Kassettenkopierern und von Samuels kleiner Bibliothek.

Plötzlich wandte sich eine der Frauen um und ging zum oberen Treppenabsatz, von wo sie etwas nach unten rief. Was ihrem Rufen folgte, glich einem Donner – einem Grollen in der Ferne, das immer stärker wurde. Dann stürmten mehr als fünfzig Agenten vom *Public Security Bureau (PSB)* in das Gebäude und hinauf in den Gemeindesaal.

Die nächsten vier Stunden verbrachten die Eindringlinge damit, die Räumlichkeiten zu plündern. Hunderte von Audiokassetten, die für die Verbreitung in ganz China vervielfältigt worden waren, landeten im Müllcontainer. Das Gleiche passierte mit den Bibeln und Gesangbüchern und den Tausenden von Traktaten und Broschüren, die mit so viel Mühe vervielfältigt und für den Versand vorbereitet worden waren. Die Bibliothek des Pastors wurde beschlagnahmt, ebenso die Geräte zum Kopieren der Kassetten, die Videoübertragungsanlage, eine elektrische Orgel, ein Generator und weitere Gegenstände. Auch eine mit Widmung versehene Bibel und ein Schreibset, das ein Vertreter des Weißen Hauses von dem damaligen Präsidenten Ronald Reagan mitgebracht hatte, wurden konfisziert. Noch andere wertvolle Erinnerungsstücke wurden mitgenommen, darunter auch eine Kopie des Manuskripts für dieses Buch.

Vier Mitarbeiter, die in der Nähe wohnten, wurden von dem Wüten wach und kamen herbeigelaufen. In der Straße wurden die Fenster aufgerissen und die Nachbarn standen in den Türen, während die Agenten Bücher und elektronische Geräte kistenweise wegschleppten. Ein Zuschauer murmelte: »Und das nennt man Freiheit.«

Samuel sah schweigend zu. Ein Bibelvers ging ihm still durch den Kopf: »Der Herr hat gegeben, und der Herr hat genommen, der Name des Herrn sei gepriesen!«

Als die *PSB*-Agenten fertig waren, sagte der befehlshabende Offizier zu Samuel Lamb: »Sie kommen mit uns!« Den vier Mitarbeitern machte er ein Zeichen, dass sie auch mitzukommen hatten.

Als die Morgenröte dem Sternenlicht über diesen uralten Gebäuden von Da Ma Zhan wich, brachte man die fünf Männer in das Gefängnis, in dem Samuel viele Jahre zuvor schon einmal gewesen war.

»Diesmal allerdings«, erzählte mir Samuel, »gingen wir nur bis zu dem Raum, in dem das Vorverhör stattfinden sollte, und nicht bis zum Zellenbau. Preist den Herrn!«

Ein Offizier brachte sie dorthin, wo ihre Fingerabdrücke genommen wurden. »Meine haben Sie noch von früher«, sagte Samuel ruhig. Keine Antwort.

Es folgten einundzwanzig Stunden ununterbrochener Verhöre mit einer eintönigen Wiederholung der Schimpfkanonaden von früher. Wenn ihm auch nur eine zehnminütige Pause gewährt wurde, so war Samuel doch im Frieden, wie er mir erzählte, »fast, als wäre ich zurück in meinem Zimmer und würde meine Bibel lesen!«

Kurz nach Mitternacht des nächsten Tages wurden die Gefangenen auf freien Fuß gesetzt. Als Samuel die Hauptstraße verließ und in die enge Straße Da Ma Zhan einbog, sah er eine Gruppe von Gemeindegliedern, die auf der Straße standen. Sie hatten alle die Mitteilung gelesen, die an der Tür angeschlagen war. Dort hieß es unter anderem:

Die Regierung hat Samuel Lamb mehrere Male entsprechend belehrt. Er hat sich allerdings nicht einsichtig gezeigt. Weil er nicht zur Mitarbeit bereit war, werden von nun an alle weiteren Versammlungen in diesem Gebäude ausgesetzt. Der Zutritt zu dem Gebäude mit der Absicht, eine Versammlung zu besuchen, ist gesetzwidrig und daher verboten.

»Oh, Pastor!«, klagte einer der Gemeindeglieder. »Was sollen wir denn jetzt machen?«

»Wir werden dem Herrn vertrauen«, antwortete er. »Wir sind in seiner Hand. Vergesst nicht, was die Schrift sagt: ›Der Schmelztiegel für das Silber und der Ofen für das Gold.‹«

Als er in den Gemeinderaum hinaufging, fand Samuel ein Dutzend Gläubige, die laut betend auf den Knien lagen. Schweigend kniete er neben ihnen nieder und sprach sein Gebet, als er an der Reihe war. Beim Klang seiner Stimme wurden sie von Freude und Verwunderung erfüllt. Samuel berichtete ihnen, was geschehen war. Dann schaltete er das Licht an, und die ganze schreckliche Entweihung des Gemeinderaums wurde sichtbar. In den Augen einiger Anwesender konnte er Zorn sehen.

»Vergesst nicht, was die Bibel sagt: ›Danksagt in allem, denn dies ist der Wille Gottes in Christus Jesus für euch.‹«

Die ganze Nacht hindurch kamen Gläubige vorbei. Alle lasen sie die Mitteilung. Einige kamen herauf, um den Pastor zu sprechen. Andere knieten auf der Straße. Tränen flossen, Gebete wurden gesprochen und gedämpfte Lieder wurden gesungen. Es waren unvergessliche Stunden.

Am nächsten Morgen stapelten die Mitarbeiter die Bänke an der einen Seite des Gemeinderaumes, damit sie die »Trümmer« aufräumen und den Fußboden fegen konnten. Wieder flossen Tränen, obwohl Samuel seine Gefährten dazu anhielt, zu singen und den Herrn zu loben. »Wir sind am Leben«, sagte er. »Wir sind nicht im Gefängnis!«

»Sollen wir uns eine Arbeit suchen?«, fragte einer von ihnen.

»So wie Petrus?«, sagte der Pastor tadelnd. »Fischen gehen? Nein! Der Herr hat Arbeit für uns, und er wird sich um uns kümmern.«

Dann kamen die Reporter – von den Zeitungen in Hongkong, aus London, aus Washington. Eine Sondermeldung erschien in der *Voice of America*. Nachrichtenagenturen berichteten über das Ereignis in China selbst und auf der ganzen Welt.

Es waren noch keine vierundzwanzig Stunden seit Samuels Freilassung vergangen, da erschien David Keegan, der amerikanische Konsul, in Guangzhou. Er wollte von Samuel wissen, was passiert war. Er konnte sich natürlich nicht mit den chinesischen Behörden anlegen, aber er versicherte Pastor Lamb, dass viele Menschen in Amerika besorgt seien und regelmäßig für den Dienst in Da Ma Zhan beteten. »Viele Menschen in meinem Land wissen von Ihnen«, sagte er.

Kurz nach diesem Besuch bekam Samuel wieder einmal eine Vorladung des *Public Security Bureau*. »Was erzählen Ihnen diese Besucher?«, wollte man von ihm wissen. »Und was sagen Sie zu ihnen?«

»Ich sage ihnen die Wahrheit«, antwortete er. »Ich rede in keiner Weise gegen die Regierung. Und das habe ich auch noch nie getan.«

»Warum war der amerikanische Konsul hier?«

»Es war seine eigene Entscheidung. Ich war überrascht und habe mich darüber gefreut.«

Einige Gemeindeglieder ignorierten das Verbot und kamen auch weiterhin täglich vorbei. »Unser Pastor hat kein Gesetz übertreten«, erklärte einer der Ältesten. »Er braucht unser Hilfe und unsere Gemeinschaft.«

In der Nacht des Überfalls hatten die *PSB*-Offiziere auch eine Liste mit allen Namen und Adressen der Gemeindeglieder beschlagnahmt. Die Ordnungshüter suchten jede Familie auf und warnten nachdrücklich vor weiterem Gottesdienstbesuch. Ihre Warnungen hatten aber die gleiche Wirkung wie der Wind auf einen Gebäudebrand! Die Anzahl der Gottesdienstbesucher wuchs. Sechzig – achtzig – hundert. Täglich kamen mehr Menschen hinzu. »Sag uns, wie die Bibel das Volk Gottes in Zeiten wie der unsrigen führt!«, war ihr Verlangen.

Also legte Pastor Lamb ihnen die Bibel gründlich aus. Dabei pflegte er auf einem Stuhl zu sitzen, sodass die *PSB*-Agenten ihn nicht auf der Kanzel vorfinden würden.

Und trotzdem wurde er wieder von den Behörden verhört. »Sie stellten wieder viele Fragen, aber nicht so viele wie früher«, sagte er. »Es war eher wie eine Besprechung unter Geschäftsleuten. Die Agenten waren höflich und sprachen keine Drohungen aus.«

»Die Leute kommen ja immer noch in ihre Kirche«, sagte man zu ihm. Dem konnte Samuel nicht widersprechen. »Sie müssen ihnen mitteilen, dass sie nicht mehr kommen dürfen. Das Verbot gilt für alle Arten von Gruppen, ob große oder kleine.«

»Wir treffen uns, um Gemeinschaft miteinander zu haben«, sagte der Pastor. »Ich predige nicht, aber ich beantworte Fragen und gebe Ratschläge und Weisung aus der Bibel.«

Die Funktionäre sahen sich kopfschüttelnd an.

Eines Tages kam ein junges Paar zu ihm. »Wir haben zwar die Mitteilung über das Verbot an der Tür gelesen. Aber könnten sie trotzdem unseren Hochzeitsgottesdienst durchführen?« Dazu war der Pastor nur zu gern bereit.

Die täglichen Pilgerströme rissen nicht ab. Aber die häufigen Vorladungen ins *Public Security Bureau* auch nicht. »Sie müssen Ihren Leuten sagen, dass sie nicht mehr kommen dürfen«, hoben sie noch einmal nachdrücklich hervor.

»Das haben Sie doch schon mit dem Aushang über das Verbot getan! Aber die Leute kommen trotzdem noch.«

David Hutchens, der amerikanische Vizekonsul von Guangzhou und presbyterianischer Christ, stattete der Gemeinde fünfmal einen Besuch ab. Einmal brachte er seine Eltern mit; ein anderes Mal wohnte er mit einem Kollegen dem Gottesdienst bei.

»Warum kommen diese Funktionäre aus Amerika immer zu Ihnen zu Besuch?«, wollten die *PSB*-Untersuchungsbeauftragten wissen.

»Das ist ihre eigene Entscheidung«, antwortete Samuel. »Sie sind herzlich willkommen, aber ich habe sie nicht eingeladen.«

»Was sagen sie zu Ihnen?«

»Sie sagen mir, dass viele Menschen in Amerika an unserer Arbeit Anteil nehmen.«

»Und was sagen sie noch?«

Er sagte: »Man weiß dort, dass Sie die Erinnerungsstücke mitgenommen haben, die ich von Ronald Reagan geschenkt bekommen hatte.«

»Möchten Sie sie zurückhaben?«, fragten die Funktionäre. Solch ein Angebot hatte es bis jetzt noch nicht gegeben. Samuel lehnte aber ab, weil er viel lieber ihre nächste Frage beantworten wollte: »Glauben die Amerikaner wirklich an Gott? Wie kann denn in diesem Zeitalter der Wissenschaft noch jemand an Gott glauben?«

»Nun, meine Herren, es gibt viel mehr Gründe, in dieser Zeit an Gott zu glauben, als es Gründe gibt, nicht an ihn zu glauben!«

»Glauben die Amerikaner, dass Jesus von den Toten auferstanden ist?«

»Viele glauben es. Manche glauben es nicht.«

»Glauben Sie es?«

Das *PSB* konnte zwar ein Verbotsschild an dem Eingang von

Da Ma Zhan aufstellen, aber jetzt saßen diese Funktionäre ruhig und höflich bei Pastor Lamb, der ihnen davon erzählte, dass der Mensch ein Sünder und dass Jesus Christus der Retter ist. »Alle haben gesündigt und erreichen nicht die Herrlichkeit Gottes ...«, zitierte Samuel. »Christus ist für unsere Sünden gestorben ... Jeder, der irgend den Namen des Herrn anruft ...«

Noch nie – nicht einmal auf der Kanzel von Da Ma Zhan 35 – hatte der Pastor das Evangelium des Heils so ausführlich erklärt! Noch nie – nicht einmal auf den Kirchenbänken seiner Hausgemeinde – waren die Zuhörer so aufmerksam gewesen!

Infolge dieses mutigen Glaubenszeugnisses ging bald das Gerücht um, Pastor Samuel Lamb aus Guangzhou drohe die Hinrichtung. Es wurde berichtet, dass zwei Regierungsbehörden seinen Tod forderten. Würde eine dritte Behörde dieselbe Forderung stellen, sähe Pastor Lamb sich bald vor einem Erschießungskommando.

»Ich habe keine Ahnung, woher dieses Gerücht stammte«, sagte Samuel kürzlich noch. »Ich glaube, dass es wirklich nicht mehr als ein Gerücht war. Wie dem auch sei: Wenn ich sterbe – und einerlei wie –, dann gehe ich ja nur direkt in die Gegenwart meines Herrn. Was kann es denn Besseres geben!«

Natürlich nahm der Gottesdienstbesuch weiter zu. Fünfmal pro Woche wurde Gottesdienst gefeiert. Bald kamen zweihundert, dann dreihundert und vierhundert. Die Versammlung am Samstagabend bestand zu achtzig Prozent aus Studenten. Und die Landbevölkerung stellte am Sonntagmorgen den größten Teil der Besucher.

Eines Nachts riss irgendjemand das Verbotsschild am Eingang herunter.

»Wer war das?«, wollte die *PSB* wissen.

»Ich sage Ihnen die Wahrheit«, antwortete Samuel. »Ich habe keine Ahnung.«

Das Schild wurde nicht wieder aufgehängt.

Bald wagte Pastor Lamb den mutigen Schritt und erhob sich von seinem ihm und allen anderen vertraut gewordenen Stuhl und bestieg wieder seine Kanzel. Die Bänke waren bis auf den letzten

Platz besetzt. Und die Räume im Stockwerk darunter ebenso! Vor Ablauf eines Jahres kamen fast tausend Menschen pro Woche in die Gottesdienste in Da Ma Zhan 35.

»Das ist alles Gottes Werk!«, machte er wiederholt deutlich. »Wenn er mich so gebraucht, wie es ihm gefällt, so kann er auch jeden anderen Christen gebrauchen, der ihm gehorcht und seinen Anweisungen Folge leistet. Ich bin nur ein schwacher Mensch. Aber unser Gott ist mächtig. Und er macht uns ›mächtig zur Zerstörung von Festungen.‹«

So hat Gott also seinen Mose in China – und seinen Paulus; und wenn es sein muss, auch seinen Stephanus. Und die weltweite Gemeinde Gottes hat einen Bannerträger von unwiderstehlichem und unvorstellbarem Mut – einen Mann, der gerade einmal einen Meter fünfundsechzig misst und knapp fünfzig Kilo schwer ist, und der weder Goliath noch den Teufel fürchtet, sondern andere Christen auffordert, sich mit ihm auszustrecken nach einer Jüngerschaft voller Mut und Herrlichkeit!

Amen!

Nachwort
»Je mehr Druck – desto mehr Wachstum!«

Nachdem wir schon so viel von diesem unerschrockenen Prediger des Evangeliums gehört hatten, dessen Name in ganz China und weit darüber hinaus bekannt ist, wurde es uns im August 2006 endlich möglich, Samuel Lamb in Guangzhou zu besuchen und ihn kennenzulernen.

Guangzhou ist eine große Stadt im Süden Chinas (in der Nähe Hongkongs) mit etwa 9,5 Millionen. Einwohnern – bekannt als eine aufstrebende Industrie-Stadt – in welcher die größten Messen Chinas stattfinden.

Mitten in der Stadt, nicht weit von den riesigen Geschäfts- und Hochhäusern entfernt – in der Ronggui Li 15 – befindet sich ein altes, mehrstöckiges Haus, in dem sich unbegreiflicherweise in aller Öffentlichkeit eine »Untergrundkirche« versammelt, welche durch die Arbeit von Samuel Lamb entstanden ist.

2001 konnte dieses Haus gekauft und bezogen werden. Die alte Versammlungsstätte in der »Da Ma Zhan 35« musste wegen einer Straßensanierung verkauft werden und wurde abgerissen.

Jede Woche kommen hier bis zu 3.000 Christen zu den Predigten von Samuel Lamb, der jede Botschaft viermal verkündigt, weil die Räume in den drei Etagen des Altbaus »nur« etwa 400-500 Besuchern Platz bieten. Dabei sitzen die Zuhörer eng wie die Sardinen zusammengepfercht – auf zwei weiteren Etagen kann die Predigt per Video-Übertragung mitverfolgt werden.

Jeden Sonntag-Abend versammeln sich die Gläubigen hier zusätzlich zum Abendmahl – mittwochs findet die Gebetsstunde statt. Donnerstags ist Evangelisation und freitags werden Hausbesuche gemacht. Alle 14 Tage wird ein Taufunterricht durchgeführt, denn jedes Jahr werden etwa 300 Menschen getauft.

Täglich treffen sich in den Räumen kleinere Gruppen zum Gebet, zu Jugendstunden usw.

Die Gemeinde, zu der sich heute ca. 4.000 Geschwister zählen, besteht zum größten Teil aus jüngeren Christen, die mit großem Interesse der Verkündigung von Samuel Lamb zuhören, der mit seinen immerhin schon 84 Jahren (im Jahr 2008) fast dreimal so alt ist wie die meisten Zuhörer.

Wir trafen diesen kleinen, quicklebendigen und überaus freundlichen Bruder während der Mittagspause in der »Ronggui Li« und er erzählte uns gerne aus seinem Leben, wobei fast jeder zweite Satz von ihm mit einem herzhaften Lachen und einem fröhlichen »Hallelujah!« oder »Praise the Lord!« bekräftigt wurde.

Was uns tief beeindruckte, war die Tatsache, dass wir keine Spur von Bitterkeit feststellen konnten, wenn er von seiner langen Haftzeit oder auch von den Konfiszierungen der Bücher, Kassetten, Kopiergeräte usw. erzählte, die in den letzten Jahren in mehr oder weniger regelmäßigen Abständen stattgefunden haben.

Er zeigte uns die Versammlungsräume in diesem Haus, die Video-Übertragung auf die verschiedenen Etagen, Tausende seiner verschiedenen kleinen Schriften, die in den Holzbänken verstaut waren, und auch seine »Wohnung«. Diese bestand aus einem etwa 4x4m kleinen Zimmer mit Bett, Tisch, Stuhl und Schrank – fast so, wie man sich das Obergemach der Sunamitin für den Propheten Elisa vorstellt.

Wir erfuhren, dass aber auch dieser kleine Raum sonntags mit Besuchern gefüllt ist, die keinen anderen Platz mehr finden, um der Predigt zuzuhören.

Die natürliche Bescheidenheit und Demut dieses Mannes, der seine Person in keiner Weise in den Mittelpunkt stellt, sondern dem Herrn alle Ehre gibt, hat uns zutiefst beeindruckt.

Wir ahnten bei diesem ersten Besuch schon etwas davon, was uns beim Lesen seiner Biografie deutlich wurde: dass dieser kleine Mann mit seiner ungekünstelten Freundlichkeit, verbunden mit starken Glaubensüberzeugungen auch die Achtung und den Respekt seiner Peiniger gewann.

»Jetzt bin ich über 80 Jahre alt, einen so alten Kerl wie mich stecken sie nicht mehr ins Gefängnis!«, meinte er lachend, als wir ihn nach der aktuellen Situation fragten.

Doch dann wurde er ernst und sagte: »Je mehr Druck, desto mehr Wachstum!« Das war seine jahrzehntelange Erfahrung.

In den letzten Jahren ist es für ihn ruhiger geworden. 2003 kamen noch einmal drei Polizisten und unterbrachen seine Predigt für einige Minuten, beanstandeten aber nur, dass in dem Gebäude keine Feuerlöscher installiert und keine Notausgänge vorhanden waren. Die anwesenden Geschwister sagten: »Gott bewahrt uns! Glaubt ihr an Jesus?«

Samuel Lamb ist es ein großes Anliegen, dass in China ein unverkürztes Evangelium verkündigt und die Gemeinde vor Irrlehren und Irrlehrern bewahrt wird. Dafür lebt er, dafür predigt er und dafür schreibt er! Ihm ist bewusst, dass die relative, eingeschränkte Freiheit und der zurzeit mäßige Druck für das Gemeindeleben gesünder sind als die staatliche Anerkennung und wirtschaftliches Wohlergehen. Bisher waren Zeiten der Verfolgung immer Zeiten des Segens und des geistlichen Wachstums.

Beten wir, dass der Segen und das Wachstum bleiben.

Im Frühjahr 2007 konnten wir ihn noch einmal besuchen. Dieses Mal fanden wir ihn von Schwäche und Krankheit gezeichnet. Er berichtete, dass er zurzeit sonntags nur noch einmal predigen kann und nun seinen jüngeren Mitarbeitern Platz macht. Es war sehr bewegend, ihn wie eine erlöschende Kerze zu sehen – abgebrannt und verzehrt im Dienst für seinen Herrn.

Zum Abschied, nach unserem gemeinsamen Gebet, rief er uns zu: »Sagt den Christen im Westen, sie sollen nicht um Freiheit für uns in China beten. Der mäßige Druck vonseiten der Regierung hält uns nah beim Herrn und nah beieinander. Wenn kein politischer Druck mehr vorhanden ist, dann wird auch uns der Materialismus überschwemmen und uns geistlich arm und kraftlos machen!«

Samuel Lambs Leben und Dienst ist ein sehr beeindruckendes Beispiel dafür, dass »das Schwache Gottes stärker ist als die Menschen« (1. Korinther 1,25) und »die Sanftmütigen das Land ererben werden« (Matthäus 5,5).

Unser Wunsch und Gebet ist, dass diese Lebensgeschichte zur Ermutigung wird, für die Christen in China zu beten, von ihrer Hingabe an Christus zu lernen und mit Liebe und Entschiedenheit dem Wort Gottes gehorsam zu sein.

Wolfgang Bühne

Roger Steer

Hudson Taylor

400 Seiten, Hardcover
ISBN 978-3-89397-612-6

Felsenfest davon überzeugt, von Gott selbst in diese Aufgabe gerufen zu sein, wagt Hudson Taylor Mitte des 19. Jahrhunderts den Aufbruch nach China und beginnt dort seine erfolgreiche Arbeit. Seine grenzenlose Liebe zu den Menschen, die Bereitschaft, Mühe, Leiden und Anstrengungen auf sich zu nehmen, seine außergewöhnliche Bescheidenheit gepaart mit einer sehr nüchternen Einschätzung seiner Möglichkeiten – all das machte ihn zu dem Menschen, den Gott gebrauchen konnte.
Ein hochaktuelles und lesenswertes Buch für jeden, der offen dafür ist, einem ungewöhnlichen Menschen auf seinem außergewöhnlichen Lebensweg zu folgen und etwas von der Herausforderung zu spüren, die mit einem solchen Leben verbunden ist.

T. E. Koshy
Bakht Singh

308 Seiten, Hardcover
ISBN 978-3-89397-660-7

Der Autor teilt uns in dieser Biografie über den indischen Evangelisten, Erweckungsprediger und Gemeindegründer Bakht Singh viele Details aus dessen Leben und Dienst mit und zeigt damit auf, wie stark Gott ihn im Indien des 20. Jahrhunderts gebrauchte. Dafür führte er zahlreiche Interviews mit Bakht Singh und dessen Geschwistern, Freunden und Glaubensbrüdern, konnte jedoch auch oft auf eigene Erfahrungen an der Seite des Evangelisten zurückgreifen, den er etwa 20 Jahre lang begleitete.
Eine Biografie, die den Leser in Erstaunen versetzt!

clv

Angus Kinnear

Watchman Nee

226 Seiten, Hardcover
ISBN 978-3-89397-368-2

Watchman Nee (1903-1972), geistlicher Führer der »Kleine-Herde-Bewegung« in China, wurde 1952 um seines Glaubens willen zu lebenslanger Haft verurteilt.
In dieser Biografie stellt uns der Autor keinen fleckenlosen Heiligen vor, sondern einen Christen, der als junger Mensch seine ganze Existenz an Jesus Christus gebunden hat und der – trotz mancher Irrwege und Charakterschwächen – zu einem Beweis der verändernden und bewahrenden Macht Gottes wurde. Kein chinesischer Christ hat durch sein stummes Leben so aufhorchen lassen wie Watchman Nee, aber seine Freunde bitten, dass wir in ihm nur einen der vielen sehen, die ein ähnliches Schicksal in gleicher Treue durchzustehen hatten.

Elisabeth Elliot

Im Schatten des Allmächtigen

288 Seiten, Paperback
ISBN 978-3-89397-957-8

Das »Vermächtnis« des jungen Pioniermissionars Jim Elliot, der 1956 im Alter von 29 Jahren von den Auca-Indianern ermordet wurde. Unzählige junge Christen haben durch dieses Buch entscheidende Anstöße zu einem gottgeweihten Leben bekommen. Elliot hat dieses Tagebuch vor allem während seiner Studien- und Verlobungszeit geschrieben. Es beeindruckt jeden Leser durch die Aufrichtigkeit und Hingabe, mit der er seine Zweifel, Krisen, Niederlagen und Glaubenserfahrungen beschreibt. Hier ringt ein junger Mann um jeden Preis um ein kompromissloses Leben zur Verherrlichung Gottes.
Eines der wenigen Bücher, die jeder Christ neben der Bibel gelesen haben sollte.